# Deep Learning
# from Scratch

처음 시작하는 딥러닝

| 표지 설명 |

표지 동물은 닭목 꿩과의 바바리반시(학명: *Alectoris barbara*)다. 북미대륙, 지브롤터, 카나리아 제도에서 서식하며 현재는 포르투갈과 이탈리아, 스페인에서도 서식한다. 주로 습지가 아닌 숲과 관목지대에서 거주한다. 몸무게는 약 453g 정도이며 날개 길이는 약 45cm다. 체형이 통통해 비행보다는 땅에서 걷는 것을 선호한다.

흰점이 박힌 적갈색 목과 담황색 배, 흰색과 갈색 줄무늬가 있는 옆구리를 제외한 몸은 밝은 회색을 띤다. 다리와 부리, 눈 주변은 붉은색이다. 씨앗과 다양한 식물, 곤충을 주로 먹는다.

표지 그림은 『British Birds』의 흑백 판화에 기초해 캐런 몽고메리Karen Montgomery가 그렸다.

# 처음 시작하는 딥러닝

수학 이론과 알고리즘부터 CNN, RNN 구현까지 한 권으로 해결하기

**초판 1쇄 발행** 2020년 8월 20일

**지은이** 세스 와이드먼 / **옮긴이** 심효섭 / **펴낸이** 김태헌
**펴낸곳** 한빛미디어(주) / **주소** 서울시 서대문구 연희로2길 62 한빛미디어(주) IT출판부
**전화** 02-325-5544 / **팩스** 02-336-7124
**등록** 1999년 6월 24일 제25100-2017-000058호 / **ISBN** 979-11-6224-334-3    93000

**총괄** 전정아 / **책임편집** 박지영 / **기획·편집** 정지수
**디자인** 표지 이아란 내지 김연정 / **조판** 백지선
**영업** 김형진, 김진불, 조유미 / **마케팅** 박상용, 송경석, 조수현, 이행은 / **제작** 박성우, 김정우

이 책에 대한 의견이나 오탈자 및 잘못된 내용에 대한 수정 정보는 한빛미디어(주)의 홈페이지나 아래 이메일로
알려주십시오. 잘못된 책은 구입하신 서점에서 교환해드립니다. 책값은 뒤표지에 표시되어 있습니다.
한빛미디어 홈페이지 www.hanbit.co.kr / 이메일 ask@hanbit.co.kr

지금 하지 않으면 할 수 없는 일이 있습니다.
책으로 펴내고 싶은 아이디어나 원고를 메일(writer@hanbit.co.kr)로 보내주세요.
한빛미디어(주)는 여러분의 소중한 경험과 지식을 기다리고 있습니다.

# Deep Learning
# from Scratch

## 처음 시작하는 딥러닝

O'REILLY® HB 한빛미디어
Hanbit Media, Inc.

## 지은이 · 옮긴이 소개

지은이 **세스 와이드먼** Seth Weidman

여러 해 동안 머신러닝을 이용한 문제 해결과 머신러닝 강의를 했다. 개인 의류 맞춤 서비스로 유명한 트렁크 클럽Trunk Club에서 데이터 과학자로 근무하며 추천 시스템 개발 업무를 담당했다. 메티스Metis에서 데이터 과학과 머신러닝 부트캠프 프로그램을 진행하기도 했다. 현재 페이스북 인프라팀에서 머신러닝 모델을 구축한다. 복잡한 개념을 간단하게 설명하는 것을 좋아한다.

옮긴이 **심효섭** flourscent@gmail.com

연세대학교 문헌정보학과를 졸업하고 모교 중앙도서관과의 인연으로 도서관 솔루션 업체에서 일하면서 개발을 시작했다. 네이버에서 웹 서비스 개발 업무를 맡았으며, 웹 서비스 외에 머신러닝 공부도 꾸준히 하고 있다. 최근 관심사는 회사에 속하지 않고도 지속 가능한 삶이다. 옮긴 책으로는 『엔지니어를 위한 블록체인 프로그래밍』, 『머신러닝 실무 프로젝트』(이상 한빛미디어), 『엔지니어를 위한 파이썬』, 『딥 러닝 제대로 시작하기』, 『딥 러닝 제대로 정리하기』, 『그림과 수식으로 배우는 통통 딥러닝』, 『그림과 수식으로 배우는 통통 머신러닝』, 『그림과 수식으로 배우는 통통 인공지능』(이상 제이펍), 『파이썬으로 시작하는 컴퓨터 과학 입문』(인사이트) 등이 있다.

## 옮긴이의 말

이 책은 딥러닝에 대한 배경지식이 없는 소프트웨어 개발자를 위한 책이다. 머신러닝 이론이나 신경망 연구의 역사를 이해하는 데 시간을 허비할 걱정은 접어 두어도 된다. 이 책은 그야말로 당면한 문제를 해결할 도구에 대한 간결한 이해가 필요한 사람을 위한 책이다.

여기서 딥러닝을 설명하는 방법은 조금 독특하다. 먼저 그림으로 개념을 설명한 후, 이를 수식으로 옮겨 보고 다시 그 수식에 기초한 코드를 작성하는 방법으로 한 가지 개념을 세 가지 관점에서 바라보는 방식을 택했다. 개념에 대한 이해와 함께, 책의 내용을 따라가다 보면 실제로 동작하는 간단한 딥러닝 프레임워크를 갖추게 된다. 그런 만큼 스스로 이해한 내용에 자신감을 가질 수 있으며, 실제 쓰이는 딥러닝 라이브러리를 쉽게 이해하고 활용할 수 있다.

이 책은 크게 세 부분으로 나뉜다. 전반부 4장은 기본적인 신경망 내용을 다룬다. 합성함수의 도함수를 구하는 과정부터 역전파 알고리즘을 유도하는 과정까지 쉽게 설명한다. 특히 역전파 알고리즘을 이해하기 어려웠던 분에게 일독을 권한다. 후반부는 합성곱 신경망과 순환 신경망이 중심인 고급 신경망 구조를 다룬다. 고급 신경망 구조를 간단한 사례부터 복잡한 사례로 확장하면서 어렵지 않게 구현해본다. 마지막으로 가장 널리 쓰이는 딥러닝 라이브러리인 파이토치를 소개하며 책에서 배운 내용을 파이토치 라이브러리로 옮겨 구현한다. 이 코드는 실무에서 작성할 코드의 출발점으로도 활용 가능하고, 앞에서 직접 구현했던 간단한 딥러닝 프레임워크의 설계가 실무에서 사용되는 프레임워크와도 크게 다르지 않다는 것을 확인할 수 있다.

이 책이 딥러닝 입문자와 업무에 활용하려는 현업 엔지니어 모두에게 도움이 되었으면 좋겠다.

**심효섭**

# 이 책에 대하여

신경망이나 딥러닝을 배우려고 마음먹고 나면, 딥러닝에 대한 학습 자료가 매우 많아 놀랄 수 있다. 학습 자료는 간단한 블로그 포스팅부터 MOOC<sup>massive open online course</sup>(코세라나 유다시티 등의 서비스가 이에 속한다) 사이트의 강의 프로그램, 본격적인 전문서에 이르기까지 그 내용의 질 또한 천차만별이다. 필자 역시 몇 년 전 딥러닝을 처음 배우기 시작했을 때 학습 자료가 너무 많아 놀랐던 경험이 있다. 그러나 지금까지의 딥러닝 학습 자료는 오히려 부족하다는 점을 깨닫기 시작했다. 저마다의 설명도 마치 눈을 감은 채 코끼리의 각 부분을 더듬는 것[1]과 같았고 큰 그림을 조망하는 설명이 없었다. 따라서 전체적인 큰 그림을 제공하는 것이 바로 이 책을 쓰게 된 목적이다.

독자 여러분이 보아온 딥러닝 학습 자료는 크게 두 가지 유형으로 나뉜다. 한 가지는 화살표로 연결된 동그라미로 나타낸 도표와 '이론을 이해하기 위한' 대량의 수식으로 표현되는 유형으로 딥러닝의 개념과 수학적 원리를 주로 다룬다. 이 유형의 전형적인 책으로는 이안 굿펠로의 명저 『심층 학습』(제이펍, 2018)을 들 수 있다.

또 다른 유형의 학습 자료는 주로 코드를 빽빽하게 담고 있는데, 이 코드를 실행하면 손실함숫값이 감소하는 결과를 출력하며 신경망이 '학습'하는 과정을 보여준다. 예를 들어 파이토치의 참고 문서에서 발췌한 아래 코드는 간단한 신경망을 정의하고 무작위로 생성된 데이터로 신경망을 학습하는 과정을 구현한 것이다.

```
# N : 배치 크기, D_in : 입력의 차원
# H : 은닉층의 차원, D_out : 출력의 차원
N, D_in, H, D_out = 64, 1000, 100, 10

# 입력값과 출력값을 무작위로 생성
x = torch.randn(N, D_in, device=device, dtype=dtype)
y = torch.randn(N, D_out, device=device, dtype=dtype)
```

--------------------------------

[1] *https://oreil.ly/r5YxS*

```
# 초기 가중치를 무작위로 생성
w1 = torch.randn(D_in, H, device=device, dtype=dtype)
w2 = torch.randn(H, D_out, device=device, dtype=dtype)

learning_rate = 1e-6
for t in range(500):
    # 순전파 계산 : y의 예측값을 계산
    h = x.mm(w1)
    h_relu = h.clamp(min=0)
    y_pred = h_relu.mm(w2)

    # 손실함숫값을 계산하고 출력
    loss = (y_pred - y).pow(2).sum().item()
    print(t, loss)

    # 역전파 계산을 통해 손실함숫값에 대한 기울기 w1과 w2를 계산
    grad_y_pred = 2.0 * (y_pred - y)
    grad_w2 = h_relu.t().mm(grad_y_pred)
    grad_h_relu = grad_y_pred.mm(w2.t())
    grad_h = grad_h_relu.clone()
    grad_h[h < 0] = 0
    grad_w1 = x.t().mm(grad_h)

    # 경사 하강법을 적용해 기울기 수정
    w1 -= learning_rate * grad_w1
    w2 -= learning_rate * grad_w2
```

이 유형의 학습 자료에서 부족한 것은 '지금 실행한 코드가 무슨 일을 하는지'를 제대로 설명하지 못한다는 점이다. 코드의 밑바탕이 되는 수학적 원리와 코드에서 정의한 신경망의 개념적 구조와 이들이 어떻게 얽혀 동작하게 되는지에 대한 설명[2]이 빠져 있다.

--------

**2** 사실 이 코드는 파이토치 라이브러리의 사용법을 전달하는 코드로, 이미 신경망을 이해하고 있는 독자를 위한 튜토리얼이라는 점에서 어느 정도 변명의 여지가 있다. 그러나 이러한 상황이 아님에도 복잡한 코드에 간단한 설명만을 덧붙이는 유형의 학습 자료를 많이 찾아볼 수 있다.

신경망을 잘 설명하려면 어떻게 설명해야 할까? 이 질문에 답을 하기 위해 컴퓨터 과학에서 알고리즘을 설명하는 방법을 알아보자. 예를 들어 정렬 알고리즘에 대해 설명하는 교재는 다음과 같은 내용을 담고 있다.

- 일반적인 문장으로 설명한 알고리즘
- (코딩 인터뷰 질문에 대답할 때 사용할 법한) 시각화한 알고리즘의 동작 과정
- 수식으로 나타낸 '알고리즘의 원리'
- 의사코드로 구현된 알고리즘

이러한 방식으로 집필된 딥러닝 학습 자료는 매우 드물다. 그러나 필자는 딥러닝도 이러한 방식으로 설명하는 것이 가장 좋다고 생각한다. 이 책은 이런 방식으로 설명한 책이다.


## 신경망을 이해하기 위한 여러 개의 멘탈 모델

필자는 연구자가 아니므로 박사 학위를 갖고 있지 않다. 그러나 메티스<sup>Metis</sup>라는 기업에서 데이터 과학 부트캠프를 운영하며 데이터 과학 전문 강사로 활동해왔다. 메티스에서 데이터 과학 강사로 활동하던 약 1년 동안, 다양한 업계의 여러 기업에서 짧게는 1일부터 길게는 5일에 이르는 교육 과정을 운영했다. 이 교육 과정은 공통적으로 머신러닝과 이를 활용하는 간단한 소프트웨어의 공학적 개념을 다뤘다. 이 교육 과정에서 가장 매력적인 부분은 기술적 개념, 그중에서도 특히 머신러닝과 통계학에 대한 개념을 이해시키기 위한 가장 좋은 방법이 무엇일까 하는 부분이었다. 이 과정에서 가장 어려웠던 것은 신경망에 대한 정확한 '멘탈 모델<sup>mental model</sup>'을 이해시키는 것이었다. 신경망을 이해하려면 여러 개의 멘탈 모델을 정확히 이해해야 하는데, 각각의 멘탈 모델은 신경망의 서로 다른 (그럼에도 모두 필수적인) 동작 원리를 나타낸다. 이를 단적으로 말하자면, 다음 네 개의 문장은 모두 '신경망이란 무엇인가?'라는 물음에 대한 답이 된다.

- 신경망은 입력과 출력을 갖는 함수다.
- 신경망은 다차원 배열이 흘러가는 계산 그래프다.

- 신경망은 여러 개의 '층'으로 구성되며, 층은 다시 여러 개의 '뉴런'으로 구성된다.
- 신경망은 어떤 함수라도 근사할 수 있는 능력universal function approximator이 있으며, 이론적으로 모든 지도 학습 문제를 풀 수 있다.

독자 여러분도 이 문장 중 일부를 들어본 적이 있을 것이다. 좀 더 공부를 했다면 이 문장이 의미하는 바와 그 의미가 신경망의 동작 원리와 어떤 관계가 있는지도 알 것이다. 그러나 이 문장을 완전히 이해하려면 각 문장의 의미와 이들이 서로 어떤 관계를 갖는지까지 (예를 들어, 신경망이 계산 그래프라는 사실과 '층' 개념이 어떻게 연결되는지) 모두 이해해야 한다. 이 책에서는 이러한 내용을 정확히 이해하기 위해 이 개념을 파이썬을 사용해 밑바닥부터 구현해본다. 그리고 구현한 요소를 서로 엮어 실제로 동작하는 신경망을 구성하고 독자 여러분의 컴퓨터에서 이 신경망을 학습하도록 한다. 그러나 우리가 작성할 구현은 **신경망과 관련된 개념을 정확하고 확실하게 이해하기 위함이지 실제 사용되는 신경망 라이브러리를 직접 구현하기 위함은 아니다.**

필자의 목표는 여러분이 이 책을 읽고 난 후, 신경망에 대한 정확하고 확고한 멘탈 모델 이해와 신경망 구현에 대한 이해를 얻는 것이다. 그러고 나면 신경망과 관련된 개념이나 프로젝트를 한결 쉽게 이해할 수 있을 것이다.

## 이 책의 구성

1장부터 3장은 이 책에서 가장 중요한 부분으로 각 장의 주제는 별도의 책으로 낼 수 있을 만큼 넓은 범위의 내용을 다룬다.

1장은 함수를 표현하기 위해 일련의 연산으로 이루어진 계산 그래프를 구성하는 방법을 설명한다. 그다음 미적분의 연쇄법칙을 이용해 이 표현 방법에서 해당 함수의 특정 입력에 대한 **도함수**를 구하는 방법을 다룬다. 마지막으로 행렬의 곱셈을 설명하고 함수의 도함수를 구하는 데 행렬의 곱셈이 어떻게 활용되는지 그리고 딥러닝에서 어떤 역할을 하는지 설명한다.

2장은 1장에서 구현한 개념을 활용해 실제 문제를 해결하는 학습 모델을 구현한다. 구체적으로는 선형회귀와 신경망 모델을 적용해 실제 데이터 집합에서 주택 가격의 추이를 예측해본다. 이 과정에서 선형회귀 모델보다 신경망 모델의 예측 성능이 더 뛰어나다는 것을 확인할 수 있다. 그리고 성능 차이가 발생하는 이유를 고찰해본다. 이 장에서 모델을 구축하는 **제1원칙** 접근법을 통해 신경망의 동작 원리를 이해하는 중요한 힌트를 얻게 된다. 그러나 순수하게 제1원칙을 따르게 되면 딥러닝 모델을 정의하는 데 많은 제약이 있다. 3장에서 이러한 제약을 해소하는 방법을 다룬다.

3장에서는 앞장에서 설명한 **제1원칙**을 따르는 접근법을 이용해 Layer, Model, Optimizer 등 좀 더 추상화된 구성 요소를 만들고 이를 통해 전체 딥러닝 모델을 구성한다. 2장에서 사용했던 데이터로 새롭게 구성한 딥러닝 모델을 학습시켜 딥러닝 모델의 성능이 앞서 본 간단한 신경망 모델보다 뛰어나다는 것을 확인해본다.

앞의 내용을 통해 이 책에서 다루는 학습 방법을 적용하기만 해서는 특정한 구조의 신경망으로 주어진 데이터 집합에 대해 쓸만한 해답을 구할 수 없다는 사실을 알았다. 4장에서는 신경망이 쓸만한 해답을 구하는 과정을 돕는 주요 **학습 방법**을 소개한다. 그리고 이 트릭의 원리에 대한 수학적 힌트도 함께 설명한다.

5장에서는 이미지를 다루는 데 특화된 신경망인 **합성곱 신경망**convolutional neural network (CNN)을 소개한다. CNN을 소개하는 많은 학습 자료가 있으므로, 이 책에서는 CNN의 가장 중요한 핵심과 일반적인 신경망과의 차이점, 그중에서도 CNN의 각 층이 어떻게 특징 맵feature map을 구성하는지와 CNN의 각각 여러 개의 특징 맵으로 구성된 두 개의 층이 다시 합성곱 필터convolutional filter로 구성되는 방법을 집중적으로 다룬다. 그다음 합성곱층convolutional layer을 직접 구현해보며 동작 원리를 파악한다.

앞선 다섯 개 장을 통해 자그마한 신경망 라이브러리를 만들어보았다. 이 라이브러리는 층의 연속열 형태로 신경망을 정의하며, 층은 다시 입력을 순방향으로 전파하거나 기울기를 역전파하는 일련의 연산operations으로 구성된다. 실제 사용되는 신경망 구현은 이런 방식을 취하지 않는다. 실제 사용되는 구현에서는 주로 **자동 미분**automatic differentiation이라는 기법이 사용된다. 6장에서는 먼저 자동 미분의 동작 과정을 간단히 살펴본 다음, 이번 장의 주요 주제인 **순환 신경망** recurrent neural network(RNN)에 적용해본다. RNN은 시계열 데이터나 자연어 데이터처럼 순서를 갖는 데이터에 특화된 신경망 구조다. 이 책에서는 가장 기본적인 형태의 RNN과 두 가지 변종 RNN인 GRU, LSTM을 다룬다(역시 이들 모두 밑바닥부터 구현한다). 기본적인 형태와 변종 RNN을 통틀어 공통으로 사용되는 구성 요소와 각 변종이 어떤 차이가 있는지를 집중적으로 설명한다.

마지막 7장에서는 앞서 1~6장까지 구현했던 내용을 고성능 오픈소스 신경망 라이브러리인 파이토치PyTorch를 이용해 다시 구현한다. 프레임워크 사용 방법을 익히는 것 또한 딥러닝 학습에서 빼놓을 수 없다. 그러나 신경망의 동작 원리에 대한 확실한 이해 없이 무턱대고 프레임워크 사용 방법부터 익히게 되면 장기적인 관점에서 프레임워크에 대한 활용도 역시 크게 제한된다. 이 책의 목표는 독자 여러분이 파이토치를 소개하기 전까지의 내용으로 신경망을 확실히 이해하고, 파이토치 사용법을 소개하며 매우 효율적인 신경망 구현 능력을 갖추도록 하는 것이다. 마지막으로 비지도 학습unsupervised learning에서 신경망을 활용하는 방법에 대해 간단히 살펴보면서 이 책을 마친다.

이 책은 필자가 딥러닝을 공부할 때 아쉬웠던 점을 담아 쓴 책이다. 이 책이 독자 여러분께 그만큼 도움이 된다면 더할 나위 없이 기쁘겠다.

## 예제 코드
책에서 사용한 예제 코드는 다음 깃허브 저장소에서 다운로드할 수 있다.

• *https://github.com/flourscent/DLFS_code*

## 감사의 말

먼저 집필 중에 의문 사항에 성실하게 답해주고 꼼꼼한 피드백을 준 담당 편집자 멀리사 포터 Melissa Potter와 오라일리 편집부에 감사를 드린다.

그리고 머신러닝의 기술적 개념을 잘 정리해 좀 더 많은 사람에게 알리고자 하는 일에 힘쓰신 분들, 그분들 중에서도 특히 내가 운 좋게도 개인적인 인간관계를 가질 수 있었던 브랜던 로러 Brandon Rohrer, 조엘 그러스Joel Grus, 제러미 와트Jeremy Watt, 앤드루 트래스크Andrew Trask (언급하는 순서에 특별한 의미는 없다)에게 특별히 감사드린다.

필자의 집필 활동을 전적으로 지지했던 메티스와 페이스북의 상사분들께도 감사드린다.

잠깐이나마 공저자로서 함께 해준 매트 레너드Mat Leonard에게 감사드린다. 매트는 이 책에서 만들어보는 작은 라이브러리(lincoln)의 코드를 정리하는 데 도움을 주었으며, 이 책의 1장과 2장의 초기 원고에 대해 매우 유용한 피드백을 제공했고 그 과정에서 해당 장의 상당 부분을 직접 집필했다.

마지막으로 이 책에 대한 영감을 주고 집필을 시작할 용기를 북돋아 주었던 소중한 친구 에바 Eva와 존John에게 감사드린다. 그 외에도 여러 달 동안 집필에 바빠 자주 만나지 못하는 와중에도 걱정을 아끼지 않았으며 필자를 격려해준 샌프란시스코의 여러 친구들에게도 감사드린다.

# CONTENTS

## CHAPTER 1 신경망 기초 1

# CONTENTS

## CHAPTER 2 신경망 기초 2

# CONTENTS

CHAPTER **3 밑바닥부터 만들어보는 딥러닝**

## CHAPTER 4 프레임워크 확장하기

# CONTENTS

CHAPTER 5 **합성곱 신경망**

# CONTENTS

# 신경망 기초 1

수식을 외우지 말라. 개념만 제대로 이해하면 나만의 수식을 만들 수 있다.

– 존 코크런John Cochrane, 「Investments Notes」(2006)[1]

이번 장에서 신경망의 동작 원리를 이해하는 데 필요한 기초적인 멘탈 모델을 설명한다. 좀 더 구체적으로는 **합성함수**composite function와 **합성함수의 도함수**derivative를 다룬다. 이를 이해하기 위해 먼저 가장 단순한 함수부터 시작해, 이 함수의 연쇄chain 형태로 그보다 복잡한 합성함수를 구현해본다. 그리고 하나 이상의 입력을 받는 연산인 **행렬곱**으로 구성된 합성함수와 합성함수의 도함수를 살펴본다. 이 부분은 신경망의 동작 원리를 이해하기 위한 필수 과정이며 2장에서 더 구체적으로 다룬다.

그다음으로 신경망의 기본적인 구성 요소를 다음 세 가지 관점에서 설명한다.

- **수식**: 수식 형태로 설명한다.
- **코드**: 가능한 한 간단한 문법만 사용해(파이썬이 이상적이다) 설명한다.
- **다이어그램**: 코딩 인터뷰에서 사용할 법한 다이어그램으로 구조나 과정을 설명한다.

앞서 언급했듯, 신경망을 이해하는 데 가장 어려운 점은 여러 가지의 멘탈 모델을 이해해야 한다는 점이다. 이번 장에서 이 말의 의미를 제대로 알 수 있다. 위 세 가지 관점을 따로 보게 되면, 우리가 배울 각 개념에서 꼭 알아야 하는 특징을 놓칠 수 있다. 이 세 가지 관점을 모두 함

---

1 https://oreil.ly/33CVXjg

께 보아야 놓치는 부분 없이 합성함수의 동작과 원리를 이해할 수 있다. 솔직히 필자는 세 가지 관점을 함께 보지 않으면 신경망 구성 요소의 동작 원리를 제대로 이해할 수 없다고 생각한다.

이제 본격적으로 신경망을 공부해보자. 신경망 구성 요소의 매우 간단한 예부터 시작해 구성 요소가 어떻게 동작하는지 살펴보며 세 가지 관점에서 각 개념을 이해해보자. 첫 번째로 살펴볼 함수는 간단하지만 매우 중요하다.

# 1.1 함수

함수란 무엇이며, 함수를 나타내는 방법에는 어떤 것이 있을까? 신경망과 관련해 함수를 나타내는 방법이 몇 가지 있지만, 이 방법 모두 함수의 모든 측면을 빠짐없이 나타내지는 못한다. 한 문장으로 모든 것을 담으려 하기보다, 마치 코끼리를 만지는 장님이 된 기분으로 세 가지 관점에서 멘탈 모델을 차근차근 살펴보자.

### 1.1.1 수식

다음은 수식으로 나타낸 두 가지 함수이다.

- $f_1(x) = x^2$
- $f_2(x) = max(x, 0)$

위의 두 수식에서 우리는 서로 다른 함수 $f_1$과 $f_2$가 숫자 $x$를 입력받으며, 함숫값이 각각 $x^2$과 $max(x, 0)$이라는 것을 알 수 있다.

### 1.1.2 다이어그램

이 두 함수를 다음과 같은 방법으로 다르게 나타낼 수 있다.

1. $x$축이 가로축, $y$축이 세로축인 2차원 평면을 그린다.

2. 입력값이 $x$ 좌푯값이고, 그에 해당하는 출력값이 $y$ 좌푯값인 점을 그린다.

3. 그다음 평면상에 그린 점을 선으로 잇는다.

이 방법은 프랑스의 철학자 르네 데카르트가 처음 제안한 것으로 수학의 많은 영역, 특히 미적분학에서 많이 사용한다. [그림 1-1]은 두 함수를 이 방법으로 나타낸 것이다.

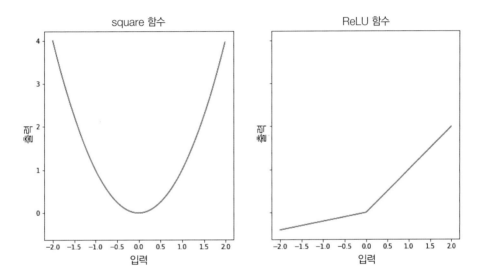

**그림 1-1** 연속이자 미분가능한 두 함수

함수를 나타내는 또 다른 방법 중에 미적분학에는 그리 도움되지는 않지만, 딥러닝 모델을 이해하는 데 매우 유용한 방법도 있다. 숫자를 입력하면 출력이 나오는 마치 공장과도 같은 일종의 상자가 함수라고 생각해보자. 이 상자는 숫자로 입력값을 집어넣으면 상자 안에 정의된 규칙에 따라 계산된 출력값이 튀어나온다. [그림 1-2]는 앞에서 본 두 가지 함수를 이 방법으로 나타낸 것이다.

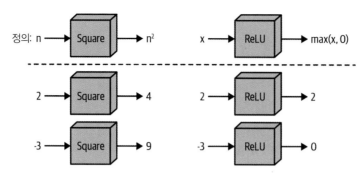

**그림 1-2** 함수를 나타내는 또 다른 방법

## 1.1.3 코드

마지막으로 함수를 코드로 표현해보자. 하지만 그보다 먼저 함수 구현에 사용할 파이썬 라이브 러리인 **넘파이**[NumPy]를 알아보자.

### 코드 사용법 #1. 넘파이

넘파이는 고속 수치 연산 분야에서 널리 사용되는 라이브러리로 내부 대부분이 C 언어로 구현 되어 있다. 신경망에서 우리가 다룰 데이터는 모두 **다차원 배열**multidimensional array에 담긴다. 이 배열은 보통 1차원에서 4차원까지의 배열의 형태를 갖는데, 주로 2차원 배열과 3차원 배열이 많이 사용된다. 넘파이의 ndarray 클래스를 사용하면 이 다차원 배열을 직관적이고 효율적으 로 다룰 수 있다. 다음 간단한 예제에서 우리가 사용할 데이터는 파이썬 배열(혹은 리스트)에 담겨 있다. 그리고 이 데이터에 요소 단위elementwise 덧셈 혹은 곱셈을 수행하려고 한다. 파이썬 에서 제공하는 기본적인 연산만으로는 이러한 계산을 할 수 없다. 그러나 ndarray 클래스를 사용하면 요소 단위 연산을 간단한 코드로 수행할 수 있다.

```
print("파이썬 리스트를 사용한 연산:")
a = [1,2,3]
b = [4,5,6]
print("a+b:", a+b)
try:
    print(a*b)
except TypeError:
    print("a*b 파이썬 리스트에 대해 a*b와 같은 연산을 할 수 없음")
```

```
print()
print("넘파이 배열을 사용한 연산:")
a = np.array([1,2,3])
b = np.array([4,5,6])
print("a+b:", a+b)
print("a*b:", a*b)
```

파이썬 리스트를 사용한 연산:
a+b: [1, 2, 3, 4, 5, 6]
a*b 파이썬 리스트에 대해 a*b와 같은 연산을 할 수 없음

넘파이 배열을 사용한 연산:
a+b: [5 7 9]
a*b: [4 10 18]

ndarray 클래스는 n차원 배열을 다루는 데 필요한 다양한 기능을 제공한다. 여러 개의 축을 가지며 축에는 각각 0부터 시작하는 인덱스가 매겨진다. 예를 들면 첫 번째 축은 0, 두 번째 축은 1과 같은 식으로 각각의 축을 참조할 수 있다. 가장 많이 사용되는 형태인 2차원 ndarray 클래스를 예로 들면, [그림 1-3]에서 보듯 열 방향 축이 axis = 0이고 행 방향 축이 axis = 1이 된다.

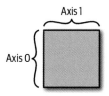

**그림 1-3** axis=0이 열 방향 축이고 axis=1이 행 방향 축인 2차원 넘파이 배열

넘파이의 ndarray 클래스는 직관적으로 특정 축을 선택해 해당 축의 방향으로 함수를 적용하는 기능도 제공한다. 예를 들어 axis 0 방향으로(2차원 배열의 **열 방향**) 합을 구하는 방법으로 '배열을 요약'하면, 원래 배열보다 한 차원 낮은 배열이 반환된다. 2차원 배열이라면 다음과 같이 각 열의 합을 구하는 것과 동등한 연산이다.

```
print('a:')
print(a)
print('a.sum(axis=0):', a.sum(axis=0))
print('a.sum(axis=1):', a.sum(axis=1))
```

```
a:
[[1 2]
 [3 4]]
a.sum(axis=0): [4 6]
a.sum(axis=1): [3 7]
```

마지막으로 소개할 넘파이 ndarray 클래스의 기능은 배열에 마지막 축의 방향으로 다른 1차원 배열을 합하는 연산이다. R개 행과 C개 열을 가진 2차원 배열 a에 열이 C개인 1차원 배열 b를 합하는 연산을 다음 예제에서 확인해보면, 다음과 같이 2차원 배열의 각 요소에 대응하는 1차원 배열 요소의 값이 더해진 결과[2]가 나온다.

```
a = np.array([[1,2,3],
              [4,5,6]])

b = np.array([10,20,30])

print("a+b:\n", a+b)
```

```
a+b:
[[11 22 33]
 [14 25 36]]
```

## 코드 사용법 #2. 타입을 확인하는 함수

앞서 밝혔듯, 이 책에 실린 코드는 설명하려는 개념을 분명하고 정확하게 전달하는 것이 목적이다. 그러나 책을 진행하면서 더욱 복잡한 클래스와 많은 인자를 받는 함수를 작성하기 시작하면 목적을 달성하기가 어렵다. 이 책에서는 목적을 달성하기 위해서 함수를 구현할 때 인자의 타입을 확인하는 방법을 쓴다. 예를 들어 3장에는 다음과 같은 코드가 있다.

---

**2** 이 연산은 배열의 곱셈에서 편향(바이어스)을 더할 때 활용된다.

```
def __init__(self,
             layers: List[Layer],
             loss: Loss,
             learning_rate: float = 0.01) -> None:
```

위 코드에서 타입 시그니처를 보면 이 클래스가 어떤 목적으로 사용되는지에 대한 힌트를 얻을 수 있다. 반대로 다음과 같은 함수의 타입 시그니처는 어떨까.

```
def operation(x1, x2):
```

위 함수의 타입 시그니처만 봐서는 이 함수가 하는 일이 무엇인지 아무 힌트도 얻을 수 없다. 인자의 타입이나 인자에서 일어난 연산 결과를 직접 출력해보거나 인자명 x1이나 x2를 통해 유추해보지 않으면 이 함수가 무슨 일을 하는지 알 수 없다. 함수가 이러한 정보를 제공하도록 다음과 같이 타입 시그니처를 포함해서 정의하자.

```
def operation(x1: ndarray, x2: ndarray) -> ndarray:
```

이제 함수의 타입 시그니처만으로도 함수에 대한 많은 정보를 쉽게 알 수 있다. 이 함수는 두 개의 ndarray 객체를 인자로 받으며, 두 개의 배열을 모종의 방법으로 결합한 하나의 배열을 반환한다. 앞으로 이 책에서 정의하는 함수는 이런 방식으로 타입 시그니처를 정의한다.

## 넘파이로 간단한 함수 구현하기

이제 지금까지 배운 내용을 염두에 두고 넘파이를 사용해 간단한 함수를 구현해보자.

```
def square(x: ndarray) -> ndarray:
    '''
    인자로 받은 ndarray 배열의 각 요솟값을 제곱한다.
    '''
    return np.power(x, 2)

def leaky_relu(x: ndarray) -> ndarray:
    '''
    ndarray 배열의 각 요소에 'Leaky ReLU'함수를 적용한다.
    '''
    return np.maximum(0.2 * x, x)
```

NOTE_ 넘파이에서 ndarray와 관련된 함수를 구현할 때 np.function_name(ndarray)나 ndarray.function_name의 두 가지 형태가 섞여 있어 혼동하기 쉽다. 예를 들면 앞서 본 ReLU 함수는 x.clip(min=0)처럼 구현할 수도 있다. 이 책에서는 일관성을 위해 p.function_name(ndarray)와 같은 형태를 사용한다. 특히, 전치 행렬을 의미하는 ndarray.T처럼 혼동을 일으키기 쉬운 트릭은 사용을 지양하며 np.transpose(ndarray, (1,0))과 같은 형태를 사용한다.

수식과 다이어그램, 코드가 같은 개념을 나타내는 서로 다른 수단임을 깨달았다면 이제 딥러닝을 완전히 이해하기 위한 준비가 됐다.

# 1.2 도함수

도함수는 함수처럼 우리에게 익숙한 개념이지만 그만큼 딥러닝을 이해하는 데 반드시 필요하고, 중요하다. 함수와 마찬가지로, 도함수의 개념 역시 여러 방법으로 표현할 수 있다. 먼저 도함수가 어떤 특정 지점에서 함수의 입력값 변화에 대한 **함숫값의 변화율**이라는 사실에서부터 출발한다. 이번에도 수식, 다이어그램, 코드의 관점에서 도함수의 동작 원리에 대한 멘탈 모델을 확립해보자.

### 1.2.1 수식

함수의 입력값에 대한 함숫값 $f$의 변화율을 정확히 계산하기 위해 극한을 이용한다.

$$\frac{df}{du}(a) = \lim_{\Delta \to 0} \frac{f(a+\Delta) - f(a-\Delta)}{2 \times \Delta}$$

이 극한값은 $\Delta$에 매우 작은 값, 이를테면 0.001을 대입하는 방법으로 다음과 같이 표현할 수 있다.

$$\frac{df}{du}(a) = \frac{f(a+0.001) - f(a-0.001)}{0.002}$$

이 정의가 정확하기는 하지만, 도함수의 한 측면만 설명하는 멘탈 모델일 뿐이다. 다른 관점인 다이어그램으로 도함수를 살펴보자.

## 1.2.2 다이어그램

먼저 익숙한 방식부터 살펴보자. 데카르트 좌표계에 나타낸 함수 $f$의 그래프에 접선을 그어보면 된다. 점 $a$에서 함수 $f$의 도함수는 $a$를 지나는 함수 $f$의 접선이다. 앞에서 소개한 것처럼 이 접선의 기울기를 구하는 방법은 두 가지가 있다. 다른 하나는 미적분으로 극한값을 계산하는 것이고, 다른 하나는 $a - 0.001$과 $a + 0.001$에서 $f$의 함숫값을 구하고, 그 두 점을 잇는 직선의 기울기를 구하는 방법이다. [그림 1-4]는 두 번째 방법을 나타낸 것이다. 미적분을 배웠던 독자라면 익숙한 그림일 것이다.

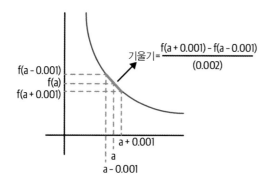

**그림 1-4** 기울기로 나타낸 도함수

앞서 보았듯이 함수를 입력을 넣으면 출력이 나오는 작은 공장이라고 보고, 이 공장에 대한 입력이 출력과 선으로 이어져 있다고 하자. 그러면 다음 질문에 대한 답이 바로 도함수가 된다. 함수의 입력값을 $a$에서 아주 약간 증가시키거나 혹은 이 함수가 $a$에서 비대칭일 경우를 고려해 값을 감소시킨다면 함수의 출력값 변화는 입력값 변화의 몇 배가 될까? 이 질문을 그림으로 나타낸다면 [그림 1-5]와 같다.

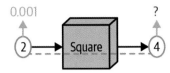

**그림 1-5** 도함수를 시각화하는 또 다른 방법

딥러닝을 이해하다 보면 첫 번째 관점보다 두 번째 관점이 더 중요하다는 사실을 깨닫게 된다.

## 1.2.3 코드

조금 전과 같은 방법으로 도함숫값을 표현하는 코드를 작성해보자.

```python
from typing import Callable

def deriv(func: Callable[[ndarray], ndarray],
          input_: ndarray,
          delta: float = 0.001) -> ndarray:
    '''
    배열 input의 각 요소에 대해 함수 func의 도함숫값 계산
    '''
    return (func(input_ + delta) - func(input_ - delta)) / (2 * delta)
```

> **NOTE_** '$P$는 $E$에 대한 함수다'처럼 '어떤 대상이 무언가에 대한 함수다'라고 함수의 관계를 표현한다. 이 표현의 의미는 $f(E) = P$인 함수 $f$가 있다는 뜻이다. 바꿔 말하면 객체 $E$를 입력받아 객체 $P$를 내놓는 함수 $f$라는 뜻이다. 이것은 다시 **$P$는 $E$에 의해 정의된다**고 표현할 수 있다.
>
>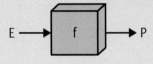
>
> 이 함수는 다음과 같은 코드로 나타낼 수 있다.
>
> ```python
> def f(input_: ndarray) -> ndarray:
>     # 함수가 수행하는 변환
>     return output
>
> P = f(E)
> ```

## 1.3 합성함수

이제 신경망을 이해하기 위한 기본적인 개념인 합성함수를 소개한다. 함수는 다른 함수를 **안는** 방식으로 또 다른 함수를 **합성**할 수 있다. '다른 함수를 안는다'는 게 정확히 무슨 뜻일까? 두 함수 $f_1$과 $f_2$가 있다. 한쪽 함수의 출력을 다른 함수의 입력으로 삼으면 '두 함수를 연결'할 수 있다.

### 1.3.1 다이어그램

합성함수는 작은 공장이나 상자로 나타내는 것이 가장 자연스럽다(1.1절 참고).

[그림 1-6]을 보면 입력값이 첫 번째 함수에서 한 번 변환된 다음, 그 출력이 다시 두 번째 함수에 입력되고 다시 변환된 후 그 값이 출력된다.

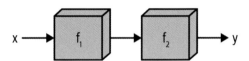

**그림 1-6** 합성함수를 나타내는 자연스러운 방법

### 1.3.2 수식

이번에는 조금 덜 직관적인 수식을 이용해 합성함수를 표현해보자.

$$f_2\big(f_1(x)\big) = y$$

수식을 언뜻 보면 바깥쪽 함수가 먼저 계산되는 것처럼 보이지만 사실 연산 순서는 안쪽 함수가 먼저다. 수식이 다이어그램에 비해 덜 직관적인 것은 바로 이 때문이다. 구체적인 예로 살펴보면 $f_2\big(f_1(x)\big) = y$ 는 $f_1$의 $x$의 함숫값에 대한 $f_2$의 함숫값이다.

### 1.3.3 코드

마지막으로 코드를 통해 합성함수의 개념을 알아보자. 먼저 합성함수의 데이터 타입을 정의한다.

```python
from typing import List

# ndarray를 인자로 받고 ndarray를 반환하는 함수
Array_Function = Callable[[ndarray], ndarray]

# Chain은 함수의 리스트다.
Chain = List[Array_Function]
```

그리고 데이터가 두 함수의 합성함수로 처리되도록 정의한다.

```python
def chain_length_2(chain: Chain,
                   a: ndarray) -> ndarray:
    '''
    두 함수를 연쇄(chain)적으로 평가
    '''
    assert len(chain) == 2, \
    "인자 chain의 길이는 2여야 함"

    f1 = chain[0]
    f2 = chain[1]

    return f2(f1(x))
```

### 1.3.4 두 번째 다이어그램

함수를 상자로 나타내는 방법으로 합성함수 역시 하나의 함수라는 점을 강조할 수 있다. 위에서 본 합성함수를 [그림 1-7]과 같이 $f_1 f_2$로 나타낸다.

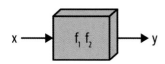

**그림 1-7** 합성함수를 나타내는 또 다른 방법

미적분의 성질을 배울 때, 미분가능한 함수의 합성함수는 미분가능하다고 배웠다. 그러므로 $f_1 f_2$ 역시 도함수를 구할 수 있는 함수임을 알 수 있다. 이 합성함수의 도함수가 딥러닝 모델을 학습하는 데 필수적인 역할을 한다.

그러나 합성함수의 도함수를 구하려면 합성함수를 구성하는 함수로 도함수를 나타내는 방법이 필요하다. 이번에는 이 도함수를 나타내는 방법을 알아보자.

## 1.4 연쇄법칙

연쇄법칙chain rule을 이용해 합성함수의 도함수를 계산한다. 딥러닝 모델은 수학적으로 보면 합성함수이며, 다음 몇 장만 봐도 알겠지만 딥러닝 모델을 학습하려면 이 합성함수의 도함수가 반드시 필요하다.

### 1.4.1 수식

연쇄법칙을 수식으로 나타내면 다음과 같다.

$$\frac{df_2}{du}(x) = \frac{df_2}{du}\big(f_1(x)\big) \times \frac{df_1}{du}(x)$$

여기서 $u$는 함수에 대한 입력을 나타내는 가변수다.

> **NOTE_** 입력과 출력이 각각 하나인 함수 $f$의 도함수는 $\frac{df}{du}$로 나타낸다. $f(x) = x^2$과 $f(y) = y^2$이 같은 것과 마찬가지로 $u$ 자리에 오는 가변수는 어떤 것을 써도 무방하다.
>
> 그러나 입력이 **하나 이상**인 함수, 예를 들어 입력이 $x$와 $y$라면 이 함수에서 $\frac{df}{dx}$와 $\frac{df}{dy}$의 의미가 달라진다.
>
> 위의 수식에서 가변수 $u$는 모든 변수를 나타낸다. 함수 $f_1$과 $f_2$처럼 입력과 출력이 각각 하나인 경우에는 도함수 표기에 가변수 $u$를 사용한다.

### 1.4.2 다이어그램

그러나 앞의 수식만 봐서는 연쇄법칙의 의미가 직관적으로 와닿지 않는다. 직관적인 이해에는
박스 모양으로 나타낸 다이어그램이 훨씬 도움이 된다. $f_1 f_2$를 예로 들어, 도함수를 다이어그램
으로 나타내려면 어떻게 나타내야 할지 생각해보자.

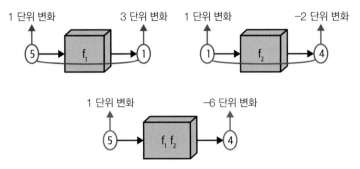

**그림 1-8** 다이어그램으로 나타낸 연쇄법칙

[그림 1-8]을 보면 합성함수를 구성하는 함수의 도함수의 곱으로 합성함수의 도함수를 나타낸
다. 첫 번째 함수에 5를 입력하면 $u = 5$일 때 첫 번째 함수의 도함숫값은 3이다. 이를 수식으로
나타내면 $\dfrac{df_1}{du}(5) = 3$이다.

그다음 첫 번째 함수의 함숫값을(여기서는 1이니 $f_1(5) = 1$이다) 입력했을 때 두 번째 함수 $f_2$
의 도함숫값인 $\dfrac{df_2}{du}(1)$을 계산하면 −2가 된다.

합성함수를 서로 이어진 두 개의 상자로 생각해보면, 입력값을 1단위 변화시켰을 때 두 번째
상자의 출력값은 −2단위 변화했으므로 두 번째 상자의 입력값을 3단위 변화시키면 출력값은
$-2 \times 3 = -6$이므로 6단위가 변화한다. 연쇄법칙의 수식에서 $\dfrac{df_2}{du}\left(f_1(x)\right) \times \dfrac{df_1}{du}(x)$와 같이 합
성함수를 구성하는 함수의 도함수의 곱으로 합성함수의 도함수를 나타낸 것이 바로 이 때문이다.

다이어그램과 수식을 통해 입력값이 변화했을 때 합성함수의 출력값이 어떻게 변화하는지 알
아보았다. 그러면 합성함수의 도함수를 구하려면 코드를 어떻게 작성해야 할까?

## 1.4.3 코드

앞에서 살펴본 방법을 코드로 구현해 합성함수의 도함숫값이 제대로 계산되는지 확인해보자.
1.1.3절의 '넘파이로 간단한 함수 구현하기'에서 구현했던 **square** 함수와 딥러닝에서 중요한
역할을 하는 또 다른 함수인 **sigmoid** 함수를 아래와 같이 정의하여 사용한다.

```python
def sigmoid(x: ndarray) -> ndarray:
    '''
    입력으로 받은 ndarray의 각 요소에 대한 sigmoid 함숫값을 계산한다.
    '''
    return 1 / (1 + np.exp(-x))
```

이후 다음과 같은 코드로 연쇄법칙을 구현한다.

```python
def chain_deriv_2(chain: Chain,
                  input_range: ndarray) -> ndarray:
    '''
    두 함수로 구성된 합성함수의 도함수를 계산하기 위해 연쇄법칙을 사용함
    (f2(f1(x))' = f2'(f1(x)) * f1'(x)
    '''

    assert len(chain) == 2, \
    "인자 chain의 길이는 2여야 함"

    assert input_range.ndim == 1, \
    "input_range는 1차원 ndarray여야 함"

    f1 = chain[0]
    f2 = chain[1]

    # df1/dx
    f1_of_x = f1(input_range)

    # df1/du
    df1dx = deriv(f1, input_range)

    # df2/du(f1(x))
    df2du = deriv(f2, f1(input_range))

    # 각 점끼리 값을 곱함
    return df1dx * df2du
```

[그림 1-9]는 연쇄법칙으로 계산한 합성함수의 도함수를 그래프로 나타낸 것이다.

```
PLOT_RANGE = np.arange(-3, 3, 0.01)

chain_1 = [square, sigmoid]
chain_2 = [sigmoid, square]

plot_chain(chain_1, PLOT_RANGE)
plot_chain_deriv(chain_1, PLOT_RANGE)

plot_chain(chain_2, PLOT_RANGE)
plot_chain_deriv(chain_2, PLOT_RANGE)
```

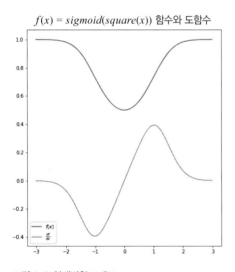

$f(x) = sigmoid(square(x))$ 함수와 도함수

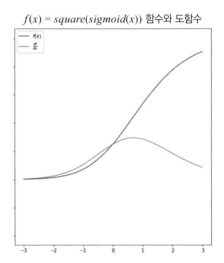

$f(x) = square(sigmoid(x))$ 함수와 도함수

**그림 1-9** 연쇄법칙 그래프

위 그래프를 보면 함숫값이 증가할 때는 도함숫값이 양수이고, 함숫값이 변화하지 않을 때는 0 이었다가, 함숫값이 감소할 때는 음수가 된다. 연쇄법칙으로 계산한 도함수가 정확하다고 볼 수 있다.

이제 합성함수를 구성하는 각각의 함수가 미분가능하다는 조건만 만족한다면, 수식으로든 코드로든 합성함수 $f_1, f_2$의 도함수를 계산할 수 있다.

앞으로 보게 되겠지만, 딥러닝 모델은 이러한 미분가능한 함수가 길게 연쇄를 이룬 합성함수다. 조금 더 복잡한 예제를 자세히 살펴보며 훨씬 더 복잡한 모델이 어떻게 동작하는지 직관적으로 이해해보자.

## 1.5 조금 더 복잡한 예제

조금 더 복잡한 예제로 미분가능한 3개의 함수 $f_1, f_2, f_3$으로 구성된 합성함수를 살펴보자. $f_1 f_2 f_3$의 도함수를 계산하려면 어떻게 해야 할까? 연쇄법칙 정리에 따르면 미분가능한 함수로 구성된 합성함수는 아무리 그 연쇄가 길더라도 도함수를 계산할 수 있다.

### 1.5.1 수식

연쇄법칙에 따라 $f_1 f_2 f_3$의 도함수를 수식으로 나타내면 다음과 같다.

$$\frac{df_3}{du}(x) = \frac{df_3}{du}\Big(f_2\big(f_1(x)\big)\Big) \times \frac{df_2}{du}\big(f_1(x)\big) \times \frac{df_1}{du}(x)$$

수식만 봐서는 언뜻 이해가 잘 안 되겠지만, 연쇄 길이가 2인 도함수 $\frac{df_2}{du}(x) = \frac{df_2}{du}\big(f_1(x)\big) \times \frac{df_1}{du}(x)$와 원리는 같다.

### 1.5.2 다이어그램

가장 이해하기 쉬운 방법은 다이어그램을 그려보는 것이다. [그림 1-10]을 보자.

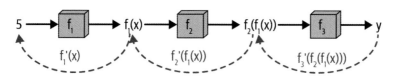

**그림 1-10** 함수 3개가 연쇄로 구성된 합성함수의 도함수를 나타낸 다이어그램

앞서 본 간단한 예제와 똑같은 방법으로 생각해보자. 함수 $f_1 f_2 f_3$의 입력값 $a$는 출력값 $b$와 연결되어 있으며, $a$의 값을 $\Delta$만큼 약간 변화시키면 $f_1(a)$는 $\dfrac{df_1}{du}(x) \times \Delta$만큼 변화한다. 다시 $f_1(a)$는 연쇄의 다음 단계인 $f_2(f_1(x))$를 $\dfrac{df_2}{du}(f_1(x)) \times \dfrac{df_1}{du}(x) \times \Delta$만큼 변화시키며, 이러한 규칙이 연쇄의 그다음 단계에 계속 적용된다. 이런 방법으로 $\Delta$에 대한 전체 합성함숫값의 변화량을 구한다. 지금 설명한 내용과 [그림 1-10]을 함께 보며 주의 깊게 곱씹어보기 바란다. 그러나 여기에 시간을 많이 투자할 필요는 없다. 아래 코드를 읽어보면 더 직관적으로 이해할 수 있다.

## 1.5.3 코드

합성함수를 구성하는 함수를 알고 있을 때, 그 합성함수의 도함수를 구하는 수식을 코드로 구현하려면 어떻게 해야 할까? 흥미롭게도 이 간단한 예제에서 신경망의 순방향 계산<sup>forward pass</sup>과 역방향 계산<sup>backward pass</sup>의 원시적인 모습을 발견할 수 있다.

```python
def chain_deriv_3(chain: Chain,
                  input_range: ndarray) -> ndarray:
    '''
    세 함수로 구성된 합성함수의 도함수를 계산하기 위해 연쇄법칙을 사용함
    (f3(f2(f1)))' = f3'(f2(f1(x))) * f2'(f1(x)) * f1'(x)
    '''

    assert len(chain) == 3, \
    "인자 chain의 길이는 3이어야 함"

    f1 = chain[0]
    f2 = chain[1]
    f3 = chain[2]

    # f1(x)
    f1_of_x = f1(input_range)

    # f2(f1(x))
    f2_of_x = f2(f1_of_x)

    # df3du
    df3du = deriv(f3, f2_of_x)

    # df2du
    df2du = deriv(f2, f1_of_x)
```

```
    # df1dx
    df1dx = deriv(f1, input_range)

    # 각 점끼리 값을 곱함
    return df1dx * df2du * df3du
```

흥미로운 부분은 연쇄법칙을 계산하는 단계가 합성함수를 두 번 **지나간다**는 것이다.

첫 번째는 f1_of_x와 f2_of_x를 계산하며 앞에서부터 합성함수를 거쳐간다. 이 부분을 **순방향 계산**이라 부른다. 두 번째는 합성함수를 뒤에서부터 거슬러 올라간다. 이때 순방향 계산에서 구한 함숫값을 도함수를 계산하는 데 사용한다. 마지막으로 각 도함수의 값을 곱하면 전체 합성함수의 도함숫값이 나온다.

sigmoid, square, leaky_relu 함수로 우리가 계산한 도함수가 정확한지 확인해보자.

```
PLOT_RANGE = np.range(-3, 3, 0.01)
plot_chain([leaky_relu, sigmoid, square], PLOT_RANGE)
plot_chain_deriv([leaky_relu, sigmoid, square], PLOT_RANGE)
```

[그림 1-11]은 위 코드를 실행한 결과다.

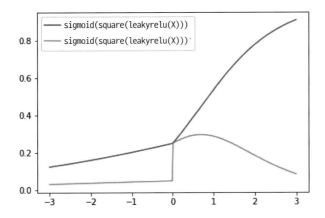

**그림 1-11** 함수 세 개로 구성된 합성함수에도 연쇄법칙이 적용됨

그래프를 보면 이번에도 연쇄법칙을 통해 합성함수의 도함수를 올바르게 계산한 것을 알 수 있다.

이제 지금까지 배운 내용을 입력이 여러 개인 함수의 합성함수에도 적용해보자. 입력이 여러 개라도 입력이 하나인 함수와 동일한 원칙이 적용되며, 이런 함수가 딥러닝에서 훨씬 유용하게 활용된다.

# 1.6 입력이 두 개 이상인 함수의 합성함수

지금까지 함수가 어떤 방식으로 결합해 합성함수를 구성하는지와 일련의 입력과 출력을 가진 상자로 합성함수를 나타내는 방법을 배웠다. 또한 합성함수의 도함수를 계산하는 과정을 직접 구현해보며 순방향과 역방향 계산이 그 과정에 있다는 것을 발견했고, 이 계산 과정이 앞에서 본 수식과도 부합한다는 것을 알아보았다.

딥러닝에서 우리가 다루게 될 함수는 대부분 입력이 둘 이상이다. 이때 입력은 딥러닝 모델 안에서 서로 더해지거나, 곱해지기도 하고, 다른 연산으로 여러 입력이 결합하기도 한다. 지금부터 배우게 되겠지만, 입력이 여러 개인 함수의 합성함수 역시 어렵지 않게 도함수를 계산할 수 있다. 가장 단순한 예제로 두 값을 입력받고, 이를 더해 출력값을 계산하는 함수부터 살펴보자.

## 1.6.1 수식

이번 예제는 수식부터 보아야 이해하기 쉽다. 두 입력을 각각 $x$와 $y$라고 하자. 함수 안에서 벌어지는 일을 크게 2단계로 나누면 첫 번째 단계에서 $x$와 $y$가 함수에 입력된다. 이 함수를 $\alpha$라고 하고(앞으로 함수를 나타낼 때 그리스 문자를 사용한다), 함수의 출력값을 $a$라고 한다. 이를 수식으로 나타내면 다음과 같다.

$$a = \alpha(x, y) = x + y$$

두 번째 단계는 $a$가 다른 함수 $\sigma$($\sigma$는 `sigmoid`, `square` 등 임의의 연속함수이다. 함수의 이름이 $s$로 시작하지 않아도 된다)에 입력된다. 이 함수의 출력값 $s$를 수식으로 나타내면 다음과 같다.

$$s = \sigma(a)$$

같은 방법으로 전체 합성함수 $f$를 다음과 같이 나타낸다.

$$f(x, y) = \sigma(x + y)$$

이 수식은 간결하게 보이지만, 수식만 봐서는 두 가지 연산이 순서대로 계산된다는 사실을 깨닫기 어렵다. 이 부분을 다이어그램으로 살펴보자.

### 1.6.2 다이어그램

여러 개의 입력을 갖는 함수를 논하기 전에, 먼저 우리가 익히 보아온 신경망 다이어그램을 떠올려보자.[3] 여러 원에 화살표가 복잡하게 연결되어 있는 이런 다이어그램은 수학적 연산 순서를 나타내는 **계산 그래프**computational graph라고 볼 수 있다. [그림 1−12]는 앞서 설명한 함수 $f$를 나타낸 계산 그래프다.

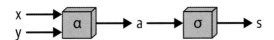

**그림 1-12** 입력이 여러 개인 함수

다이어그램을 보면 두 입력이 $\alpha$로 들어가 출력 $a$가 나오고 이 출력이 다시 $\sigma$로 연결된다.

### 1.6.3 코드

이 과정을 그대로 코드로 옮겨보자. 다만 한 가지 전제 조건이 필요하다.

```
def multiple_inputs_add(x: ndarray,
                        y: ndarray,
```

---

**3** 옮긴이_ 다음과 같은 다이어그램을 가리킨다. *https://ko.wikipedia.org/wiki/인공_신경망#/media/파일:Colored_neural_network.svg*

```
                    sigma: Array_Function) -> float:
    '''
    두 개의 입력을 받아 값을 더하는 함수의 순방향 계산
    '''
    assert x.shape == y.shape

    a = x + y
    return sigma(a)
```

앞서 본 다른 함수와는 달리, 이 함수는 단순히 입력받은 **ndarray** 객체의 각 요소마다 똑같은 연산을 수행하지 않는다. 지금까지 본 여러 개의 **ndarray** 객체를 입력받는 함수에서는 두 배열 객체의 모양이 연산 조건에 만족하는지 미리 확인해야 했다. 그러나 이 함수처럼 단순한 덧셈 연산을 수행하는 경우에는 두 배열 객체의 모양이 같은지만 확인하면 된다.

## 1.7 입력이 여러 개인 함수의 도함수

입력이 여러 개인 함수 역시 입력값에 대한 도함수를 계산할 수 있다.

### 1.7.1 다이어그램

입력이 여러 개인 함수의 도함수를 계산하는 방법도 하나의 입력을 갖는 함수의 도함수를 계산하는 방법과 개념은 같다. 계산 그래프를 거슬러 올라가며 합성함수를 구성하는 각 함수의 도함숫값을 계산한 다음, 이 값을 곱하면 전체 합성함수의 도함숫값이 된다. [그림 1-13]은 그 과정을 나타낸 다이어그램이다.

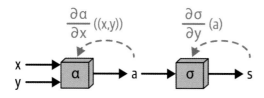

**그림 1-13** 입력이 여러 개인 함수의 계산 그래프에서 역방향 계산을 수행하는 과정

## 1.7.2 수식

연쇄법칙 역시 앞서 배운 방법과 동일하게 적용한다. $f(x, y) = \sigma(\alpha(x, y))$ 를 전개하면 다음과 같다.

$$\frac{\partial f}{\partial x} = \frac{\partial \sigma}{\partial u}(\alpha(x, y)) \times \frac{\partial \alpha}{\partial x}((x, y)) = \frac{\partial \sigma}{\partial u}(x + y) \times \frac{\partial \alpha}{\partial x}((x, y))$$

$\frac{\partial f}{\partial y}$ 역시 같은 방식으로 구한다.

모든 $x$값에서 $x$의 값이 몇 단위 증가하더라도 $a$의 값은 1단위 증가하므로($y$에 대해서도 반대가 성립한다) 다음 식이 성립한다.

$$\frac{\partial \alpha}{\partial x}((x, y)) = 1$$

이 식을 그대로 코드로 옮기면 도함수를 계산할 수 있다.

## 1.7.3 코드

```python
def multiple_inputs_add_backward(x: ndarray,
                                 y: ndarray,
                                 sigma: Array_Function) -> float:
    '''
    두 개의 입력을 받는 함수의 두 입력에 대한 각각의 도함수 계산
    '''
    # 정방향 계산 수행
    a = x + y

    # 도함수 계산
    dsda = deriv(sigma, a)

    dadx, dady = 1, 1

    return dsda * dadx, dsda * dady
```

이 코드를 수정해서 $x$와 $y$를 곱하는 함수로 구성된 합성함수의 도함수를 구하는 과정은 연습문제로 남겨둔다.

다음에는 딥러닝에서 실제 일어나는 연산과 매우 유사한, 조금 더 복잡한 예제를 살펴본다. 이함수는 조금 전에 본 함수와 비슷하지만 입력을 **벡터**vector로 받는다.

# 1.8 여러 개의 벡터 입력을 갖는 함수

딥러닝에서는 **벡터**나 **행렬**matrix을 입력으로 받는 함수를 주로 다룬다. 벡터나 행렬 객체는 덧셈이나 뺄셈 외에도 다양한 연산이 가능하며, 점곱dot product과 행렬곱 연산matrix multiplication으로 두 객체를 하나로 합칠 수도 있다. 여러 개의 벡터 입력을 갖는 함수 역시 연쇄법칙을 이용해 순방향 계산과 역방향 계산으로 도함수를 계산한다.

이 내용이 바로 딥러닝 동작 원리의 핵심임을 알게 될 것이다. 딥러닝을 사용하는 목적은 어떤데이터에 부합하는 모델을 학습하는 것이다. 좀 더 정확히 말하자면, 함수에 입력될 데이터의 **관찰**observation을 함수의 출력값으로 원하는 **예측**prediction에 매핑mapping하는 함수를 찾는 것이 목표다. 이때 관찰은 행렬 형태로 인코딩되는데, 일반적으로 행렬의 행이 각 관찰에 대응하며 열은 관찰을 구성하는 각 특징feature으로 사용된다. 더 자세한 내용은 다음 장에서 소개한다. 지금은 점곱이나 행렬곱을 포함하는 복잡한 함수의 도함수를 계산하는 것이 딥러닝에 필수라는 사실만 기억하자.

그럼 설명한 내용을 먼저 수식으로 정의해보자.

## 1.8.1 수식

신경망에서 단일한 데이터 점data point이나 관찰은 일반적으로 $x_1, x_2, \dots x_n$ 등 $n$개의 특징을 갖는 행으로 표현된다.

$$X = \begin{bmatrix} x_1 & x_2 & \dots & x_n \end{bmatrix}$$

이러한 데이터의 전형적인 예는 다음 장에서 살펴볼 주택 시세 예측 문제에서 볼 수 있다. 이 문제의 데이터에서 행의 각 요소 $x_1$, $x_2$ 등은 학교와의 거리, 전용 면적 등 주택의 시세를 결정하는 다양한 숫자형 특징으로 구성된다.

## 1.9 기존 특징으로 새로운 특징 만들기

신경망에서 가장 많이 사용되는 연산은 특징의 **가중합**weighted sum을 구하는 연산이다. 이 가중합은 특정한 특징의 비중을 늘리거나 줄이는 방법으로 기존 특징을 조합해 새로운 특징을 만든다. 가중합을 간략히 표현하면 각 특징에 대한 일련의 가중치 $w_1$, $w_2$, $\cdots$, $w_n$을 모은 벡터와 데이터 점 벡터의 **점곱**이다. 이 개념을 수식과 다이어그램, 코드의 관점에서 살펴보자.

### 1.9.1 수식

앞서 설명한 내용을 수학적으로 정확하게 정의하면, $W$는 다음과 같다.

$$W = \begin{bmatrix} w_1 \\ w_2 \\ \vdots \\ w_n \end{bmatrix}$$

이 연산은 다음과 같이 정의된다.

$$N = v(X, W) = X \times W = x_1 \times w_1 + x_2 \times w_2 + \ldots + x_n \times w_n$$

이 연산은 **행렬곱**의 특수한 예로 $X$는 한 개의 행을 가지며, $W$는 한 개의 열을 갖는다.

이번에는 다이어그램으로 살펴보자.

### 1.9.2 다이어그램

[그림 1-14]는 가중합 연산을 다이어그램으로 나타낸 것이다.

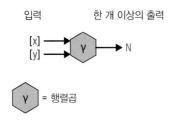

그림 1-14 다이어그램으로 나타낸 벡터의 점곱

다이어그램을 보면, 이 연산은 ndarray 객체 두 개를 입력받아 한 개의 ndarray 객체를 출력한다.

그러나 이 연산은 각각의 입력값에 대한 많은 수의 연산이 요약되어 있다. 각각의 입력값에 대해 생략된 연산을 모두 표현하면 [그림 1-15], [그림 1-16]과 같다.

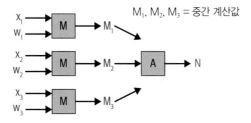

그림 1-15 행렬곱을 나타내는 또 다른 방법 1

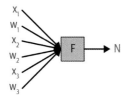

그림 1-16 행렬곱을 나타내는 또 다른 방법 2

핵심은 점곱(혹은 행렬곱)이 각각의 입력값에 대한 많은 수의 연산을 요약한 것이라는 점이다. 다음 장에서 배우겠지만, 요약된 연산을 사용하면 도함수를 구하는 과정에서 역방향 계산을 매우 간단하게 나타낼 수 있다.


### 1.9.3 코드

가중합 연산은 다음과 같은 코드로 간단히 구현한다.

```python
def matmul_forward(X: ndarray,
                   W: ndarray) -> ndarray:
    '''
    순방향 계산을 행렬곱으로 계산
    '''

    assert X.shape[1] == W.shape[0], \
    '''
    행렬곱을 계산하려면 첫 번째 배열의 열의 개수와
    두 번째 배열의 행의 개수가 일치해야 한다.
    그러나 지금은 첫 번째 배열의 열의 개수가 {0}이고
    두 번째 배열의 행의 개수가 {1}이다.
    '''.format(X.shape[1], W.shape[0])

    # 행렬곱 연산
    N = np.dot(X, W)

    return N
```

중간에 나오는 **assert** 문은 행렬곱이 전제 조건을 만족하는지를 확인한다. 지금까지 같은 크기의 두 ndarray 객체에 대한 요소 단위 연산만 사용했지만, 이 연산은 그런 연산이 아니므로 전제 조건의 확인이 필요하다.

# 1.10 여러 개의 벡터 입력을 갖는 함수의 도함수

$f(x) = x^2$이나 $f(x) = \text{sigmoid}(x)$처럼 단일한 값을 입력받아 단일한 값을 내놓는 함수는 미적분의 법칙을 이용해 간단하게 도함수를 계산할 수 있었다. 그러나 벡터를 입력받는 함수는 일단 도함숫값이 어떤 것인지조차 분명하지 않다. 앞서 본 것처럼 점곱이 $\nu(X, W) = N$일 때 자연스럽게 이런 질문이 떠오를 것이다. $\dfrac{\partial N}{\partial X}$와 $\dfrac{\partial N}{\partial W}$는 어떤 형태가 될까?

### 1.10.1 다이어그램

우리가 하려는 일을 개념적으로 나타내면 [그림 1-17]과 같다.

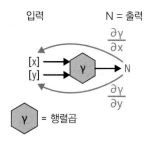

**그림 1-17** 행렬곱 계산에서 역방향 계산의 개념도

앞서 본 예제처럼 합성함수를 구성하는 함수가 덧셈이나 곱셈이었을 때는 간단히 도함수를 계산할 수 있었다. 그러나 합성함수를 구성하는 함수가 행렬곱이라면 어떻게 해야 할까? 이를 제대로 정의하기 위해 수식을 확인해보자.

### 1.10.2 수식

먼저 행렬에 대한 도함수를 어떻게 정의해야 할까? 행렬이 특정한 순서로 늘어놓은 일련의 숫자라고 생각해보자. '행렬에 대한 도함수'란 다시 말해 '행렬의 각 요소에 대한 도함수'란 뜻이다. $X$가 행이므로 행렬에 대한 도함수를 다음과 같이 정의하면 자연스럽다.

$$\frac{\partial v}{\partial X} = \begin{bmatrix} \dfrac{\partial v}{\partial x_1} & \dfrac{\partial v}{\partial x_2} & \dfrac{\partial v}{\partial x_3} \end{bmatrix}$$

그러나 $N = x_1 \times w_1 + x_2 \times w_2 + x_3 \times w_3$ 이므로 함수의 출력값 $v$는 단일값이다. 그리고 예를 들어 $x_1$이 $\epsilon$단위 움직였을 때 $N$의 값은 $w_1 \times \epsilon$단위 움직인다. 다른 요소 $x_i$도 마찬가지다. 그러므로, 다음이 성립한다.

$$\frac{\partial v}{\partial x_1} = w_1$$

$$\frac{\partial v}{\partial x_2} = w_2$$

$$\frac{\partial v}{\partial x_3} = w_3$$

그러므로 다음 식도 성립한다.

$$\frac{\partial v}{\partial X} = \begin{bmatrix} w_1 & w_2 & w_3 \end{bmatrix} = W^T$$

딥러닝 동작 원리의 핵심을 이렇게 간결하고 우아하게 나타낼 수 있다는 게 놀라울 것이다. 그만큼 구현도 깔끔하다.

비슷한 방법으로 다음 식도 성립한다.

$$\frac{\partial v}{\partial W} = \begin{bmatrix} x_1 \\ x_2 \\ x_3 \end{bmatrix} = X^T$$

### 1.10.3 코드

수학적으로 답을 구하는 어려운 부분이 끝났다. 이를 코드로 옮기는 것은 상대적으로 쉽다.

```
def matmul_backward_first(X: ndarray,
                          W: ndarray) -> ndarray:
    '''
    첫 번째 인자에 대한 행렬곱의 역방향 계산 수행
    '''

    # 역방향 계산
    dNdX = np.transpose(W, (1, 0))

    return dNdX
```

이렇게 계산된 dNdX의 값은 $X$의 각 요소에 대한 출력의 합인 $N$의 편미분partial derivative이다. 이 책에서는 특별히 이 값을 $X$의 각 요소에 대한 $N$의 **기울기**gradient라고 부른다. $X$의 각 요소, 이를테면 $x_3$에 대응하는 dNdX의 요소(여기서는 dNdX[2])의 값은 $x_3$와 계산된 점곱의 결과인 $N$의 $x_3$에 대한 편미분이다. 여기서 기울기라는 단어를 사용하는 이유는 다차원 공간에서 기울기와 편미분의 개념이 유사하기 때문이다. 좀 더 정확하게 말하면 입력값의 각 요소에 대한 함수의 출력값의 편미분의 배열을 말한다.

## 1.11 벡터 함수와 도함수

물론 딥러닝 모델에는 다양한 연산이 사용된다. 앞서 본 바와 같이 벡터를 입력받는 행렬곱을 계산하는 함수나 ndarray 객체에 요소 단위로 연산하는 함수가 함께 쓰이면서 연산이 서로 엮여 길게 이어지는 형태다. 이번에는 행렬곱 연산을 사용하는 함수와 요소 단위 연산을 사용하는 함수를 **모두** 포함하는 합성함수의 도함수를 계산하는 방법을 알아본다. 도함수를 계산하고 싶은 함수가 두 벡터 $X$와 $W$를 입력받는다고 하자. 그리고 이 두 벡터의 점곱 $v(X, W)$를 계산해 그 결과를 함수 $\sigma$에 입력한다. 우리의 목표는 전과 같지만, 새로운 언어를 사용해 목표를 다시 정립한다. 우리가 하려는 일은 벡터 $X$와 $W$에 대한 이 새로운 합성함수의 출력값의 기울기를 구하는 것이다. 이 과정이 신경망과 어떤 관계가 있는지는 다음 장에서 설명한다. 여기서는 일단 임의의 복잡도를 갖는 계산 그래프의 기울기를 계산하는 방법을 알아본다.

### 1.11.1 다이어그램

[그림 1–18]은 이 함수를 다이어그램으로 나타낸 것이다. [그림 1–17]과 마찬가지로 함수 $\sigma$가 마지막에 연결되어 있다.

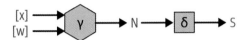

**그림 1-18** 마지막에 새로운 함수를 추가한 계산 그래프.

### 1.11.2 수식

수식은 다음과 같다.

$$s = f\left(X, W\right) = \sigma\left(v\left(X, W\right)\right) = \sigma\left(x_1 \times w_1 + x_2 \times w_2 + x_3 \times w_3\right)$$

### 1.11.3 코드

마지막으로 다음과 같은 코드로 구현한다.

```
def matrix_forward_extra(X: ndarray,
                         W: ndarray,
                         sigma: Array_Function) -> ndarray:
    '''
    행렬곱이 포함된 함수와 또 다른 함수의 합성함수에 대한 순방향 계산을 수행
    '''
    assert X.shape[1] == W.shape[0]

    # 행렬곱
    N = np.dot(X, W)

    # 행렬곱의 출력을 함수 sigma의 입력값으로 전달
    S = sigma(N)

    return S
```

## 1.11.4 역방향 계산

역방향 계산도 이전과 같은 방법으로 어렵지 않게 할 수 있다.

### 수식

$f(X, W)$는 합성함수($f(X, W) = \sigma(v(X, W))$)이므로, 이 함수의 $X$에 대한 도함수는 다음과 같다.

$$\frac{\partial f}{\partial X} = \frac{\partial \sigma}{\partial u}\left(v\left(X, W\right)\right) \times \frac{\partial v}{\partial X}\left(X, W\right)$$

위 수식의 우변 첫 번째 항은 다음과 같이 풀어쓸 수 있다.

$$\frac{\partial \sigma}{\partial u}\left(v\left(X, W\right)\right) = \frac{\partial \sigma}{\partial u}\left(x_1 \times w_1 + x_2 \times w_2 + x_3 \times w_3\right)$$

$\sigma$는 연속함수이므로 어느 지점에서도 도함숫값을 알 수 있다. 따라서 위 식에서는 $x_1 \times w_1 + x_2 \times w_2 + x_3 \times w_3$ 만 계산하면 된다.

그리고 앞서 본 예제에서 $\frac{\partial v}{\partial X}\left(X, W\right) = W^T$ 라고 배웠다. 이를 이용해 다음과 같이 수식을 표현한다.

$$\frac{\partial f}{\partial X} = \frac{\partial \sigma}{\partial u}\left(v\left(X, W\right)\right) \times \frac{\partial v}{\partial X}\left(X, W\right) = \frac{\partial \sigma}{\partial u}\left(x_1 \times w_1 + x_2 \times w_2 + x_3 \times w_3\right) \times W^T$$

$W^T$는 $X$와 모양이 같으므로, 최종 계산 결과는 숫자 $\frac{\partial \sigma}{\partial u}\left(x_1 \times w_1 + x_2 \times w_2 + x_3 \times w_3\right)$ 에 $X$의 모양을 가진 벡터를 곱한 형태가 된다.

### 다이어그램

[그림 1-19]는 이 합성함수의 역방향 계산 과정을 나타낸 다이어그램이다. 조금 복잡하기는 하지만 이전 예제와 크게 다르지 않다. 행렬곱 결괏값에 대한 함수 $\sigma$의 도함숫값에 따라 곱셈을 한 번 추가하면 된다.

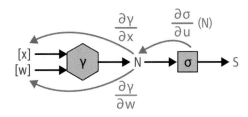

**그림 1-19** 행렬곱을 포함하는 계산 그래프의 역방향 계산

## 코드

역방향 계산 과정을 그대로 코드로 옮기면 다음과 같다.

```python
def matrix_function_backward_1(X: ndarray,
                               W: ndarray,
                               sigma: Array_Function) -> ndarray:
    '''
    첫 번째 요소에 대한 행렬함수의 도함수 계산
    '''
    assert X.shape[1] == W.shape[0]

    # 행렬곱
    N = np.dot(X, W)

    # 행렬곱의 출력을 함수 sigma의 입력값으로 전달
    S = sigma(N)

    # 역방향 계산
    dSdN = deriv(sigma, N)

    # dNdX
    dNdX = np.transpose(W, (1, 0))

    # 계산한 값을 모두 곱함. 여기서는 dNdX의 모양이 1*1이므로 순서는 무관함
    return np.dot(dSdN, dNdX)
```

세 개의 함수로 구성된 합성함수에서도 순방향 계산과 역방향 계산 과정에서 같은 값을 계산했다는 점을 기억하자.

## 결과가 정확한가?

우리가 계산한 도함수가 정확한지 어떻게 확인할 수 있을까? 간단하게 입력값에 약간 변화를 준 다음, 출력값이 얼마나 변하는지 확인하는 방법이 있다. 예를 들어 다음과 같이 $X$를 정의한다.

```
print(X)
```

```
[[ 0.4723 0.6151 -1.7262]]
```

$x_3$을 -1.7262에서 -1.7162로 0.01 증가시키면 [그림 1-20]처럼 순방향 계산의 결괏값이 $x_3$
**에 대한 출력값의 기울기×0.01**만큼 변화한다.

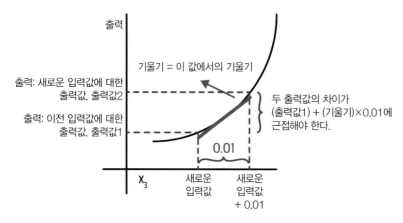

**그림 1-20** 기울기의 정확도를 확인하는 방법

matrix_function_backward_1을 사용하면 기울기가 -0.1121임을 알 수 있다.

```
print(matrix_function_backward_1(X, W, sigmoid))
```

```
[[ 0.0852 -0.0557 -0.1121]]
```

이 기울깃값이 정확한지 확인하려면 $x_3$를 0.01 증가시켰을 때 함수의 출력값은 **0.01×-0.1121**
**= -0.001121**만큼 감소해야 한다. 함숫값의 감소 폭이 이와 다르거나 오히려 함숫값이 증가한

다면, 연쇄법칙으로 구한 기울기가 틀린 것이다. 그러나 실제로 계산해보면[4] $x_3$가 약간 증가했을 때 실제 함숫값도 0.01×-0.1121만큼 감소하므로 우리가 계산한 기울기가 정확함을 알 수 있다.

마지막으로 지금까지 배운 모든 내용이 적용된 예제를 살펴보며 이번 장을 마무리한다. 두 개의 2차원 행렬을 곱하는 연산으로 시작하는 계산 그래프를 다룬다. 이 예제의 내용은 다음 장에서 배울 내용과도 연관된다.

## 1.12 두 개의 2차원 행렬을 입력받는 계산 그래프

딥러닝, 더 일반적으로 머신러닝에서는 두 개의 2차원 행렬을 다루는 연산이 많다. 이 두 행렬은 각각 데이터 $X$와 가중치 $W$를 나타낸다. 이러한 연산이 사용되는 이유는 머신러닝 모델 개발의 관점에 입각하여 다음 장에서 심도 있게 다룬다. 이번 장에서는 이 연산의 성질을 이해하는 데 집중한다. 간단한 예제를 따라 해보면 2차원 행렬의 행렬곱이 나오는 복잡한 연산도 1차원 벡터와 점곱을 다룰 때와 본질적으로 다르지 않으며, 이를 토대로 한 코드도 어렵지 않게 구현할 수 있다.

이번에도 먼저 수식으로 결과를 유도해본다. 그리 어렵지는 않지만 조금 복잡할 수 있다. 그러나 유도된 식은 매우 간결하다. 코드와 다이어그램, 그리고 유도 과정을 함께 차근차근 살펴보며 이들이 어떻게 연결되는지 이해해보자.

### 1.12.1 수식

$X$와 $W$는 다음과 같다.

$$X = \begin{bmatrix} x_{11} & x_{12} & x_{13} \\ x_{21} & x_{22} & x_{23} \\ x_{31} & x_{32} & x_{33} \end{bmatrix}$$

--------------------------------

**4** 이 책에서는 설명하는 부분에 해당하는 깃허브 링크를 제공한다(*https://github.com/flourscent/DLFS_code/tree/master/01_foundations*).

$$W = \begin{bmatrix} w_{11} & w_{12} \\ w_{21} & w_{22} \\ w_{31} & w_{32} \end{bmatrix}$$

$X$는 세 개의 특징을 가진 세 개의 관찰로 구성된 데이터 집합이다. 이 행렬의 각 행은 우리가 예측하고 싶은 관찰에 해당한다.

이제 이 두 행렬에 수행할 연산을 정의해보자.

1. 두 행렬의 행렬곱. 이 연산을 전과 마찬가지로 $v(X, W)$라고 하자. 이 연산의 출력을 $N$이라 하면, $N = v(X, W)$가 된다.

2. 그다음 $N$을 미분가능한 어떤 함수 $\sigma$에 입력한다($S = \sigma(N)$).

이번에도 우리가 풀어야 할 문제는 $X$와 $W$에 대한 $S$의 기울기를 찾는 것이다. 이번에도 연쇄법칙만으로 기울기를 구할 수 있을까? 그렇게 해야 하는 이유와 하지 않는 이유를 생각해보자.

조금만 생각해보면 앞서 본 예제와는 상황이 좀 다르다. $S$가 단일한 숫자가 아니라 **행렬**이 되었다. 다른 행렬에 대한 어떤 행렬의 기울기라는 게 도대체 무슨 뜻일까?

이제 미묘하지만 중요한 개념에 도달했다. 다차원 배열에 어떤 연산을 수행할 수는 있지만, '$X$의 각 요소가 변화했을 때 출력값이 얼마나 변화할 것인가'라는 기울기의 개념을 생각해보면, 연산 결과가 되는 배열은 결국 어떤 식으로든 계산을 거쳐 하나의 수로 합해져야 한다.

이 역할을 위해 $S$의 요소를 모두 더하는 세 번째 함수 Lambda를 도입한다.

그럼 수식으로 구체화해보자. 먼저 $X$와 $W$의 행렬곱을 다음과 같이 나타낸다.

$$X \times W = \begin{bmatrix} x_{11} \times w_{11} + x_{12} \times w_{21} + x_{13} \times w_{31} & x_{11} \times w_{12} + x_{12} \times w_{22} + x_{13} \times w_{32} \\ x_{21} \times w_{11} + x_{22} \times w_{21} + x_{23} \times w_{31} & x_{21} \times w_{12} + x_{22} \times w_{22} + x_{23} \times w_{32} \\ x_{31} \times w_{11} + x_{32} \times w_{21} + x_{33} \times w_{31} & x_{31} \times w_{12} + x_{32} \times w_{22} + x_{33} \times w_{32} \end{bmatrix} = \begin{bmatrix} XW_{11} & XW_{12} \\ XW_{21} & XW_{22} \\ XW_{31} & XW_{32} \end{bmatrix}$$

편의상 $X$의 $i$번째 행 벡터와 $W$의 $j$번째 열 벡터의 곱을 $XW_{ij}$라고 나타낸다.

다음은 이 행렬곱의 결과를 $\sigma$에 입력한다. 결과적으로 다음과 같이 행렬곱 $X \times W$의 각 요소가 $\sigma$에 입력된다.

$$\sigma(X \times W) = \begin{bmatrix} \sigma(x_{11} \times w_{11} + x_{12} \times w_{21} + x_{13} \times w_{31}) & \sigma(x_{11} \times w_{12} + x_{12} \times w_{22} + x_{13} \times w_{32}) \\ \sigma(x_{21} \times w_{11} + x_{22} \times w_{21} + x_{23} \times w_{31}) & \sigma(x_{21} \times w_{12} + x_{22} \times w_{22} + x_{23} \times w_{32}) \\ \sigma(x_{31} \times w_{11} + x_{32} \times w_{21} + x_{33} \times w_{31}) & \sigma(x_{31} \times w_{12} + x_{32} \times w_{22} + x_{33} \times w_{32}) \end{bmatrix}$$

$$= \begin{bmatrix} \sigma(XW_{11}) & \sigma(XW_{12}) \\ \sigma(XW_{21}) & \sigma(XW_{22}) \\ \sigma(XW_{31}) & \sigma(XW_{32}) \end{bmatrix}$$

마지막으로 다음과 같이 각 요솟값의 합을 구한다.

$$L = \Lambda\big(\sigma(X \times W)\big) = \Lambda\left(\begin{bmatrix} \sigma(XW_{11}) & \sigma(XW_{12}) \\ \sigma(XW_{21}) & \sigma(XW_{22}) \\ \sigma(XW_{31}) & \sigma(XW_{32}) \end{bmatrix}\right)$$

$$= \sigma(XW_{11}) + \sigma(XW_{12}) + \sigma(XW_{21}) + \sigma(XW_{22}) + \sigma(XW_{31}) + \sigma(XW_{32})$$

이제 본론인 미분으로 돌아가자. 숫자 $L$을 구했으니 $X$와 $W$에 대해 $L$의 기울기를 구하면 된다. 입력되는 두 행렬의 **각 요소**의 값($x_{11}$, $w_{21}$ 등)이 변화할 때, $L$의 값이 얼마나 변화하는지 알 수 있기 때문이다. 이를 수식으로 나타내면 다음과 같다.

$$\frac{\partial \Lambda}{\partial u}(X) = \begin{bmatrix} \dfrac{\partial \Lambda}{\partial u}(x_{11}) & \dfrac{\partial \Lambda}{\partial u}(x_{12}) & \dfrac{\partial \Lambda}{\partial u}(x_{13}) \\ \dfrac{\partial \Lambda}{\partial u}(x_{21}) & \dfrac{\partial \Lambda}{\partial u}(x_{22}) & \dfrac{\partial \Lambda}{\partial u}(x_{23}) \\ \dfrac{\partial \Lambda}{\partial u}(x_{31}) & \dfrac{\partial \Lambda}{\partial u}(x_{32}) & \dfrac{\partial \Lambda}{\partial u}(x_{33}) \end{bmatrix}$$

문제를 수학적으로 명확히 이해했으니 다이어그램과 코드의 관점으로 이동해보자.

## 1.12.2 다이어그램

[그림 1-21]은 개념적으로는 입력이 여러 개인 함수의 계산 그래프와 크게 다르지 않아 앞서 보았던 다이어그램과 비슷하다.

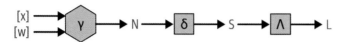

**그림 1-21** 복잡한 순방향 계산을 가진 함수의 계산 그래프

지금까지 해왔듯이 이번에도 계산 그래프를 따라 입력을 흐르게 하면 된다. 이를 위해 먼저 연쇄법칙을 이용해 기울기를 계산한다.

## 1.12.3 코드

지금까지 본 내용을 다음과 같이 코드로 구현한다.

```python
def matrix_function_forward_sum(X: ndarray,
                                W: ndarray,
                                sigma: Array_Function) -> float:
    '''
    두 개의 ndarray X와 W를 입력받으며 sigma 함수를 포함하는 합성함수의 순방향 계산
    '''
    assert X.shape[1] == W.shape[0]

    # 행렬곱
    N = np.dot(X, W)

    # 행렬곱 계산 결과를 sigma에 전달
    S = sigma(N)

    # 행렬 요소의 합을 구함
    L = np.sum(S)

    return L
```

# 1.13 역방향 계산

이제 이 합성함수의 역방향 계산을 수행할 차례다. 행렬곱이 함수에 포함되지만 우리가 할 일은 이번에도 같다. 두 ndarray 객체의 각 요솟값에 대한 $N$의 기울기를 구하면 된다.[5] 이 마지막 단계만 이해하면 2장에서 실제 머신러닝 모델을 학습하는 과정을 자연스럽게 이해할 수 있다. 먼저 우리가 할 일을 개념적으로 정리해보자.

### 1.13.1 다이어그램

역방향 계산 과정도 순방향 계산과 마찬가지로 앞서 본 예제와 크게 다르지 않다.

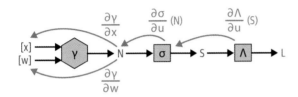

그림 1-22 복잡한 합성함수의 역방향 계산

합성함수를 구성하는 각 함수의 편미분을 계산한 다음, 현재 입력으로 편미분값을 계산하고 그 값을 모두 곱하면 전체 합성함수의 도함수가 된다. 각각의 편미분을 구하는 과정을 수식으로 차례대로 살펴보자.

### 1.13.2 수식

여기서 구하려는 값은 수식으로 바로 계산 가능하다. $L$의 값은 $x_{11}$, $x_{12}$, $\cdots$, $x_{33}$과 같은 행렬의 각 요솟값에 의해 결정되기 때문이다.

그러나 수식을 바로 계산하는 방법은 너무 복잡하다. 연쇄법칙의 미덕은 복잡한 함수를 잘게 나누어 구한 간단한 도함수를 이용해 전체 함수의 도함수를 구할 수 있다는 점이 아니던가. 연

---

5  $X$에 대한 $N$의 기울기를 구하는 방법은 다음 절에서 다룬다. $W$에 대한 $N$의 기울기 역시 비슷한 방법으로 구한다.

쇄법칙을 이용하면 순방향 계산 과정을 그대로 밟고 순방향 계산 결과를 기억해두었다가, 전체 합성함수를 나눈 각 함수의 도함수를 계산한 다음, 그 값을 모두 곱하기만 하면 되니 계산 과정을 코드로 옮기기도 쉽다.

행렬곱이 포함된 합성함수라고 해봤자 계산할 거리가 늘어날 뿐, 할 일은 같다. 차근차근 확인해보자.

$L$을 $\Lambda\big(\sigma\big(v\big(X,W\big)\big)\big)$라고 나타내자. $L$이 일반적인 함수라면, 다음과 같이 연쇄법칙을 적용한다.

$$\frac{\partial \Lambda}{\partial X}(X) = \frac{\partial v}{\partial X}(X,W) \times \frac{\partial \sigma}{\partial u}(N) \times \frac{\partial \Lambda}{\partial u}(S)$$

지금부터 세 개의 편미분을 차례대로 계산해보자. 방법은 앞서 보았던 세 개의 함수로 구성된 합성함수 예제와 같다. [그림 1-22]를 통해서도 같은 방법을 사용할 수 있음을 알 수 있다.

첫 번째 편미분은 직관적으로 계산할 수 있어 몸풀기로 적당하다. 이 편미분은 $S$의 각 요솟값을 변화시켰을 때 $L$($\Lambda$의 출력값)이 변화하는 정도에 해당한다. $L$은 $S$의 모든 요소를 합한 결과이므로 도함수를 간단히 구할 수 있다.

$$\frac{\partial \Lambda}{\partial u}(S) = \begin{bmatrix} 1 & 1 \\ 1 & 1 \\ 1 & 1 \end{bmatrix}$$

$S$의 어떤 요소든 값을 증가시키면 $L$의 값도 그만큼 증가한다. 예를 들어 $S$의 어떤 요소를 0.46 증가시켰다면 $L$의 값도 0.46 증가한다.

이번에는 $\frac{\partial \sigma}{\partial u}(N)$을 구할 차례다. 이 편미분은 $N$의 요솟값에 대한 $\sigma$의 도함수의 함숫값이다. 행렬곱 $XW$를 나타낼 때 사용했던 표기법을 적용하면 편미분은 다음과 같다.

$$\begin{bmatrix} \frac{\partial \sigma}{\partial u}(XW_{11}) & \frac{\partial \sigma}{\partial u}(XW_{12}) \\ \frac{\partial \sigma}{\partial u}(XW_{21}) & \frac{\partial \sigma}{\partial u}(XW_{22}) \\ \frac{\partial \sigma}{\partial u}(XW_{31}) & \frac{\partial \sigma}{\partial u}(XW_{32}) \end{bmatrix}$$

여기까지는 $\frac{\partial L}{\partial u}(N)$를 구하기 위해 다음과 같이 두 도함수의 값을 **요소 단위**에 곱할 수 있다.

$$\frac{\partial \Lambda}{\partial u}(N) = \frac{\partial \Lambda}{\partial u}(S) \times \frac{\partial \sigma}{\partial u}(N) = \begin{bmatrix} \frac{\partial \sigma}{\partial u}(XW_{11}) & \frac{\partial \sigma}{\partial u}(XW_{12}) \\ \frac{\partial \sigma}{\partial u}(XW_{21}) & \frac{\partial \sigma}{\partial u}(XW_{22}) \\ \frac{\partial \sigma}{\partial u}(XW_{31}) & \frac{\partial \sigma}{\partial u}(XW_{32}) \end{bmatrix} \times \begin{bmatrix} 1 & 1 \\ 1 & 1 \\ 1 & 1 \end{bmatrix} = \begin{bmatrix} \frac{\partial \sigma}{\partial u}(XW_{11}) & \frac{\partial \sigma}{\partial u}(XW_{12}) \\ \frac{\partial \sigma}{\partial u}(XW_{21}) & \frac{\partial \sigma}{\partial u}(XW_{22}) \\ \frac{\partial \sigma}{\partial u}(XW_{31}) & \frac{\partial \sigma}{\partial u}(XW_{32}) \end{bmatrix}$$

하지만 다시 벽에 부딪혔다. 다이어그램이나 연쇄법칙으로 풀어쓴 수식을 봤을 때, 지금 남은 일은 $\frac{\partial v}{\partial u}(X)$를 구하는 것이다. 그러나 $N$, 다시 말해 $v$의 출력값은 $X$와 $W$의 행렬곱이다. 그러므로 $3 \times 3$ 행렬 $X$의 요솟값을 증가시켰을 때 $3 \times 2$ 행렬 $N$의 각 요솟값이 얼마나 증가하는 지를 나타낼 방법이 필요하다. 이런 정보를 어떻게 표현해야 할지 고민이 된다면, 아직 문제의 명확한 정의를 내리지 못했거나 잘못 정의한 것이다.

이게 지금 문제가 되는 이유는 앞선 예제에서는 운이 좋게도 $X$와 $W$가 서로 행과 열을 바꾸면 모양이 같았기 때문에 $\frac{\partial v}{\partial u}(X) = W^T$, $\frac{\partial v}{\partial u}(W) = X^T$ 가 성립했기 때문이다. 지금도 이 방법을 쓸 수 있을까?

## 물음표에 들어갈 것은?

우리가 부딪힌 벽이 무엇인지 좀 더 구체적으로 따져보자. 다음 수식에서 물음표에 들어갈 것이 무엇인지 알아내야 한다.

$$\frac{\partial \Lambda}{\partial u}(X) = \frac{\partial \Lambda}{\partial u}(\sigma(N)) \times ? = \begin{bmatrix} \frac{\partial \sigma}{\partial u}(XW_{11}) & \frac{\partial \sigma}{\partial u}(XW_{12}) \\ \frac{\partial \sigma}{\partial u}(XW_{21}) & \frac{\partial \sigma}{\partial u}(XW_{22}) \\ \frac{\partial \sigma}{\partial u}(XW_{31}) & \frac{\partial \sigma}{\partial u}(XW_{32}) \end{bmatrix} \times ?$$

## 해답

행렬곱의 계산 과정을 떠올려보면 물음표에 들어갈 내용은 벡터의 점곱을 다뤘던 예제와 마찬가지로 $W^T$가 된다. $X$의 각 요소에 대한 $L$의 편미분을 구해 이를 확인해보자. 계산 결과[6]는 다음과 같이 분해된다.

$$\frac{\partial \Lambda}{\partial u}(X) = \frac{\partial \Lambda}{\partial u}(S) \times \frac{\partial \sigma}{\partial u}(N) \times W^T$$

첫 번째 곱셈은 요소 단위 곱셈이며, 두 번째 곱셈은 행렬곱이다.

위에서 알 수 있는 것은 계산 그래프에 포함된 연산이 행렬곱, 심지어 입력되는 행렬과 출력되는 행렬의 모양이 다를지라도 **연쇄법칙을 이용해 이 계산 그래프에 대한 역방향 계산을 할 수 있다**는 점이다. 이런 성질이 없다면 딥러닝 모델을 학습하기가 훨씬 까다롭다. 다음 장을 읽다 보면 딥러닝 모델을 학습하는 데 이 성질이 얼마나 도움이 되는지 깨닫게 될 것이다.

### 1.13.3 코드

수식으로 유도한 내용을 코드로 구현한다. 이 과정에서 유도한 내용을 좀 더 확실히 이해해보자.

```
def matrix_function_backward_sum_1(X: ndarray,
                                   W: ndarray,
                                   sigma: Array_Function) -> ndarray:
    '''
    행렬곱과 요소의 합 연산이 포함된 함수의
    첫 번째 인자 행렬에 대한 도함수를 계산하는 과정 구현
    '''
    assert X.shape[1] == W.shape[0]

    # 행렬곱
    N = np.dot(X, W)

    # 행렬곱 계산 결과를 sigma에 전달
    S = sigma(N)

    # 행렬 요소의 합을 구함
    L = np.sum(S)
```

----

**6** 계산 과정은 부록 A.1을 참고하자.

```
    # 메모 : 수식에서 도함수를 가리키는 부분을 여기서는 계산된 값으로 다룬다.

    # dLdS - 모든 요솟값이 1인 행렬
    dLdS = np.ones_like(S)

    # dSdN
    dSdN = deriv(sigma, N)

    # dLdN
    dLdN = dLdS * dSdN

    # dNdX
    dNdX = np.transpose(W, (1, 0))

    # dLdX
    dLdX = np.dot(dSdN, dNdX)

    return dLdX
```

이제 코드를 통해 계산한 결과를 검증해보자.

```
np.random.seed(190204)
X = np.random.randn(3, 3)
W = np.random.randn(3, 2)

print("X:")
print(X)

print("L:")
print(round(matrix_function_forward_sum(X, W, sigmoid), 4))
print()
print("dLdX:")
print(matrix_function_backward_sum_1(X, W , sigmoid))
```

```
X:
[[-1.5775 -0.6664  0.6391]
 [-0.5615  0.7373 -1.4231]
 [-1.4435 -0.3913  0.1539]]
L:
2.3755

dLdX:
```

```
[[ 0.2489 -0.3748  0.0112]
 [ 0.126  -0.2781 -0.1395]
 [ 0.2299 -0.3662 -0.0225]]
```

위의 예제에서 dLdX는 $X$에 대한 $L$의 기울기를 나타낸다. 예를 들면 dLdX의 첫 번째(좌상단) 요소는 $\frac{\partial \Lambda}{\partial x_{11}}(X, W) = 0.2489$를 의미한다. 그러므로 이 계산 결과가 맞다면 $x_{11}$을 $0.001$ 증가시키면, $L$도 $0.001 \times 0.2489$ 증가해야 한다. 정말로 그런지 확인해보자.

```
X1 = X.copy()
X1[0, 0] += 0.001

print(round(
        (matrix_function_forward_sum(X1, W, sigmoid) - \
         matrix_function_forward_sum(X, W, sigmoid)) / 0.001, 4))
```

```
0.2489
```

이 정도면 계산 결과가 정확해 보인다.

## 시각적으로 나타낸 기울기

지금까지 배운 내용을 이 장 처음에 언급했던 내용에 적용해보자. 행렬의 요소 $x_{11}$을 다양한 연산을 포함한 함수를 거치게 했다. 이 연산에는 9개 요소를 가진 행렬 $X$와 6개 요소를 가진 행렬 $W$를 6개 요소를 가진 행렬로 합치는 연산인 행렬곱과 sigmoid 함수, 그리고 행렬의 요소의 합이 있었다. 연산 과정이 복잡하긴 하지만, 이 자체를 하나의 함수라고 볼 수도 있다. 이를 $WNSL$이라고 하면 [그림 1-23]처럼 나타낼 수 있다.

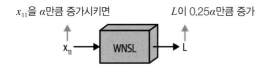

**그림 1-23** 합성함수를 나타내는 또 다른 방법. 하나의 함수($WNSL$)로 나타내기

합성함수를 구성하는 각 함수가 미분가능하므로 전체 합성함수도 $x_{11}$을 입력받는 하나의 미분가능한 함수가 된다. 이 함수의 도함수를 구하려면 $\frac{dL}{dx_{11}}$을 계산하면 된다. $L$의 변화에 따라

$x_{11}$이 어떻게 변화하는지 그래프를 그려보면 이 값을 시각화할 수 있다. $X$의 값을 확인해보면 $x_{11}$의 초깃값은 -1.5775다.

```
print("X:")
print(X)
```

```
X:
[[-1.5775 -0.6664  0.6391]
 [-0.5615  0.7373 -1.4231]
 [-1.4435 -0.3913  0.1539]]
```

위의 입력된 $X$, $W$와 계산 그래프, 또는 코드를 통해 계산된 $L$의 값으로 그래프를 그려보자. 다만 $x_{11}$(또는 X[0, 0])을 제외하고 모든 입력 행렬의 값은 고정한다. 그래프는 [그림 1-24][7] 와 같다.

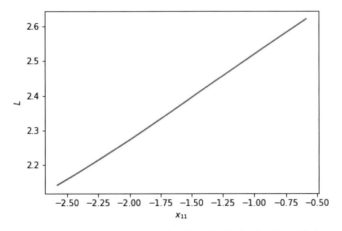

그림 1-24 $x_{11}$의 변화에 따른 $L$의 변화. $X$와 $W$의 나머지 요솟값은 고정했다.

이 그래프를 대충 훑어만 보아도 $x_{11}$의 값이 약 2 증가하는 동안 $L$의 값은 2.1에서 2.6으로 약 0.5 증가했으니, 대략 $\frac{0.5}{2} = 0.25$가 되어 계산 결과가 맞다는 것을 확인할 수 있다.

---

**7** 전체 함수는 이 책의 코드 저장소(*https://github.com/flourscent/DLFS_code*)에서 볼 수 있다. 이 코드는 앞서 본 matrix_ function_backward_sum_1 함수의 일부다.

이것으로 행렬곱을 포함하는 복잡한 합성함수도 입력의 특정 요소에 대한 편미분을 정확하게 계산할 수 있다. 가중치 $W$에 대한 $L$의 편미분도 비슷한 방법으로 계산한다.

> **NOTE_** $W$에 대한 $L$의 편미분은 $X^T$로 나타낸다. 하지만 식을 분해하는 순서로 인해 $X^T$는 수식의 왼쪽에 위치한다.
>
> $$\frac{\partial \Lambda}{\partial u}(W) = X^T \times \frac{\partial \Lambda}{\partial u}(S) \times \frac{\partial \sigma}{\partial u}(N)$$
>
> 마찬가지로 코드에서도 `dNdW = np.transpose(X, (1, 0))` 뒤에는 `dLdX = np.dot(dSdN, dNdX)` 대신 `dLdW = np.dot(dNdW, dSdN)`이 와야 한다.

## 1.14 마치며

이번 장에서 복잡한 합성함수의 동작 원리를 잘 이해해볼 수 있었다. 합성함수를 이해하기 위해 각각의 함수를 나타내는 박스가 연산 순서대로 선으로 연결된 다이어그램을 그려보기도 했고, 두 개의 행렬 인자를 받아 행렬곱을 계산하는 함수처럼 복잡한 함수의 도함수를 계산하는 코드도 작성해보았다. 이 부분은 다음 장에서 밑바닥부터 실제 신경망을 학습시키는 과정에 꼭 필요한 내용이다. 그럼 다음 장으로 넘어가자!

# CHAPTER 2

# 신경망 기초 2

앞서 1장에서 신경망을 이해하기 위한 기본적인 개념인 합성함수와 연속함수 그리고 함수의 미분가능성에 대해 설명했다. 그리고 합성함수를 구성하는 함수를 노드로 갖는 계산 그래프로 합성함수를 나타내는 방법도 배웠다. 특히, 이 다이어그램을 통해 특정 입력에 대한 이 합성함수의 도함수를 구하는 방법을 직관적으로 이해해볼 수 있었다. 합성함수를 구성하는 각 함수의 도함수를 구한 다음, 해당 입력에 대한 각 도함수의 값을 계산하고 이들 값을 모두 곱해 전체 합성함수의 도함숫값을 얻었다. 이 과정은 연쇄법칙을 이용한 방법이다. 또한 넘파이의 ndarray 객체를 입력받아 또 다른 ndarray 객체를 내놓는 간단한 예제 함수를 통해 이 방법이 유효하다는 것도 확인했다.

그리고 여러 개의 ndarray를 입력받으며 행렬곱을 통해 행렬이 결합하는 합성함수(요소 단위 연산과 달리, 행렬곱에서는 계산 결과의 행렬 모양이 입력 행렬의 모양과 다를 수도 있다)에서도 이 방법이 유용함을 확인했다. 예를 들어 B×N 크기의 행렬 $X$와 N×M 크기의 행렬 $W$가 입력이고, B×M 크기의 행렬 $P$가 출력이라고 가정하자. 이때 합성함수에 행렬곱 연산 $v(X, W)$가 포함되어 있다면, 이 연산의 도함수를 훨씬 간단한 식으로 대체할 수 있다는 것을 배웠다. 다시 말해 $\frac{\partial v}{\partial u}(W)$가 $X^T$이고, $\frac{\partial v}{\partial u}(X)$가 $W^T$임을 배웠다.

이번 장에서는 이 개념으로 실제 문제를 어떻게 해석할 수 있는지 알아본다. 좀 더 구체적으로는

1. 우리가 배운 개념을 통해 선형회귀를 표현해보고

2. 도함수와 연쇄법칙으로 선형회귀 모형을 학습하는 방법과

3. 이 모형을 층이 한 개인 신경망 모델로 확장하는 방법을 배운다.

이 개념을 통해 3장에서 딥러닝 모델의 학습 원리를 자연스럽게 이해할 수 있다.

이번 장 내용을 시작하기 전에 **지도 학습**supervised learning의 개념을 간단히 알아보자. 지도 학습은 머신러닝의 한 갈래로 이 책에서 다루는 신경망이 문제를 해결하는 방식이기도 하다.

## 2.1 지도 학습

높은 수준에서 보면 머신러닝은 데이터 간의 **관계**relationship를 발견하거나 학습하는 알고리즘이다. 그중에서도 지도 학습은 이러한 머신러닝의 한 갈래로, **이미 측정된 데이터의 속성 사이의 관계**[1]를 찾아내는 것이라 할 수 있다.

이제 실생활에서 마주할 수 있는 대표적인 지도 학습 문제인 '주택의 속성과 주택 가치가 갖는 관계'에 대한 문제를 살펴보자. 깊이 생각해보지 않더라도, 방의 개수라던가 전용면적 혹은 학군 등은 해당 주택에 대한 수요를 결정하는 밀접한 요소다. 높은 수준에서 보면, 지도 학습의 목표는 우리가 **이미 측정된**already measured 속성 간의 관계를 발견하는 것이다.

여기서 '이미 측정되었다'는 말은 이들 각 속성이 명확하게 정의되었으며 숫자로 표현된다는 의미다. 방의 개수, 전용면적 같은 주택의 속성은 숫자로 나타내는 것이 자연스럽다. 그러나 이들과는 성격이 약간 다른 정보도 있다. 예를 들어 주택이 위치한 동네에 대한 트립어드바이저의 평가는 글로 되어 있으며, 이런 정보와 주택 가격의 관계를 연결 짓는 문제는 원래 문제보다 훨씬 직관성이 떨어진다. 이렇게 구조화되지 않은 정보를 적절하게 숫자로 변환하면 속성 간에 숨겨진 관계를 찾아내는 데 큰 도움이 되기도 하지만 적절치 못하면 되려 큰 방해가 된다. 그리고 주택의 가치처럼 분명하게 정의되지 않은 개념도 단일한 값이 되도록 하는 명확한 정의가 필요하다. 이 문제에서는 주택의 가격을 선택한다.[2]

속성을 숫자로 변환하기 위한 정의를 확정했다면, 그다음은 이 숫자를 어떤 구조로 나타낼

---

**1** 머신러닝의 또 다른 갈래인 비지도 학습(unsupervised learning)은 데이터의 이미 밝혀진 속성과 밝혀지지 않은 속성의 관계를 찾아 내는 것이다.

**2** 실제 문제에서는 주택 가격이라는 정의도 아주 명확하지 않다. 예를 들어 '작년에 거래가 이뤄졌던 가격'이라고 한다면 거래가 장기간 없었던 주택은 어떻게 평가해야 할까? 이 책에서 다루는 문제는 다행히 데이터의 값을 미리 명확히 정의하지만, 실제 문제에서는 이를 어떻게 정의하는지가 매우 중요하다.

지 결정해야 한다. 머신러닝에서 가장 널리 쓰이는 방법은 단일한 관찰(여기서는 주택 한 채가 된다)과 관련된 여러 숫자를 모아 한 **행**으로 나타내는 것이다. 그리고 이 행을 쌓아 2차원 ndarray 객체 형태로 데이터의 **배치**batch를 만들어 모델에 입력한다. 그러면 모델은 각 관찰에 대한 예측 결과가 담긴 행으로 구성된 ndarray 객체를 반환한다.

이제 몇 가지 새로운 정의를 알아보자. 지금 얘기한 ndarray 객체를 구성하는 행의 길이는 데이터의 **특징**feature의 개수다. 일반적으로 단일한 속성도 여러 개의 특징에 대응될 수 있다. 우리가 다루는 문제인 주택에서는 외장재에 따라 적벽돌, 백벽돌, 판석 외장[3]과 같이 **유형**category에 따라 나누어 분류할 수 있다. 외장재라는 단일한 속성도 세 가지 특징으로 나뉠 수 있는 것처럼 우리가 알고 있는 속성을 실제 관찰 가능한 특징과 대응시키는 과정을 **특징 엔지니어링**feature engineering이라고 부른다. 이 책에서 특징 엔지니어링을 중점적으로 다루진 않는다. 이 장에서 다루는 문제는 각 관찰마다 13개의 속성이 있으며, 각 속성은 단일한 숫자로 표현된다.

앞서 지도 학습의 목표는 데이터의 속성 간의 관계를 발견하는 것이라고 설명했다. 속성 간의 관계를 발견하려면 먼저 다른 속성을 통해 우리가 예측하고 싶은 속성을 선택해야 한다. 이 속성을 **목표**target라고 한다. 어떤 속성을 목표로 삼을지는 전적으로 어떤 문제를 해결해야 하는가에 달렸다. 예를 들어 문제에서 해결하고자 하는 바가 방의 개수와 주택 가격의 관계를 알아내는 것이라면 주택 가격 속성이 목표이고, 방의 개수가 특징에 포함된 모델을 학습하면 된다. 이 모델에는 주택 가격과 방의 개수 두 속성의 관계가 포함되어 있고, 이를 통해 방이 많을수록 주택 가격이 비싸진다는 관계를 알아낼 수 있다. 그런 다음 아직 가격을 모르는 주택의 가격을 예측하고 싶다면 이 모델에 방의 개수에 대한 정보를 입력하면 된다.

지도 학습은 높은 수준에서 보면 속성 간의 관계를 찾는 개념이며, 이를 구체화하면 특징을 숫자로 나타낸 데이터로부터 모델을 학습해 특징과 목표 속성의 관계를 발견하는 과정이 된다. [그림 2-1]은 이 과정을 나타낸 그림이다.

---

**3** 이러한 **특징**을 유형적(categorical) 특징이라고 한다.

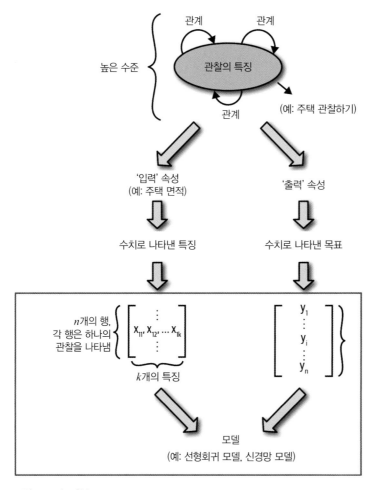

**그림 2-1** 지도 학습

앞서 언급한 것처럼 이 책에서는 [그림 2-1]의 하단에 강조된 부분의 설명에 집중한다. 하지만 올바른 데이터를 수집하고, 해결하려는 문제를 정의하고, 특징 엔지니어링을 수행하는 많은 문제가 실제 모델링보다 훨씬 더 어렵다. 그러나 이 책에서는 모델링과 딥러닝 모델이 어떻게 작동하는지 이해하는 데 초점을 맞추고 있으므로 그 주제로 돌아가자.

## 2.2 지도 학습 모델

이제 지도 학습 모델이 하는 일이 개념적으로 무엇인지 알게 되었다. 그리고 이 모델의 실체는 수학적 합성함수다. 앞 장에서 합성함수를 다이어그램과 수식, 코드로 나타내는 방법을 배웠다. 마찬가지 방법으로 지도 학습의 목표를 수식과 코드를 통해 좀 더 분명하게 나타내본다(다이어그램은 나중에 사용한다). 지도 학습의 목적은 ndarray 객체를 입력받아 또 다른 ndarray 객체를 출력하는 형태를 가진 함수를 찾는 것이다. 이 함수는 우리가 정의한 특징값을 담은 ndarray 객체를 입력받고, 목표 속성의 특징과 가까운 값을 담은 ndarray 객체를 반환하는 형태로 관찰의 속성값을 목표 속성과 대응시킬 수 있어야 한다.

좀 더 구체적으로 설명하면 우리가 가진 데이터는 $n$개의 행으로 구성된 행렬 $X$이며, 각 행은 $k$개의 수치화된 특징을 가진 각각의 관찰이 된다. 각 관찰은 $x_i = [x_{i1} \quad x_{i2} \quad x_{i3} \quad ... \quad x_{ik}]$와 같이 하나의 벡터가 되며, 이 관찰이 모여 배치를 형성한다. 예를 들어 관찰을 3개 포함하는 배치는 다음과 같다.

$$X_{batch} = \begin{bmatrix} x_{11} & x_{12} & x_{13} & ... & x_{1k} \\ x_{21} & x_{22} & x_{23} & ... & x_{2k} \\ x_{31} & x_{32} & x_{33} & ... & x_{3k} \end{bmatrix}$$

그리고 하나의 배치와 그에 대응하는 목표 배치가 있다. 이 행렬의 각 요소는 관찰이 갖는 목표 속성의 값이다. 목표는 다음과 같이 1차원 벡터로 나타낼 수 있다.

$$\begin{bmatrix} y_1 \\ y_2 \\ y_3 \end{bmatrix}$$

이 배열을 통해 설명하자면, 지도 학습의 목적은 1장에서 배운 방법으로 함수를 발견하는 것이다. 이 함수는 관찰과 목표가 기록된 입력 배치 $X_{batch}$를 입력받아 예측값의 벡터 $p_i$를 반환한다. 예측값은 어떤 그럴듯한 기준에 따라 $X$에 대한 목푯값 $y_i$와 가장 가까운 값을 의미한다.

이제 실제 데이터에 대한 첫 번째 머신러닝 모델을 만들 수 있는 구성 요소가 모두 갖춰졌다. 직관적이고 이해하기 쉬운 모형인 선형회귀를 예로 들어, 이 구성 요소로 모델을 구축하는 방법을 알아보자.

## 2.3 선형회귀

선형회귀linear regression는 다음과 같이 나타낼 수 있다.

$$y_i = \beta_0 + \beta_1 \times x_1 + \ldots + \beta_n \times x_k + \epsilon$$

위 수식은 관찰 $X$의 $k$가지 특징의 선형결합linear combination과 예측값을 기준선(특히 모든 특징의 값이 0인 경우의 목푯값)을 조정하는 항 $\beta_0$으로 목푯값을 계산할 수 있다는 아이디어를 나타낸 것이다.

사실 이 수식만으로 실제 모델을 학습하는 코드가 떠오르진 않을 것이다. 실제 모델을 학습하려면 먼저 이 선형회귀 모형을 1장에서 배웠던 함수의 언어로 옮겨야 한다. 일단 다이어그램을 그려보는 것부터 시작해보자.

### 2.3.1 다이어그램으로 나타낸 선형회귀

선형회귀를 계산 그래프로 나타내려면 어떻게 해야 할까? 선형회귀 모형을 각각의 요소로 분해한 다음, 각 $x_i$를 대응하는 $w_i$와 곱해 그 곱을 모두 합하는 방법을 생각해볼 수 있다. [그림 2-2]는 이 과정을 나타낸 것이다.

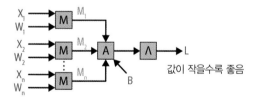

**그림 2-2** 사칙연산 수준에서 본 선형회귀

그러나 1장과 마찬가지로 이 연산을 행렬곱으로 나타낼 수 있다면, 모델을 학습하는 데 필요한 입력에 대한 도함수를 정확하게 계산하면서도 간편하게 표기할 수 있다.

그렇다면 어떻게 해야 할까? 편향 항($\beta_0$)이 없는 단순한 케이스를 예로 들어보자. 선형회귀 모형의 출력은 각 관찰을 나타내는 벡터 $x_i = \begin{bmatrix} x_1 & x_2 & x_3 & \ldots & x_k \end{bmatrix}$와 다음과 같이 정의되는 파라미터가 담긴 또 다른 벡터 $W$의 점곱으로 나타낼 수 있다.

$$W = \begin{bmatrix} w_1 \\ w_2 \\ w_3 \\ \vdots \\ w_k \end{bmatrix}$$

그러면 우리가 만들 모델의 예측값은 다음과 같이 계산된다.

$$p_i = x_i \times W = w_1 \times x_{i1} + w_2 \times x_{i2} + ... + w_k \times x_{ik}$$

그러면 이제 선형회귀 모형에서 예측값을 계산하는 과정을 점곱 연산 한 번으로 나타낼 수 있다.

더 나아가면 여러 관찰이 담긴 배치에 대한 예측값도 마찬가지로 행렬곱 연산 한 번으로 계산할 수 있다. 예를 들어 관찰 3개가 담긴 다음과 같은 배치가 있다면,

$$X_{batch} = \begin{bmatrix} x_{11} & x_{12} & x_{13} & ... & x_{1k} \\ x_{21} & x_{22} & x_{23} & ... & x_{2k} \\ x_{31} & x_{32} & x_{33} & ... & x_{3k} \end{bmatrix}$$

$X_{batch}$와 $W$의 **행렬곱** 연산을 하면, 입력한 배치에 대한 예측값이 결과가 된다.

$$p_{batch} = X_{batch} \times W = \begin{bmatrix} x_{11} & x_{12} & x_{13} & ... & x_{1k} \\ x_{21} & x_{22} & x_{23} & ... & x_{2k} \\ x_{31} & x_{32} & x_{33} & ... & x_{3k} \end{bmatrix} \times \begin{bmatrix} w_1 \\ w_2 \\ w_3 \\ \vdots \\ w_k \end{bmatrix}$$

$$= \begin{bmatrix} x_{11} \times w_1 + x_{12} \times w_2 + x_{13} \times w_3 + ... + & x_{1k} \times w_k \\ x_{21} \times w_1 + x_{22} \times w_2 + x_{23} \times w_3 + ... + & x_{2k} \times w_k \\ x_{31} \times w_1 + x_{32} \times w_2 + x_{33} \times w_3 + ... + & x_{3k} \times w_k \end{bmatrix} = \begin{bmatrix} p_1 \\ p_2 \\ p_3 \end{bmatrix}$$

이렇게 행렬곱 연산을 통해 여러 관측에 대해 선형회귀 모형을 따르는 예측값을 한 번에 계산할 수 있다. 다음은 이러한 성질을 이용해 모델을 학습해보자.

## 선형회귀 모델 학습하기

모델을 학습한다는 것은 어떤 의미일까? 추상적으로 보면 모델[4]은 데이터를 입력받아 **파라미터** parameter를 이용해 이 데이터를 모종의 방법으로 취합하여 예측값을 계산한다. 예를 들어 앞서 본 선형회귀 모형은 데이터 $X$와 파라미터 $W$를 입력받아 행렬곱 연산을 통해 예측값 $p_{batch}$를 계산한다.

$$p_{batch} = \begin{bmatrix} p_1 \\ p_2 \\ p_3 \end{bmatrix}$$

모델을 학습하려면, 모델이 계산한 예측값이 정확한지에 대한 정보가 더 있어야 한다. 이를 위해 $X_{batch}$의 각 관찰에 대응하는 옳은 예측값을 모은 새로운 벡터 $y_{batch}$를 도입한다. 그리고 $y_{batch}$와 $p_{batch}$에 의해 결정되는 또 다른 값을 계산한다. 이 값은 모델의 예측이 얼마나 정확했는지를 따져 그 정확도에 따라 모델에 부여되는 '벌점' 역할을 한다. 벌점을 계산하는 방법으로는 **평균제곱오차**mean squared error가 적당하다. 평균제곱오차는 각 관찰의 예측값과 정답의 오차의 제곱을 평균 낸 값이다.

$$MSE\left( p_{batch}, y_{batch} \right) = MSE\left( \begin{bmatrix} p_1 \\ p_2 \\ p_3 \end{bmatrix}, \begin{bmatrix} y_1 \\ y_2 \\ y_3 \end{bmatrix} \right) = \frac{(y_1 - p_1)^2 + (y_2 - p_2)^2 + (y_3 - p_3)^2}{3}$$

이 값($L$이라고 하자)을 구하는 게 핵심이다. $L$을 계산하고 나면, 1장에서 배웠던 모든 방법을 사용해 $W$의 각 요소에 대한 $L$의 기울기를 계산할 수 있다. 그리고 기울기를 활용해서 **$W$의 각 요소를 $L$이 감소하는 방향으로 수정**한다. 이런 과정을 여러 번 반복하는 것이 모델의 학습이다. 이번 장에서 이 방법이 실제로 효과가 있다는 것을 확인할 수 있다. 기울기를 계산하는 방법을 좀 더 분명하게 이해할 수 있도록 선형회귀를 계산 그래프로 나타내보자.

---

**4** 적어도 이 책에서 다루는 모델은 그러하다.

### 2.3.2 좀 더 이해하기 쉬운 다이어그램과 수식으로 나타낸 선형회귀

[그림 2-3]은 선형회귀를 1장과 같은 방식의 계산 그래프로 나타낸 것이다.

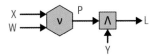

**그림 2-3** 계산 그래프로 나타낸 선형회귀. *X*, *Y*는 데이터 입력을 *W*는 가중치를 나타낸다.

그리고 이 다이어그램이 합성함수임을 다시 한번 확실히 표현하기 위해 손실 $L$을 다음과 같이 나타낸다.

$$L = \Lambda\big(v\big(X,W\big),Y\big)$$

### 2.3.3 편향 더하기

모델을 다이어그램으로 나타내면 편향bias을 더하는 방법도 간단해진다. [그림 2-4]에서 보듯 다이어그램 뒤에 편향을 더하는 단계를 하나 추가하면 된다.

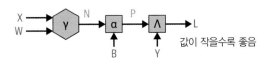

**그림 2-4** 계산그래프로 나타낸 선형회귀. 뒤에 편향 항을 더하는 과정이 추가됐다.

코드로 넘어가기 전에 이 과정을 수학적으로 다시 한번 살펴보자. 편향 항을 더하면 우리의 모델이 내놓는 예측값 $p_i$는 앞서 설명했던 점곱에 $b$를 더한 값이 된다.

$$p_{batch\_with\_bias} = x_i \text{dot} W + b = \begin{bmatrix} x_{11} \times w_1 + x_{12} \times w_2 + x_{13} \times w_3 + ... + x_{1k} \times w_k + b \\ x_{21} \times w_1 + x_{22} \times w_2 + x_{23} \times w_3 + ... + x_{2k} \times w_k + b \\ x_{31} \times w_1 + x_{32} \times w_2 + x_{33} \times w_3 + ... + x_{3k} \times w_k + b \end{bmatrix} = \begin{bmatrix} p_1 \\ p_2 \\ p_3 \end{bmatrix}$$

선형회귀의 편향값은 모든 관찰에서 동일한 단일값이기 때문에 모든 관찰에 **같은 값**을 더해야 한다. 도함수에서 편향이 갖는 의미를 다음 절에서 더 알아보자.

## 2.3.4 코드로 살펴보는 선형회귀

지금까지 살펴본 내용을 모두 조합해보자. 예측값을 계산하고, 일련의 관찰 $X_{batch}$와 정답 $y_{batch}$에 대한 손실을 계산하는 코드를 작성한다. 앞서 설명했듯 연쇄법칙으로 합성함수의 도함수를 계산하는 방법은 두 단계로 나뉜다. 첫 번째로 입력이 일련의 연산을 순서대로 거쳐가며 중간 계산값을 저장하는 순방향 계산이고, 두 번째는 먼저 저장한 중간 계산값을 이용해 뒤에서부터 거꾸로 거슬러 가며 도함수를 계산하는 역방향 계산이다.

다음 코드는 순방향 계산에서 나온 중간 계산값을 딕셔너리<sup>dictionary</sup>에 저장하는 방법으로 이를 구현한 것이다. 이 함수는 순방향 계산에서 나온 중간 계산값과 파라미터(역방향 계산에서도 파라미터가 사용된다)가 딕셔너리에 저장되어 있다고 가정하고 이들의 도함수를 계산한다.

```python
def forward_linear_regression(X_batch: ndarray,
                             y_batch: ndarray,
                             weights: Dict[str, ndarray])
                             -> Tuple[float, Dict[str, ndarray]]:
    '''
    선형회귀의 순방향 계산 과정
    '''
    # X와 y의 배치 크기가 같은지 확인
    assert X_batch.shape[0] == y_batch.shape[0]

    # 행렬곱 계산이 가능한지 확인
    assert X_batch.shape[1] == weights['W'].shape[0]

    # B의 모양이 1x1인지 확인
    assert weights['B'].shape[0] == weights['B'].shape[1] == 1

    # 순방향 계산 수행
    N = np.dot(X_batch, weights['W'])

    P = N + weights['B']

    loss = np.mean(np.power(y_batch - P, 2))
```

```
# 순방향 계산 과정의 중간값 저장
forward_info: Dict[str, ndarray] = {}
forward_info['X'] = X_batch
forward_info['N'] = N
forward_info['P'] = P
forward_info['y'] = y_batch

return loss, forward_info
```

이제 모델을 학습하는 데 필요한 모든 것이 갖춰졌다. 다음 절에서 학습의 의미와 방법을 알아보자.

# 2.4 모델 학습하기

지금까지 모든 $w_i$와 $b_i$에 대한 손실 $L$의 도함수($\frac{\partial L}{\partial w_i}$, $\frac{\partial L}{\partial b}$)를 계산하기 위해 어떤 것이 필요한지 알아보았다. 이제 이 도구를 실제로 사용해보자. 가장 먼저 무엇을 해야 할까? 이 함수의 순방향 계산은 합성함수가 서로 안긴 구조 그대로 입력값을 계산하는 것이고, 역방향 계산은 합성함수를 구성하는 각 함수의 도함수를 계산한 다음, 입력값에 대해 이 도함수의 함숫값을 구하고 다시 이들을 곱하는 과정이다. 행렬곱이 끼어 있어 복잡해 보이지만, 지금까지 배운 내용이면 이를 이해하는 데 문제가 없다.

### 2.4.1 다이어그램으로 본 도함수 계산 과정

앞으로 할 일을 정리하면 [그림 2-5]와 같다.

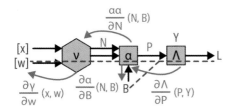

**그림 2-5** 선형회귀 계산 그래프의 역방향 계산 과정

뒤에서부터 거슬러 올라가며 합성함수를 구성하는 각 함수의 도함수를 계산하고, 순방향 계산에서 각 함수가 받은 입력값에 대해 이 도함수의 함숫값을 계산한 다음, 이 값을 모두 곱한다. 이만하면 전체 과정은 정리된 것 같으니 좀 더 자세히 살펴보자.

## 2.4.2 수식과 약간의 코드로 본 도함수 계산 과정

[그림 2-5]를 보면 결국 최종적으로 계산되는 값은 다음과 같다.

$$\frac{\partial \Lambda}{\partial P}(P,Y) \times \frac{\partial \alpha}{\partial N}(N,B) \times \frac{\partial v}{\partial W}(X,W)$$

이 식에는 항이 세 개가 있다. 하나씩 돌아가며 살펴보자.

먼저 $\frac{\partial \Lambda}{\partial P}(P,Y)$를 살펴보자. $\Lambda(P,Y) = (Y-P)^2$ 이므로, $Y$와 $P$의 각 요소에 대해 다음이 성립한다.

$$\frac{\partial \Lambda}{\partial P}(P,Y) = -1 \times \left(2 \times (Y-P)\right)$$

벌써 코드를 작성하는 건 조금 이를지도 모르지만, 이 과정은 다음과 같이 간단히 코드로 옮길 수 있다.

```
dLdP = -2 * (Y - P)
```

다음은 행렬이 포함된 항 $\frac{\partial \alpha}{\partial N}(N,B)$이다. $\alpha$는 덧셈이므로 앞서 도함수에서 설명했던 내용과 같은 논리를 적용한다. $N$의 어떤 요솟값을 1단위 증가시키면 $P = \alpha(N,B) = N + B$ 의 값 역시 1단위 증가한다. 그러므로 $\frac{\partial \alpha}{\partial N}(N,B)$는 모든 요솟값이 1인 행렬이며 모양도 $N$과 같다. 이 식 역시 다음과 같이 간단히 코드로 옮길 수 있다.

```
dPdN = np.ones_like(N)
```

마지막으로 살펴볼 항은 $\dfrac{\partial v}{\partial W}(X, W)$ 이다. 1장에서 자세히 살펴보았듯 행렬곱이 포함된 합성 함수는 다음과 같이 간주할 수 있다.

$$\frac{\partial v}{\partial W}(X, W) = X^T$$

코드로 작성하면 다음과 같다.

```
dNdW = np.transpose(X, (1, 0))
```

편향 항 역시 마찬가지다. 편향 항도 덧셈이므로 도함숫값은 1이다.

```
dPdB = np.ones_like(weights['B'])
```

이제 도함숫값을 모두 곱하면 된다. 다만 dNdW와 dNdX의 행렬곱 순서를 1장에서 배운 내용대로 계산해야 한다.

## 2.4.3 전체 코드로 본 도함수 계산 과정

우리가 할 일은 입력값과 함께 순방향 계산에서 계산되는 값, 다시 말해 [그림 2-5]의 $X$, $W$, $N$, $B$, $P$, $y$와 $\dfrac{\partial \Lambda}{\partial W}$, $\dfrac{\partial \Lambda}{\partial B}$ 를 모두 구하는 것이다. 다음 코드는 $W$와 $B$를 딕셔너리 weights에 그리고 나머지 다른 값을 딕셔너리 forward_info에 저장해 이 과정을 수행하는 코드다.

```
def loss_gradients(forward_info: Dict[str, ndarray],
                   weights: Dict[str, ndarray]) -> Dict[str, ndarray]:
    '''
    선형회귀 모형의 dLdW와 dLdB 계산
    '''
    batch_size = forward_info['X'].shape[0]

    dLdP = -2 * (forward_info['y'] - forward_info['P'])

    dPdN = np.ones_like(forward_info['N'])
```

```
        dPdB = np.ones_like(weights['B'])

        dLdN = dLdP * dPdN

        dNdW = np.transpose(forward_info['X'], (1, 0))

        # 여기서 행렬곱을 수행함
        # dNdW가 왼쪽에 와야 함(1장 마지막 부분 노트 참고)
        dLdW = np.dot(dNdW, dLdN)

        # 배치 크기에 해당하는 차원에 따라 합을 계산함
        # (1장 마지막 부분 노트 참고)
        dLdB = (dLdP * dPdB).sum(axis=0)

        loss_gradients: Dict[str, ndarray] = {}
        loss_gradients['W'] = dLdW
        loss_gradients['B'] = dLdB

        return loss_gradients
```

코드는 각 연산의 도함숫값을 계산한 다음, 차례대로 이 값을 곱하는 과정이다. 다만 행렬곱의
순서에 주의해야 한다.[5] 곧 확인하겠지만, 이 코드는 실제로 작동하는 코드다. 지금까지 익히
며 쌓아온 내용을 생각해보면 그리 놀라운 일도 아니다.

> **NOTE_** 손실의 기울기 계산에 사용된 몇 가지 세부사항을 살펴보자. 기울기 계산에 사용되는 값은 딕셔너리
> 에 저장된다. 이 딕셔너리는 가중치의 이름이 키이고, 가중치 1단위 증가에 따른 손실값의 변화량이 값인 구조
> 이며, 가중치를 저장하는 딕셔너리 **weights**의 구조도 마찬가지다. 그러므로 우리가 설계한 모델에서 가중치
> 의 각 값을 순회하려면 다음과 같이 구현한다.
>
> ```
> for key in weights.keys():
>     weights[key] -= learning_rate * loss_grads[key]
> ```
>
> 이 방법이 특별한 것은 아니다. 다른 방법으로 값을 저장하더라도 마찬가지로 방법을 달리해서 가중치의 각 값
> 을 순회하면 된다.

---

**5** 여기에 dLdB를 axis 0 방향으로 합하는 과정이 더 필요하다. 이 과정은 다음 절에서 더 자세히 설명한다.

### 2.4.4 기울기를 활용해 모델 학습하기

이제 다음 과정을 여러 번 반복한다.

1. 여러 개의 배치로 분할된 데이터 중 하나의 배치를 선택한다.

2. 순방향 계산을 수행한다.

3. 순방향 계산에서 구한 값을 이용해 역방향 계산을 수행한다.

4. 역방향 계산에서 구한 기울기를 이용해 가중치를 수정한다.

이번 장의 내용을 담은 주피터 노트북 페이지[6]에 위 내용이 모두 구현된 **train** 함수가 실려 있다. 위에 언급한 절차를 그대로 구현한 것과 데이터가 매번 무작위 순서로 입력되도록 랜덤으로 데이터를 섞는 코드만 추가된 간단한 코드다. 이 코드의 핵심은 for 반복문 안에 있는 다음 코드다.

```
forward_info, loss = forward_loss(X_batch, y_batch, weights)

loss_grads = loss_gradients(forward_info, weights)

for key in weights.keys():  # weights와 loss_grads의 키는 같다.
    weights[key] -= learning_rate * loss_grads[key]
```

그리고 다음과 같이 **train** 함수를 호출하여 전체 데이터를 한 번 순회하는 과정인 **에폭**epoch을 여러 번 수행한다.

```
train_info = train(X_train, y_train,
                   learning_rate = 0.001,
                   batch_size=23,
                   return_weights=True,
                   seed=80718)
```

**train** 함수는 **train_info**를 반환한다. **train_info**는 튜플tuple로, 모델이 학습한 파라미터, 즉 가중치를 요소로 포함한다.

> **NOTE_** 딥러닝에서 '파라미터'와 '가중치'는 거의 같은 의미로 쓰인다. 이 책에서도 두 용어를 같은 의미로 사용한다.

---

**6** *https://github.com/flourscent/DLFS_code/blob/master/02_fundamentals/Code.ipynb*

## 2.5 학습 데이터와 테스트 데이터

학습한 모델이 데이터 간의 관계를 제대로 포착했는지 알아보려면 통계적인 개념과 용어를 도입해야 한다. 모든 데이터 집합은 **모집단**population에서 뽑은 **표본**sample이다. 우리가 볼 수 있는 것은 비록 표본뿐이지만, 우리의 목표는 표본만이 아니라 모집단의 데이터 간의 관계를 포착하는 것이다.

학습한 모델이 모집단이 아니라 표본 안에만 국한되는 관계를 학습했을 가능성은 언제나 존재한다. 예를 들어 노란색 슬레이트 지붕에 화장실이 세 개 있는 집이 상대적으로 저렴하게 나오는 표본이 있다고 하자. 그러면 우리가 학습한 신경망 모델이 모집단에 존재하지 않는다 해도 관계를 학습할 수 있다. 이런 문제를 **과적합**overfitting이라고 한다. 학습한 모델에 과적합 문제가 존재하는지 아닌지를 어떻게 알 수 있을까?

과적합에 대응하는 방법은 표본을 **학습 데이터**와 **테스트 데이터**로 분할하는 것이다. 학습 데이터는 모델을 학습하기 위해서만 사용하며(즉, 반복적으로 가중치를 수정하는 일) 테스트 데이터는 모델을 평가하여 성능을 측정하기 위해 사용한다.

이 방법의 원리는 모델이 학습 데이터에서 표본 데이터 전체로 일반화할 수 있는 관계를 학습했다면, 표본 데이터에서 우리의 실제 목표 모집단 전체로 다시 일반화할 수 있다는 것을 전제로 한다.

## 2.6 모델 성능을 평가하는 코드

이 방법을 사용해 테스트 데이터로 모델의 성능을 평가해보자. 먼저 앞서 사용한 `forward_info` 코드를 잘라 다음과 같은 `predict` 함수를 만든다.

```
def predict(X: ndarray,
            weights: Dict[str, ndarray]):
    '''
    선형회귀 모델로 예측 결과 생성
    '''
    N = np.dot(X, weights['W'])

    return N + weights['B']
```

그다음 train 함수에서 학습 후 반환한 가중치를 그대로 사용해 다음과 같이 예측값을 계산한다.

```
preds = predict(X_test, weights)  # weights = train_info[0]
```

이 예측값은 얼마나 정확할까? 우리는 일련의 연산을 조합해 모델을 정의했고, 연쇄법칙을 이용해 손실값의 편미분을 계산해 파라미터를 반복적으로 수정하며 학습했지만, 이 모델이 아직 검증되지는 않았다는 사실을 유념하라. 그러니 모델이 잘 동작한다는 것을 확인하면 좋을 것 같다.

모델이 잘 동작하는지 확인하기 위해 가장 먼저 떠오르는 방법은 모델의 예측값을 $x$값, 실젯값을 $y$값으로 하는 점을 평면 상에 나타내는 것이다. 45도를 그리는 선 위에 모든 점이 위치한다면, 완벽한 모델을 학습했다고 할 수 있다. [그림 2-6]은 우리가 학습한 모델의 예측값과 실젯값을 그래프로 나타낸 것이다.

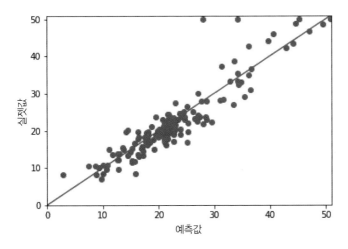

**그림 2-6** 우리가 학습한 선형회귀 모델의 예측값과 실젯값 비교

비교 결과는 상당히 좋다. 그러나 여기서 한발 더 나아가 모델이 얼마나 뛰어난지 수치로 평가해보자. 보통 여기에는 두 가지 방법이 있다.

1. 예측값과 실젯값의 차이를 절댓값으로 측정한 평균 거리를 계산한다. 이 방법을 **평균절대오차**mean absolute error라고 한다.

```
def mae(preds: ndarray, actuals: ndarray):
    '''
    평균절대오차 계산
    '''
    return np.mean(np.abs(preds - actuals))
```

2. 예측값과 실젯값의 차이를 제곱한 값의 평균 거리를 계산한다. 이 방법을 **제곱근 평균제곱오차**root mean square error라고 한다.

```
def rmse(preds: ndarray, actuals: ndarray):
    '''
    제곱근 평균제곱오차 계산
    '''
    return np.sqrt(np.mean(np.power(preds - actuals, 2)))
```

우리가 학습한 모델의 평균절대오차와 제곱근 평균제곱오차를 계산하면 다음과 같다.

```
평균제곱오차: 3.5643
제곱근 평균제곱오차: 5.0508
```

이 중에서도 제곱근 평균제곱오차는 목푯값과 척도가 같다는 장점이 있어 훨씬 더 많이 사용된다.

제곱근 평균제곱오차를 목푯값의 평균으로 나누면 예측값이 실젯값에서 평균적으로 얼마나 동떨어졌는지를 알 수 있다. y_test의 평균값은 **22.0776**이므로, 모델의 예측값을 실제로 나눠 보면 5.0508 / 22.0776 ≅ 22.9%가 된다.

이 정도 수치면 괜찮은 편일까? 이번 장의 코드를 담은 주피터 노트북 페이지를 보면 유명 파이썬 머신러닝 라이브러리인 사이킷런scikit-learn을 사용해 선형회귀를 수행한 결과를 볼 수 있다. 그 결과의 평균절대오차와 제곱근 평균제곱오차는 각각 **3.5666**과 **5.0482**로 우리가 원리만 따져가며 만든 첫 번째 선형회귀 모델의 예측값과 거의 일치한다. 이제 우리가 모델을 학습하기 위해 사용한 접근법이 그리 나쁘지 않았다는 사실을 확인해 조금 자신감이 붙었다. 이번 장의 나머지 부분과 다음 장에서 이 접근법을 좀 더 확장해 신경망과 딥러닝 모델로 나아가보자.

### 2.6.1 중요도가 가장 높은 특징 분석하기

모델 설계를 시작하기 전에 데이터의 모든 특징을 평균이 0이고 표준편차가 1이 되도록 가공했었다. 이렇게 데이터를 가공할 때 계산적computational으로 어떤 장점이 있는지는 4장에서 좀 더 자세히 다룬다. 선형회귀에 국한해서 말하자면, 모델의 각 계수coefficient의 절댓값이 해당 특징이 갖는 중요도가 된다. 모델에서 계수의 절댓값이 클수록 해당 특징의 중요도가 높다. 이 모델의 계수는 다음과 같다.

```
np.round(weights['W'].reshape(-1), 4)
```

```
array([-1.0084,  0.7097,  0.2731,  0.7161, -2.2163,  2.3737,  0.7156,
       -2.6609,  2.629 , -1.8113, -2.3347,  0.8541, -4.2003])
```

마지막 계수의 절댓값이 가장 크므로 이 특징이 데이터 집합에서 가장 중요한 특징이 된다.

[그림 2-7]은 해당 특징과 목푯값을 대응해 나타낸 것이다.

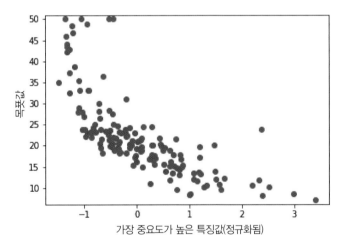

**그림 2-7** 선형회귀에서 가장 중요도가 높은 특징값과 목푯값의 관계

실제로 해당 특징값이 목푯값과 큰 상관관계가 있음을 알 수 있다. 특징값이 늘어나면 목푯값이 감소하며, 대체로 그 반대도 성립한다. 그러나 이 관계는 선형관계가 아니다. 특징값이 1에서 2까지 변화하는 동안 목푯값은 −2에서 −1로 변화했다. 이 부분은 나중에 더 자세히 설명한다.

[그림 2-8]은 특징값과 모형의 예측값의 관계를 나타낸 것이다. 우리가 학습한 모델에 다음 데이터를 입력하면 이러한 결과를 얻을 수 있다.

- 모든 특징값을 해당 특징값의 평균으로 설정한다.
- 가장 중요도가 높았던 특징의 값은 학습 데이터 내 해당 특징값의 범위인 −1.5부터 3.5 사이에서 40단계로 보간한 값을 사용한다.

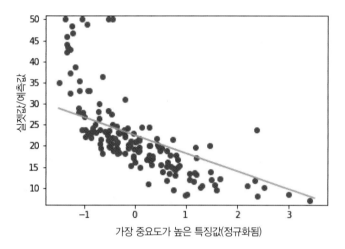

**그림 2-8** 가장 중요도가 높은 특징과 실젯값, 예측값 비교

이 그림을 통해 선형회귀 모델의 한계를 확인할 수 있다. 그림에는 분명히 모델화할 수 있을 법한 특징과 목푯값 간의 비선형 관계가 드러나 있지만, 이 모델은 구조적인 한계로 선형적 관계만 학습할 수 있다.

더욱 복잡한 관계나 비선형 관계를 학습하려면 선형회귀 모델보다 더 복잡한 모델이 필요하다. 그렇다면 어떻게 해야 할까? 더 복잡한 모델을 만들어가는 길 끝에는 신경망 모델이 있다.

## 2.7 밑바닥부터 만드는 신경망

지금까지 '제1원칙'에 기초한 선형회귀 모형을 정의하고 학습하는 방법을 알아보았다. 어떻게 해야 지금까지 배워온 사고의 연쇄를 확장하고 비선형적인 관계를 학습하는 더 복잡한 모형을 정의할 수 있을까? 핵심 아이디어는 선형회귀 모형을 여러 개 만들고 그 결과를 다시 비선형 함수nonlinear function에 입력한 다음, 마지막으로 선형회귀를 한 번 더 거친 결과를 예측값으로 삼는 것이다. 그리고 선형회귀에서 사용한 방법으로 더 복잡한 모형의 기울기도 구할 수 있다는 점이다.

### 2.7.1 1단계: 여러 개의 선형회귀 모형

여러 개의 선형회귀 모형이란 어떤 것일까? 하나의 선형회귀 모형에서 예측값을 계산하려면 일련의 파라미터를 이용해 행렬곱 연산을 한 번 수행해야 한다. 예를 들어, 데이터 $X$가 [batch_size, num_features]의 모양을 갖고 있다고 할 때, 이 행렬에 [num_features, 1]의 모양을 갖는 다른 행렬 $W$를 곱해서 [batch_size, 1] 모양의 결괏값을 얻었다. 이 결괏값은 각 관측에 대해 최초로 정의한 특징의 **가중합**을 구한 것이다. 이러한 선형회귀 모형을 여러 개 만들려면 입력에 [num_features, num_outputs] 모양을 갖는 가중치 행렬을 곱하면 된다. 그러면 결괏값은 [batch_size, num_outputs] 모양이 되며, 이는 각 관측에 대해 최초로 정의한 특징의 가중합을 num_outputs개 계산한 것이 된다.

가중합은 무엇을 의미할까? 이 각각의 가중합은 '학습된 특징', 다시 말해 최초로 정의된 특징의 조합이다. 학습이 끝나면 이 특징은 데이터가 허용하는 한 최대한 정확히 주택 시세를 예측한다. 그럼 학습된 특징은 몇 개나 있어야 할까? 최초로 정의한 특징이 13개였으니 마찬가지로 특징 13개를 만들어보자.

## 2.7.2 2단계: 비선형 함수

그다음으로 각 가중합을 비선형 함수에 입력한다. 1장에서 살펴본 `sigmoid` 함수부터 사용해 보자. 기억을 되살리기 위해 [그림 2-9]의 `sigmoid` 함수를 다시 한번 살펴보자.

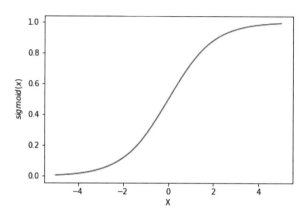

**그림 2-9** $-5 \leq x \leq 5$ 구간에서 `sigmoid` 함수의 그래프

여기서 왜 이 함수가 비선형 함수여야 할까? 이를테면 square 함수 $f(x) = x^2$을 사용하면 안 되는 걸까? 여기에는 몇 가지 이유가 있다. 첫 번째는 여기에 사용될 함수는 **단조함수**monotonic function여야 한다. 왜냐하면 입력되는 값에 담긴 정보를 '보존'해야 하기 때문이다. 예를 들어 어떤 데이터를 입력해서 두 선형회귀 모형이 각각 −3과 3을 출력했다고 하자. 만약 square 함수에 이 값을 입력했다면 두 값은 모두 9가 된다. 따라서 애초에 두 값이 −3과 3으로 서로 달랐다는 정보가 손실된다.

두 번째 이유는 바로 이 함수의 비선형성으로 인해 신경망 모델이 특징과 목푯값의 비선형적인 관계를 포착할 수 있기 때문이다.

마지막으로 `sigmoid` 함수는 다음과 같이 자신의 도함수를 자기 자신으로 나타낼 수 있다는 멋진 성질을 갖고 있다.

$$\frac{\partial \sigma}{\partial u}(x) = \sigma(x) \times (1 - \sigma(x))$$

신경망의 역방향 계산 과정에서 `sigmoid` 함수의 이러한 성질은 매우 유용하다.

### 2.7.3 3단계: 또 다른 선형회귀 모형

최종적으로 13개의 요솟값을 얻었다. 각 요솟값은 최초 특징의 조합이며 `sigmoid` 함수를 거쳐 0과 1 사이의 값이 되었다. 이 값을 이전 모형에서 최초 특징값을 입력하듯이 또 다른 선형회귀 모형에 입력한다.

이렇게 구성한 전체 함수를 앞서 선형회귀 모형을 학습했던 것과 같은 방식으로 학습한다. 모델에 데이터를 입력하고, 연쇄법칙을 이용해 가중치를 증가시켰을 때 손실값이 얼마나 증가(혹은 감소)하는지 살펴본 다음, 손실값이 감소하는 방향으로 가중치를 수정해나가는 과정을 반복한다. 이를 반복하다 보면 (아마도) 특징값과 목푯값의 비선형적인 관계를 학습하는 전보다 더 정확한 모델을 얻게 될 것이다.

설명만으로는 이해하기 힘들 수 있으니 그림과 함께 살펴보자.


### 2.7.4 다이어그램

[그림 2-10]은 비선형적인 관계를 이해할 수 있도록 좀 더 복잡해진 모형을 계산 그래프로 나타낸 다이어그램이다.

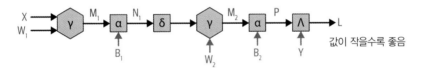

**그림 2-10** 1단계부터 3단계까지의 내용을 표현한 계산 그래프

계산 그래프를 보면 이전과 마찬가지로 행렬곱과 행렬의 덧셈으로 연산을 시작한다. 앞에서 설명한 용어를 좀 더 명확히 정의해보자. 합성함수를 구성하는 일련의 연산에서 입력된 특징값을 변형하는 역할을 하는 첫 번째 행렬을 **가중치 행렬**weight matrix이라고 한다. 그리고 행렬곱 연산의 결과로 계산된 새로운 특징값에 다시 더해지는 두 번째 행렬을 **편향**이라고 한다. 이러한 이유로 두 행렬을 각각 $W_1$과 $B_1$로 나타낸다.

행렬곱과 행렬의 덧셈을 거치고 나면 그 결과를 다시 `sigmoid` 함수에 입력하고, 그다음에 또 다른 가중치와 편향인 $W_2$와 $B_2$로 같은 과정을 반복해 최종 예측값인 $P$를 계산한다.

## 다른 형태의 다이어그램

계산 그래프처럼 각 단계로 연산을 나누어 표현하는 방식이 모델을 직관적으로 이해하는 데 도움이 되었는가? 이 질문이 바로 이 책의 핵심 주제다. 다시 말해 각 신경망의 서로 다른 동작 원리를 잘 보여주는 다양한 방법으로 나타낸 신경망을 보며 신경망을 완전히 이해하는 것이다. 이를테면 [그림 2-10]을 보고 신경망의 '구조'를 잘 이해하기는 어렵다. 그러나 모델을 학습시킬 방법에 대해서는 명확한 길을 제시해준다. 이번 장에서 보았듯이 지금까지는 역방향 계산에서 합성합수를 구성하는 각 함수의 도함수를 구한 다음, 입력된 값에 대해 도함숫값을 계산했다. 그리고 이 값을 모두 곱해서 각 가중치에 대한 손실의 편미분을 구했다.

하지만 신경망을 묘사하는 더 일반적인 방법이 있다. 이 방법은 최초로 정의한 각각의 특징을 원으로 나타낸다. 앞서 예제에서 13개의 특징을 정의했으니 원도 13개가 된다. 그리고 선형회귀와 `sigmoid` 함수를 통과한 출력값에 해당하는 13개의 원이 더 필요하다. 덧붙이자면 이 추가되는 13개의 원은 최초로 정의한 13개의 특징에 의해 결정되는 함수다. 그러므로 추가되는 원 13개는 최초로 정의한 13개의 특징이 모두 선으로 연결되어야 한다.[7]

마지막으로 13개의 출력을 사용해 최종 예측값을 결정한다. 그러므로 최종 예측값을 나타내는 원 1개를 추가하고 이 원에 중간 출력을 연결하면 된다. [그림 2-11]에 이 다이어그램을 나타냈다.[8]

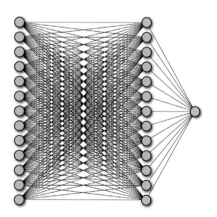

그림 2-11 도움은 덜 되지만 신경망을 나타내는 일반적인 방법

---

**7** 여기서 최초로 정의한 특징 중 일부에 의해서만 결정되는 출력을 정의할 수 있지 않을까 하는 재미있는 생각을 떠올릴 수 있다. 이 아이디어를 구현한 것이 바로 합성곱 신경망이다.

**8** 이 그림에서 앞의 두 층을 연결하는 169개의 선을 모두 그리지는 않았다. 그러나 이 정도면 구조를 이해하는 데는 충분할 것이다.

신경망을 다룬 책을 전에 읽어본 적 있는 독자라면, [그림 2-11]처럼 원이 서로 선으로 이어진 다이어그램을 본 기억이 있을 것이다. 이런 방법으로 신경망을 나타내는 것도 나름 장점이 있다. 이런 다이어그램을 보면 한눈에 신경망의 종류와 신경망이 갖는 층의 개수 등을 알수 있다. 그러나 이런 다이어그램만으로는 이 신경망에서 어떤 연산이 일어나는지 혹은 어떻게 학습시켜야 하는지를 알 수가 없다. 그래서 비록 이 다이어그램이 다른 곳에서도 많이 보게 될 유형이기에 매우 중요하기는 하지만, 이 책에 실린 이유는 일단 이 다이어그램과 우리에게 익숙한 (예측에 필요한 순방향 계산 절차와 학습에 필요한 역방향 계산 절차를 잘 보여주는) 다이어그램을 연결지어 보는 것이 일차적인 목적이다. 다음 장에서 각 함수를 Operation 클래스를 상속한 파이썬 코드로 작성해보며 다이어그램과 코드를 서로 오가는 방법을 익혀보자.

## 2.7.5 코드

이번에도 앞서 선형회귀 모델을 구현했던 코드의 함수 시그니처는 그대로 사용한다. 가중치는 딕셔너리에서 가져오고, 손실값과 순방향 계산 결과를 담은 forward_info 딕셔너리를 반환한다. 다만 내부적으로 수행하는 연산만 [그림 2-10]에 나타낸 것처럼 바꾼다.

```python
def forward_loss(X: ndarray,
                 y: ndarray,
                 weights: Dict[str, ndarray]
                 ) -> Tuple[Dict[str, ndarray], float]:
    '''
    신경망 모델의 순방향 계산 및 손실값을 단계별로 수행
    '''
    M1 = np.dot(X, weights['W1'])

    N1 = M1 + weights['B1']

    O1 = sigmoid(N1)

    M2 = np.dot(O1, weights['W2'])

    P = M2 + weights['B2']

    loss = np.mean(np.power(y - P, 2))
```

```
forward_info: Dict[str, ndarray] = {}
forward_info['X'] = X
forward_info['M1'] = M1
forward_info['N1'] = N1
forward_info['O1'] = O1
forward_info['M2'] = M2
forward_info['P'] = P
forward_info['y'] = y

return forward_info, loss
```

복잡한 다이어그램이지만, 정의된 연산을 하나씩 적절히 수행해 그 결과를 `forward_info` 변수에 저장한다.

## 2.7.6 신경망 모델의 역방향 계산

신경망 모델은 선형회귀 모델보다 조금 더 복잡하지만, 역방향 계산을 수행하는 방법은 기본적으로 같다. 다만 모델이 복잡해진 만큼 단계가 조금 늘어난다.

### 다이어그램

역방향 계산 절차를 다시 떠올려보자.

1. 합성함수를 구성하는 각 함수의 도함수를 구하고, 입력값에 대한 함수의 함숫값을 계산한다.
2. 각 함숫값을 차례대로 곱한다.

다시 한번 살펴보겠지만, 이 방법이 유효한 이유는 연쇄법칙 덕분이다. [그림 2-12]에 이제 우리가 구해야 할 모든 **편미분**을 정리했다.

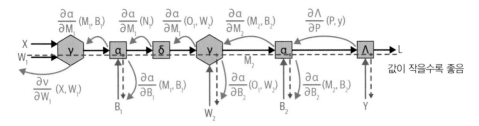

**그림 2-12** 신경망 모델을 구성하는 각 연산의 편미분과 그 함숫값을 차례로 곱해나가는 역방향 계산 과정

각 가중치 요솟값에 대한 손실의 기울기를 구하려면 편미분을 구한 다음, 해당 입력값에 대해 편미분의 함숫값을 구한 후 그 함숫값을 차례대로 곱하면 된다. 선형회귀 모델을 학습할 때 했던 방법과 하나도 다르지 않다.

## 수식과 코드

[표 2-1]은 학습 과정에서 구해야 하는 편미분과 그에 해당하는 코드다.

**표 2-1** 신경망 모델의 학습에 필요한 편미분

| 편미분 | 코드 |
| --- | --- |
| $\dfrac{\partial \Lambda}{\partial P}(P, y)$ | `dLdP = -(forward_info[y] - forward_info[P])` |
| $\dfrac{\partial \alpha}{\partial M_2}(M_2, B_2)$ | `np.ones_like(forward_info[M2])` |
| $\dfrac{\partial \alpha}{\partial B_2}(M_2, B_2)$ | `np.ones_like(weights[B2])` |
| $\dfrac{\partial \nu}{\partial W_2}(O_1, W_2)$ | `dM2dW2 = np.transpose(forward_info[O1], (1, 0))` |
| $\dfrac{\partial \nu}{\partial O_1}(O_1, W_2)$ | `dM2dO1 = np.transpose(weights[W2], (1, 0))` |
| $\dfrac{\partial \sigma}{\partial u}(N_1)$ | `dO1dN1 = sigmoid(forward_info[N1])×(1 - sigmoid(forward_info[N1])` |
| $\dfrac{\partial \alpha}{\partial M_1}(M_1, B_1)$ | `dN1dM1 = np.ones_like(forward_info[M1])` |
| $\dfrac{\partial \alpha}{\partial B_1}(M_1, B_1)$ | `dN1dB1 = np.ones_like(weights[B1])` |
| $\dfrac{\partial \nu}{\partial W_1}(X, W_1)$ | `dM1dW1 = np.transpose(forward_info[X], (1, 0))` |

### 전체 손실값의 기울기

이 책의 깃허브 페이지에서 이번 장의 코드를 담은 주피터 노트북을 보면 `loss_gradients` 함수의 전체 코드를 볼 수 있다. 다음 함수는 [표 2-1]에 정리된 모든 편미분을 계산한 다음, 그 함숫값을 차례대로 곱해 `ndarray` 객체에 저장된 가중치의 각 요솟값에 대한 손실의 기울기를 계산한다.

- dLdW2
- dLdB2
- dLdW1
- dLdB1

한 가지 주의할 점이 있다면 **dLdB1**과 **dLdB2**의 값을 `axis = 0` 방향으로 더해줘야 한다는 것이다. 관련된 내용은 부록 A.2에서 더 자세히 설명한다.

빈손에서 시작해 첫 번째 신경망 모델을 구현했다. 선형회귀 모델보다 신경망 모델의 성능이 얼마나 더 뛰어난지 확인해보자.

## 2.8 첫 번째 신경망 모델의 학습과 성능 평가

앞서 본 선형회귀 모델의 순방향 계산과 역방향 계산을 신경망 모델에서도 그대로 사용했듯이, 모델의 학습과 성능 평가 방법 역시 이전의 방법을 그대로 사용한다. 데이터의 각 배치마다 입력값을 연산 순서에 따라 순방향으로 계산한 다음, 역방향 계산에서 가중치의 각 요솟값에 대한 손실의 기울기를 계산한다. 그리고 이 기울기에 따라 가중치를 수정한다. 사실 학습 과정은 이전에 사용했던 코드의 반복문을 그대로 사용해도 무방하다.

```
forward_info, loss = forward_loss(X_batch, y_batch, weights)

loss_grads = loss_gradients(forward_info, weights)

for key in weights.keys():
    weights[key] -= learning_rate * loss_grads[key]
```

구현이 달라지는 부분은 forward_loss와 loss_gradients 함수 내부와 딕셔너리 weights 의 구조다. weights의 구조는 키값이 두 개에서 네 개(W1, B1, W2, B2)로 늘어난다. 이 부분은 이 책이 시사하는 요점 중 하나다. 모델의 구조가 아무리 복잡해지더라도 수학적인 원칙과 추 상적인 학습 과정은 단순한 모델과 동일하다는 점이다.

예측값을 계산하는 코드도 그대로 사용한다.

```
preds = predict(X_test, weights)
```

여기서도 구현이 달라지는 부분은 predict 함수의 내용뿐이다.

```
def predict(X: ndarray,
            weights: Dict[str, ndarray]) -> ndarray:
    '''
    신경망 모델에서 단계별로 예측값 구하기
    '''
    M1 = np.dot(X, weights['W1'])

    N1 = M1 + weights['B1']

    O1 = sigmoid(N1)

    M2 = np.dot(O1, weights['W2'])

    P = M2 + weights['B2']

    return P
```

검증 데이터에서 구한 예측값에서 다시 평균절대오차와 제곱근 평균제곱오차를 계산해보면 다 음과 같은 결과를 얻을 수 있다.

평균절대오차: 2.5289
제곱근 평균제곱오차: 3.6775

두 가지 값 모두 앞서 만들었던 모델보다 눈에 띄게 작아진 것을 알 수 있다. [그림 2-13]에서 예측값과 실젯값을 짝지어 나타낸 결과를 보아도 비슷한 정도의 개선을 확인할 수 있다.

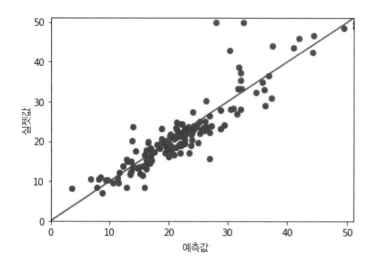

**그림 2-13** 신경망 모델의 예측값과 실젯값이 대응하는 점을 나타낸 결과

[그림 2-6]과 비교해보면 시각적으로 보아도 대부분의 점이 45도를 그리는 선과 많이 가까워진 것을 볼 수 있다. 주피터 노트북 페이지에서 직접 실행하며 확인해보기 바란다.

## 2.8.1 성능이 개선된 두 가지 이유

새로 정의한 신경망 모델이 앞서 보았던 선형회귀 모델보다 더 나은 성능을 보인 이유가 무엇일까? 선형회귀 모델에서 가장 중요도가 높았던 특징과 예측값의 관계가 비선형적이었다는 것을 떠올려보자. 하지만 선형회귀 모델은 오직 각 특징과 목푯값 사이에 선형적인 관계만을 포착할 수 있었다. 모델에 비선형 연산을 추가함으로써 특징과 목푯값 사이에 존재하는 비선형적인 관계를 포착할 수 있게 된 것이다.

이 사실을 시각적으로 확인해보자. [그림 2-14]는 앞서 보았던 그림이다. 선형회귀 모델에서 가장 중요도가 높았던 특징값을 정규화한 후, 이 값과 목푯값을 대응시킨 점을 찍고, 특징값의 변화(-1.5부터 3.5까지)에 따른 예측값의 변화를 그린 그래프다.

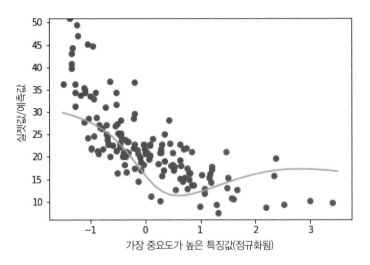

**그림 2-14** 신경망 모델에서 가장 중요도가 높은 특징값과 실젯값, 예측값 비교

여기서 두 가지 사실을 알 수 있다. 하나는 예측값과 특징값의 관계가 비선형적이라는 것이고, 다른 하나는 이 관계가 점으로 표현된 특징값과 목푯값의 관계와 매우 비슷하다는 것이다. 따라서 비선형 함수를 추가하면 반복적으로 가중치를 수정하는 과정만으로 입력과 출력 간의 비선형적인 관계를 학습한다는 것을 알 수 있다.

여기까지 지금 만든 신경망 모델이 선형회귀 모델보다 더 나은 성능을 보인 첫 번째 이유였다. 두 번째 이유는 신경망 모델은 최초로 정의한 특징 그대로가 아니라 특징의 **조합**과 목푯값의 관계를 학습할 수 있다는 것이다. 행렬곱으로 새로 만든 13개의 '학습된 특징'을 이용하기 때문에 가능하다. 이 새로운 특징은 최초로 정의한 특징의 조합이며, 조합된 특징에 선형회귀 모델이 한 번 더 적용된다. 이 책의 웹사이트에 실린 분석 과정을 보면, 13개의 최초로 정의한 특징을 조합한 새로운 특징 중에서 가장 중요도가 높게 학습된 특징은 다음 2개의 특징이었다.

$$-4.44 \times 특징_6 - 2.77 \times 특징_1 - 2.07 \times 특징_7 + \cdots$$

$$4.43 \times 특징_2 - 3.39 \times 특징_4 - 2.39 \times 특징_1 + \cdots$$

이 두 특징은 다시 나머지 11개 특징과 함께 신경망 모델의 마지막 두 층에서 선형회귀를 거친다.

방금 언급한 두 가지(특징과 목푯값 간의 비선형적인 관계를 포착할 수 있다는 점과 특징의 조합으로 만든 새로운 특징과 목푯값의 관계를 포착할 수 있다는 점)가 실제 문제에서 일반적인 선형회귀 모델보다 신경망 모델의 성능이 높은 이유다.

## 2.9 마치며

이번 장에서는 일반적인 두 가지 머신러닝 모델을 정의하고 학습시키는 과정을 통해 1장에서 배운 모델의 구성 단위와 멘탈 모형을 사용하는 방법을 알아보았다. 이를 위해 먼저 고전적인 통계 기반 머신러닝 모델인 선형회귀 모델을 계산 그래프로 나타냈다. 이 계산 그래프를 통해 모델에서 파라미터에 대한 손실의 기울기를 계산하는 방법을 도출했고, 다시 이 방법으로 학습 데이터의 데이터를 입력해 모델의 파라미터를 손실이 감소하는 방향으로 수정해서 모델을 학습했다.

선형회귀 모델의 한계점도 발견했다. 선형회귀 모델은 특징값과 목푯값의 선형적인 관계만 포착할 수 있다는 한계가 있었다. 그래서 특징값과 목푯값 사이의 비선형적인 관계를 포착하기 위해 신경망 모델을 정의했다. 모델을 밑바닥부터 정의해보며 신경망 모델의 동작 원리를 배웠고, 추상적으로는 선형회귀 모델과 같은 절차에 따라 신경망 모델을 학습시키는 방법도 배웠다. 그 결과 선형회귀 모델보다 신경망 모델의 성능이 뛰어나다는 것을 실증적으로 확인했으며 성능이 더 뛰어난 두 가지 이유를 밝혀냈다. 첫 번째 이유는 신경망 모델은 특징값과 목푯값 사이의 비선형적인 관계를 포착할 수 있다는 점이고, 두 번째 이유는 특징의 조합과 목푯값의 관계도 포착할 수 있다는 점이다.

지금처럼 비교적 간단한 모델에서 이번 장을 마무리 짓는 데는 이유가 있다. 이번 장과 같은 방법으로 신경망 모델을 정의하려면 수고가 너무 많이 든다. 순방향 계산을 정의하는 데만 6개 연산을 코드로 옮겨야 하며, 역방향 계산을 정의하려면 이보다 훨씬 복잡한 17개의 연산이 필요하다. 그러나 눈치가 빠른 독자라면 이 연산 과정에 많은 부분이 중복된다는 것을 깨달았을 것이다. 그리고 이 과정을 이번 장에서 한 것처럼 잘 추상화하면 연산을 일일이 직접 정의하지 않고도 추상화된 절차로 모델을 정의할 수 있다. 이런 방법으로 딥러닝 모델처럼 훨씬 복잡한 모델도 정의할 수 있으며, 모델의 동작 원리도 이해할 수 있다. 다음 장에서 이 방법을 사용한다. 그럼 다음 장으로 넘어가자.

# CHAPTER 3

# 밑바닥부터 만들어보는 딥러닝

아직 깨닫지 못했을 수도 있지만, 여러분은 이제 행렬곱, 손실, 손실에 대한 편미분의 개념과 이 개념을 서로 엮어 사용하는 방법(미적분의 연쇄법칙)까지, 책 서두에서 필자가 던졌던 질문인 '신경망의 동작 원리가 무엇인가?'에 답하기 위해 필요한 모든 것을 배웠다. 제1원칙에 따라 신경망 모델을 정의하고, 이 모델을 각각 서로 다른 함수를 나타내는 구성 요소의 연속으로 나타낸 덕분에 이런 지식을 얻을 수 있었다. 이번 장에서는 이 구성 요소를 각각 파이썬 추상 클래스로 만들고, 이 클래스를 사용해 딥러닝 모델을 정의해본다. 이 장을 마무리할 즈음에는 정말로 '밑바닥부터 직접 만든' 딥러닝 모델을 갖게 된다.

그다음 이렇게 만든 딥러닝 모델과 우리가 일반적으로 볼 수 있는 딥러닝 모델에 대한 설명을 비교해본다. 이를테면 이 장을 다 읽고 나면 은닉층을 여러 개 갖는 것이 어떤 의미인지 알게 될 것이다. 어떤 개념을 확실히 이해했다고 하기 위해선 추상적인 설명과 그 아래에서 동작하는 구체적인 내용을 연결 짓는 능력이 꼭 필요하다. 모델을 직접 정의해보며 이해해보자. 지금까지는 매우 구체적인 수준에서 실제로 일어나는 연산으로 모델을 나타냈다. 이 장의 앞부분에서는 구체적인 모델의 표현 방법과 층과 같이 추상적인 개념을 사용한 표현 방법을 연결 짓는 방법을 알아본다. 추상적인 표현 방법을 사용하면 좀 더 복잡한 모델을 쉽게 정의할 수 있다.

# 3.1 딥러닝 정의하기

딥러닝 모델이란 무엇을 의미할까? 이전 장에서 계산 그래프로 나타낸 함수로 모델을 정의했다. 이러한 모델의 목적은 어떤 데이터 집합에서 뽑은 입력(예를 들면 주택의 특징을 나타내는 여러 개의 입력값)을 이와 관계된 어떤 분포로부터 뽑은 출력(예를 들면 주택의 가격)과 대응시키는 것이다. 그리고 이 모델을 파라미터와 데이터를 입력으로 받는 함수 형태로 정의하면 다음 절차를 통해 파라미터를 데이터와 최적화되도록 맞출 수 있다는 것을 앞 장에서 배웠다.

1. 모델에 관찰을 반복적으로 입력하며 순방향 계산 중 계산된 값을 저장한다.

2. 모델의 예측이 실제 목푯값과 얼마나 동떨어졌는지 나타내는 손실값을 계산한다.

3. 순방향 계산 중 계산된 값과 연쇄법칙을 사용해 1장에서 배운 방법대로 파라미터의 각 값이 손실에 얼마나 영향을 미치는지 계산한다.

4. 손실값이 감소하는 방향으로 파라미터의 값을 수정한 후, 그다음 관찰의 집합을 모델에 입력한다.

우리가 만든 첫 번째 모델은 특징값을 목푯값으로 변환하는 선형적인 연산을 여러 개 이은 형태였다(그리고 이 모델은 전통적인 선형회귀 모델과 같다). 그러나 이 모델은 파라미터가 데이터와 최적으로 맞춰졌다고 해도 특징값과 목푯값 사이의 선형적인 관계만 포착할 수 있다.

그래서 함수 구조에서 선형 연산 뒤에 비선형 연산(sigmoid 함수)을 추가하고, 다시 그 뒤에 선형 연산을 한 번 더 추가한다. 이렇게 수정한 모델은 입력과 출력 사이의 비선형적 관계를 학습할 수 있었다. 그리고 원래 특징을 조합한 새로운 특징과 목푯값 사이의 관계도 학습할 수 있는 장점도 있었다.

딥러닝 모델과 우리가 만든 모델은 어떤 관계일까? 조금 어설프지만 정의를 내리는 것부터 출발해보자. 딥러닝 모델은 최소 **2개 이상**의 비선형 함수가 **연속되지 않게** 포함된 일련의 연산으로 나타낸다.

이 정의가 어떻게 나오게 되었는지 간단하게 설명하면 딥러닝 모델 역시 일련의 연산에 지나지 않는다. 그러므로 딥러닝 모델을 학습하는 방법 역시 앞서 더 단순한 모델을 학습할 때 사용했던 방법과 **동일**하다. 일단 이 학습 방법을 사용하려면 모델을 나타내는 함수가 입력에 대해 미분가능해야 한다. 그리고 1장에서 설명했듯이 미분가능한 함수의 합성함수도 마찬가지로 미분가능하므로, 각각의 연산이 미분가능하니 전체 합성함수도 미분가능하기 때문에 딥러닝 모델 역시 위의 4단계 절차를 통해 학습할 수 있다.

그러나 지금까지 우리가 모델을 학습할 때 사용한 방법은 순방향 계산과 역방향 계산을 직접 코드로 작성하고, 계산된 값을 다시 곱해 전체 합성함수의 도함수를 구하는 방법이었다. 2장에서 보았던 간단한 신경망 모델에서도 17단계의 연산이 필요했다. 우리가 매우 저수준에서 모델을 나타냈기 때문에, 이대로는 더 복잡한 모델을 만들려면 어떻게 해야 할지(또는 더 복잡한 모델이 무엇인지도) 짐작하기 어렵다. 심지어 비선형 함수를 sigmoid에서 다른 함수로 교체하는 간단한 수정조차 쉽지 않다. 현재 모델의 '깊이'와 '복잡도'를 원하는 대로 조절할 수 있도록 바꾸려면, 지금 사용하는 17단계의 연산을 재사용 가능한 구성 요소로 정리하고, 이 연산보다 높은 수준에서 구성 요소를 조합하는 방법으로 모델을 변경해야 한다. 이 과정에서 추상화할 부분을 선택하기 위한 도움을 받기 위해 '층'이나 '뉴런neuron'으로 구성되는 신경망을 나타내는 기존의 전통적인 방법과 우리가 사용한 연산을 연결 짓는 과정이 필요하다.

첫 단계로 우리가 사용해온 각각의 연산을 나타내는 추상화된 개념을 만들어본다. 똑같은 행렬곱이나 편향 항을 더하는 연산을 반복적으로 사용하는 대신, 이 추상화된 개념을 사용한다.

## 3.2 신경망의 구성 요소: 연산

Operation 클래스는 신경망 모델에서 합성함수를 구성하는 함수 중 하나다. 지금까지 모델을 학습하는 과정을 생각해보면, 이 클래스는 forward와 backward, 2개의 메서드를 갖춰야 한다. 이 두 메서드는 ndarray 객체 하나를 인자로 받고 다시 ndarray 객체를 반환한다. 그리고 행렬곱 같은 일부 연산은 파라미터라는 특별한 유형의 인자를 하나 더(이 인자 역시 ndarray 객체다) 받는다. 그러므로 Operation 클래스(또는 이를 상속받은 다른 클래스)에는 파라미터를 위한 인스턴스 변수 params가 있어야 한다.

또 한 가지 알 수 있는 것은 Operation 클래스는 두 유형으로 나뉜다는 것이다. 하나는 행렬곱처럼 인자로 받은 ndarray 객체와 반환한 ndarray 객체의 모양이 서로 다른 연산이고, 또 다른 하나는 sigmoid 함수처럼 인자로 받은 ndarray 객체의 각 요소에 적용되는 연산이다. 그렇다면 이 연산을 거친 ndarray 객체의 모양에 대한 일반적 규칙은 무엇일까? 늘어서 있는 Operation 객체를 따라 ndarray 객체가 흘러가는 상황을 생각해보자. 각 Operation 객체는 순방향 계산 과정에서는 계산 결과를 뒤에 연결된 Operation 객체로 보내고, 역방향 계산 과정에서는 '출력에 대한 기울기'를 전달받는다. 여기서 말하는 출력에 대한 기울기는 Operation

이 출력한 값의 각 요소에 대한 손실의 기울기를 말하며, 바로 뒤에 연결된 Operation 객체가 계산한 값이다. 마찬가지로 역방향 계산 과정에서도 입력의 각 요소에 대한 손실의 기울기를 의미하는 '입력에 대한 기울기'를 앞으로 전달한다.

이러한 사실을 종합해보면 Operation 객체의 동작에는 다음과 같은 제약 사항이 있다. 이 제약 사항을 이용하면 기울기를 제대로 계산했는지 확인할 수 있다.

- 출력에 대한 기울기를 담은 ndarray 객체는 출력 ndarray 객체와 모양이 일치해야 한다.
- 역방향 계산 과정에서는 입력에 대한 기울기를 담은 ndarray 객체를 앞에 연결된 Operation 객체로 전달하는데, 이 ndarray 객체의 모양 역시 현재 Operation 객체가 입력받는 ndarray 객체의 모양과 일치해야 한다.

다음 다이어그램을 보면 좀 더 명확하게 알 수 있다.

### 3.2.1 다이어그램

지금까지 살펴본 내용을 [그림 3-1]에 정리했다. 연산 O는 연산 N의 출력을 입력으로 받고, 자신의 출력을 연산 P로 전달한다.

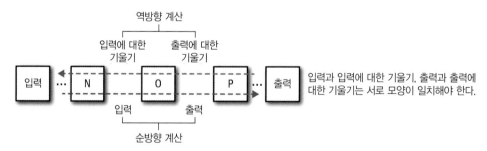

**그림 3-1** 입력과 출력을 가진 연산

[그림 3-2]는 파라미터를 가진 연산을 나타낸 것이다.

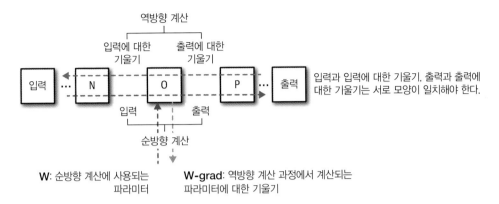

그림 3-2 파라미터를 가진 연산 `ParamOperation`

## 3.2.2 코드

이 내용을 모두 코드로 옮기면 신경망의 구성 요소 역할을 하는 `Operation` 클래스를 다음과 같이 작성한다.

```python
class Operation(object):
    '''
    신경망 모델의 연산 역할을 하는 기반 클래스
    '''
    def __init__(self):
        pass

    def forward(self, input_: ndarray):
        '''
        인스턴스 변수 self._input에 입력값을 저장한 다음 self._output() 함수를 호출한다.
        '''
        self.input_ = input_

        self.output = self._output()

        return self.output


    def backward(self, output_grad: ndarray) -> ndarray:
        '''
```

```
        self._input_grad() 함수를 호출한다. 이때 모양이 일치하는지 먼저 확인한다.
        '''
        assert_same_shape(self.output, output_grad)

        self.input_grad = self._input_grad(output_grad)

        assert_same_shape(self.input_, self.input_grad)
        return self.input_grad


    def _output(self) -> ndarray:
        '''
        Operation을 구현한 모든 구상 클래스는 _output 메서드를 구현해야 한다.
        '''
        raise NotImplementedError()


    def _input_grad(self, output_grad: ndarray) -> ndarray:
        '''
        Operation을 구현한 모든 구상 클래스는 _input_grad 메서드를 구현해야 한다.
        '''
        raise NotImplementedError()
```

Operation 클래스의 구상 클래스를 새로 정의할 때마다 _output과 _input_grad 메서드를 정의해야 한다. 이 두 메서드의 이름은 해당 메서드가 구하는 값을 따라 지었다.

> **NOTE_** 기반 클래스를 이와 같이 구현한 데는 교육적인 목적이 크다. 앞으로 딥러닝을 배우며 마주치게 될 모든 연산이 여기서 정의한 대로 입력은 순방향, 기울기는 역방향으로 전달되고, 순방향과 역방향 계산에서 전달받고 전달하는 값의 모양이 서로 일치하는 멘탈 모델을 확립하는 것이 주된 목적이다.

앞으로 Operation 클래스의 구상 클래스 형태로 우리가 사용했던 특정한 연산(행렬곱 등)을 수행하는 클래스를 작성한다. 이번에는 Operation 클래스를 상속하는 또 다른 추상 클래스의 형태로 파라미터를 갖는 연산을 정의해보자.

```
class ParamOperation(Operation):
    '''
    파라미터를 갖는 연산
    '''
```

```
def __init__(self, param: ndarray) -> ndarray:
    '''
    생성자 메서드
    '''
    super().__init__()
    self.param = param

def backward(self, output_grad: ndarray) -> ndarray:
    '''
    self._input_grad, self._param_grad를 호출한다.
    이때 ndarray 객체의 모양이 일치하는지 확인한다.
    '''

    assert_same_shape(self.output, output_grad)

    self.input_grad = self._input_grad(output_grad)
    self.param_grad = self._param_grad(output_grad)

    assert_same_shape(self.input_, self.input_grad)
    assert_same_shape(self.param, self.param_grad)

    return self.input_grad

def _param_grad(self, output_grad: ndarray) -> ndarray:
    '''
    ParamOperation을 구현한 모든 구상 클래스는 _param_grad 메서드를 구현해야 한다.
    '''
    raise NotImplementedError()
```

ParamOperation 클래스도 Operation 클래스와 같은 추상 클래스로, 이 클래스를 구현한 구상 클래스는 Operation 클래스의 _output과 _input_grad 메서드와 더불어 _pram_grad 메서드를 구현해야 한다.

이것으로 신경망 모델을 구성하는 구성 요소를 형식화했다. 이제 Operation 클래스를 구현한 구상 클래스를 엮어 신경망 모델을 구현할 수 있다. 그런데 앞선 두 장에서 먼저 정의하겠다고 했던 구성 요소가 하나 더 있다. 바로 Layer 클래스다.

## 3.3 신경망의 구성 요소: 층

연산(Operation 클래스)의 관점에서 보면 층은 선형 연산 뒤에 비선형 연산이 따라오는 형태인 일련의 연산이다. 예를 들어 설명하면 이전 장에서 본 신경망 모델은 모두 합쳐 5개의 연산으로 구성된다. 가중치를 곱하고, 편향 항을 더하는 2개의 선형 연산 뒤에 sigmoid 함수가 이어지고, 다시 그 뒤에 2개의 선형 연산이 이어지는 형태다. 이 예에서는 비선형 연산을 포함하는 처음 3개의 연산이 첫 번째 층에 해당한다. 그리고 이어지는 2개의 선형 연산이 두 번째 층이 된다. 또한 입력 자체도 **입력층**input layer이라는 특별한 형태의 층으로 간주한다(층수를 셀 때는 포함되지 않으므로 '0번째 층'이라 생각하면 편하다). 마지막 층 역시 비슷한 의미에서 **출력층**output layer이라고 한다. 중간에 끼인 층, 즉 숫자를 매겼을 때 첫 번째 층을 **은닉층**hidden layer이라 부르며 이 또한 중요한 이름이다. 이렇게 부르는 이유는 학습 과정에서 이 층의 출력값을 명시적으로 볼 수 없는 경우가 많기 때문이다.

출력층은 비선형 연산을 **포함하지 않는다**는 점이 층의 정의에서 어긋난다. 출력층이 비선형 연산을 포함하지 않는 이유는 음의 무한대에서 양의 무한대의 구간(또는 0부터 양의 무한대)을 갖는 출력값이 필요한 경우가 많기 때문이다. 그러나 비선형 연산을 포함한다면 대개는 출력값의 구간이 문제에 따라 필요한 구간으로 압축되는(sigmoid 함수를 예로 들면 출력값의 구간이 0부터 1 사이가 된다) 결과를 낳는다.

### 3.3.1 다이어그램

[그림 3-3]은 이 관계를 더 명확히 나타내기 위해 신경망 모델의 연산을 층 단위로 묶었다.

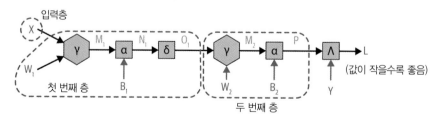

**그림 3-3** 연산을 층 단위로 묶은 신경망 모델

그림을 보면 입력은 입력층으로 따로 구분되어 있다. 그리고 입력에서 이어지는 3개의 연산(sigmoid 연산까지)이 그다음 층에 해당한다. 다시 이어지는 마지막 2개 연산이 마지막 층이 된다.

보다시피 이 그림은 이해하기가 어렵다. 여기서 시사하는 바는 연산의 연속으로 신경망 모델을 표현하는 방법은 신경망 모델의 동작 원리와 학습 방법을 명확하게 보여주는 반면, 지나치게 저수준이기 때문에 층수가 2층을 넘는 복잡한 모델을 나타내기에 적합한 방법은 아니라는 점이다. [그림 3-4]를 보면 층으로 나타낸 그림으로 신경망 모델을 주로 나타내는 이유를 확인할 수 있다.

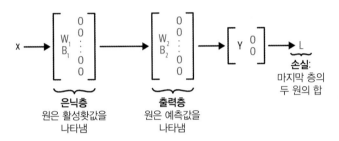

그림 3-4 층으로 나타낸 신경망 모델

## 뇌와 신경망 모델의 유사점

이제 일반적인 신경망 모델 다이어그램과 우리가 보아온 다이어그램을 잇는 마지막 연결점을 이어볼 차례다. 이런 말을 들어본 적이 있을 것이다. 각 층은 해당 층이 '출력하는 벡터의 차원과 같은 수'의 **뉴런**을 갖는다. 이 말을 우리 신경망 모델에 적용해보면, 입력층은 13개의 뉴런, 은닉층도 13개의 뉴런, 출력층은 1개의 뉴런으로 구성된다.

뇌를 구성하는 뉴런은 다른 여러 개의 뉴런에서 입력을 받는데, 이렇게 누적된 신호가 어떤 활성화 에너지에 도달해야만 뉴런이 발화하고 자신과 특정한 방향으로 연결된 다른 뉴런으로 신호를 전달한다. 신경망에서 말하는 뉴런도 이와 비슷하다. 입력에 기초한 신호를 특정한 방향으로 전달하지만, 그 출력은 비선형 함수를 거친 값이다. 그래서 이 비선형 함수를 **활성화 함수** activation function라고 하며, 그 함숫값은 해당 층의 **활성홧값**value of activation이라고 한다.[1]

---

1  다양한 활성화 함수가 사용되지만, sigmoid 함수는 입력값을 [0, 1] 구간에 대응시킨다는 점에서 실제 뉴런의 활성화와 가장 유사하다. 그러나 일반적으로 비선형적인 단조 함수는 모두 활성화 함수로 사용 가능하다.

이제 층을 정의했으니 좀 더 일반적으로 쓰이는 딥러닝의 정의를 논할 수 있다. **딥러닝 모델은 2개 이상의 은닉층을 갖는 신경망이다.**

층의 정의가 비선형 연산으로 끝나는 일련의 연산이므로, 이 정의는 조금 전 순수하게 연산의 관점에서 내린 정의와 같다.

앞서 연산을 나타내는 기반 클래스 Operation을 정의했으니 이 클래스를 사용해 모델의 구성 요소를 만드는 방법을 알아보자.

# 3.4 모델의 구성 요소 조립하기

우리가 앞서 다룬 모델을 구현하려면 어떤 Operation 클래스가 필요할까? 신경망 모델을 구현하던 기억을 떠올려보면 우리가 사용한 연산 세 가지는 다음과 같다.

- 파라미터 행렬과 입력 행렬의 행렬곱
- 편향 항을 더하는 덧셈
- sigmoid 활성화 함수

가중치 행렬을 곱하는 연산인 WeightMultiply 연산부터 시작해보자.

```python
class WeightMultiply(ParamOperation):
    '''
    신경망의 가중치 행렬곱 연산
    '''

    def __init__(self, W: ndarray):
        '''
        self.param = W로 초기화
        '''
        super().__init__(W)

    def _output(self) -> ndarray:
        '''
        출력값 계산
        '''
        return np.dot(self.input_, self.param)
```

```python
    def _input_grad(self, output_grad: ndarray) -> ndarray:
        '''
        입력에 대한 기울기 계산
        '''
        return np.dot(output_grad, np.transpose(self.param, (1, 0)))

    def _param_grad(self, output_grad: ndarray)  -> ndarray:
        '''
        파라미터에 대한 기울기 계산
        '''
        return np.dot(np.transpose(self.input_, (1, 0)), output_grad)
```

이 코드에는 순방향 계산에 사용되는 행렬곱 외에도 역방향으로 전달할 두 가지 기울기(입력에 대한 기울기, 파라미터에 대한 기울기)를 1장 마지막에서 배운 방법으로 계산한다. 앞으로이 클래스를 Layer 클래스에 꽂아 넣어서 마치 레고 블록처럼 사용한다.

이번에는 편향을 더하는 덧셈 연산이다. 이 연산을 BiasAdd 클래스로 구현한다.

```python
class BiasAdd(ParamOperation):
    '''
    편향을 더하는 연산
    '''

    def __init__(self,
                 B: ndarray):
        '''
        self.param = B로 초기화한다.
        초기화 전에 행렬의 모양을 확인한다.
        '''
        assert B.shape[0] == 1

        super().__init__(B)

    def _output(self) -> ndarray:
        '''
        출력값 계산
        '''
        return self.input_ + self.param

    def _input_grad(self, output_grad: ndarray) -> ndarray:
        '''
        입력에 대한 기울기 계산
```

```
    '''
    return np.ones_like(self.input_) * output_grad

def _param_grad(self, output_grad: ndarray) -> ndarray:
    '''
    파라미터에 대한 기울기 계산
    '''
    param_grad = np.ones_like(self.param) * output_grad
    return np.sum(param_grad, axis=0).reshape(1, param_grad.shape[1])
```

마지막으로 sigmoid 클래스를 구현한다.

```
class Sigmoid(Operation):
    '''
    Sigmoid 활성화 함수
    '''

    def __init__(self) -> None:
        '''Pass'''
        super().__init__()

    def _output(self) -> ndarray:
        '''
        출력값 계산
        '''
        return 1.0/(1.0+np.exp(-1.0 * self.input_))

    def _input_grad(self, output_grad: ndarray) -> ndarray:
        '''
        입력에 대한 기울기 계산
        '''
        sigmoid_backward = self.output * (1.0 - self.output)
        input_grad = sigmoid_backward * output_grad
        return input_grad
```

이 클래스의 메서드는 이전 장에서 설명한 sigmoid 함수의 성질을 그대로 코드로 옮긴 것이다.

---

**NOTE_** sigmoid 클래스와 ParamOperation을 구현한 구상 클래스를 보면, 역방향 계산 중에 다음과 같은 계산 절차가 있다.

```
input_grad = <something> * output_grad
```

---

이 부분은 연쇄법칙을 적용하는 부분으로 **WeightMultiply** 클래스의 다음 부분에 해당한다.

```
np.dot(output_grad, np.transpose(self.param, (1, 0)))
```

이 코드 역시 1장에서 설명한 행렬곱에 연쇄법칙을 적용하는 방법이다.

Operation 객체로 연산을 정확하게 정의했으니, 이들 연산을 이용해 Layer 객체를 구성해보자.

## 3.4.1 Layer 클래스 설계

Operation 클래스를 잘 설계한 덕분에 Layer 클래스의 설계가 간단해졌다.

- forward와 backward, 이 2개의 메서드는 층에 포함된 일련의 Operation 클래스 객체에 입력값을 순서대로 통과시키는 역할을 한다. 이 과정은 지금까지 우리가 다이어그램을 그려보며 해온 것과 완전히 같다. 이 부분이 실질적으로 Layer 객체가 하는 일이고, 나머지 코드는 코드를 감싸는 래퍼wrapper 역할이나 정보를 저장하는 역할을 맡는다.
  - _setup_layer 메서드를 통해 정확한 순서대로 Operation 클래스 객체의 연속을 정의하고 각 Operation 객체의 파라미터를 저장해서 초기화한다.
  - forward 메서드는 self.input_과 self.output에 각각 값을 저장한다.
  - backward 메서드는 역방향 계산을 수행하기 전, 행렬의 모양을 먼저 검사한다.
- 마지막으로 _params, _param_grads 메서드는 층에 포함된 ParamOperation 클래스 객체에서 파라미터와 파라미터에 대한 기울기의 값을 꺼낸다.

전체 코드는 다음과 같다.

```
class Layer(object):
    '''
    신경망 모델의 층 역할을 하는 클래스
    '''

    def __init__(self,
                    neurons: int):
        '''
        뉴런의 개수는 층의 너비에 해당한다.
```

```
        '''
        self.neurons = neurons
        self.first = True
        self.params: List[ndarray] = []
        self.param_grads: List[ndarray] = []
        self.operations: List[Operation] = []

    def _setup_layer(self, num_in: int) -> None:
        '''
        Layer를 구현하는 구상 클래스는 _setup_layer 메서드를 구현해야 한다.
        '''
        raise NotImplementedError()

    def forward(self, input_: ndarray) -> ndarray:
        '''
        입력값을 각 연산에 순서대로 통과시켜 순방향 계산을 수행한다.
        '''
        if self.first:
            self._setup_layer(input_)
            self.first = False

        self.input_ = input_

        for operation in self.operations:

            input_ = operation.forward(input_)

        self.output = input_

        return self.output

    def backward(self, output_grad: ndarray) -> ndarray:
        '''
        output_grad를 각 연산에 역순으로 통과시켜 역방향 계산을 수행한다.
        계산하기 전, 행렬의 모양을 검사한다.
        '''

        assert_same_shape(self.output, output_grad)

        for operation in reversed(self.operations):
            output_grad = operation.backward(output_grad)

        input_grad = output_grad
```

```
        self._param_grads()

        return input_grad

    def _param_grads(self) -> ndarray:
        '''
        각 Operation 객체에서 _param_grad값을 꺼낸다.
        '''

        self.param_grads = []
        for operation in self.operations:
            if issubclass(operation.__class__, ParamOperation):
                self.param_grads.append(operation.param_grad)

    def _params(self) -> ndarray:
        '''
        각 Operation 객체에서 _params값을 꺼낸다.
        '''

        self.params = []
        for operation in self.operations:
            if issubclass(operation.__class__, ParamOperation):
                self.params.append(operation.param)
```

2장의 신경망 모델에서 사용했던 연산을 Operation 클래스의 구상 클래스로 구현했듯, 신경망 모델의 층 역시 Layer 클래스의 구상 클래스로 구현해보자.


## 3.4.2 밀집층 구현하기

2장의 신경망 모델에서 사용했던 연산을 추상 클래스 Operation을 확장해서 Weight Multiply, BiasAdd 등의 클래스로 구현했다. 그렇다면 앞서 설명한 신경망 모델에 사용했던 층은 어떤 것일까? 이를 구현하면 LinearNonLinearLayer라고 이름을 붙여야 할까?

우리가 신경망 모델에서 사용했던 층의 특징은 **각 출력 뉴런의 값이 모든 입력 뉴런의 값에 의해 결정된다**는 점이다. 행렬곱의 의미가 바로 이와 같다. $n_{in}$개의 행과 $n_{out}$개의 열을 갖는 행렬이 있을 때, 이 행렬의 행렬곱은 $n_{in}$개의 최초 특징의 가중합으로 계산된 $n_{out}$개의 새로운 특징을 만드는 것이다.[2] 따라서 이런 층을 **전결합층**fully connected layer이라고 한다. 널리 사용되는 케라스Keras 라이브러리에서는 이런 층을 **밀집층**Dense layer이라고 부른다. 의미는 같지만 이쪽이 더 이해하기 쉽다.

이제 우리가 사용했던 층의 의미와 이름을 정했으니 Dense 클래스로 밀집층을 구현해보자. Operation 클래스와 Layer 클래스를 잘 설계해둔 덕분에 이번에 할 일은 앞서 구현한 Operation의 구상 클래스 객체를 정확한 순서로 담은 리스트를 _setup_layer 메서드에 전달하는 것이 전부다.

```python
class Dense(Layer):
    '''
    Layer 클래스를 구현한 전결합층
    '''
    def __init__(self,
                 neurons: int,
                 activation: Operation = Sigmoid()) -> None:
        '''
        초기화 시 활성화 함수를 결정해야 함
        '''
        super().__init__(neurons)
        self.activation = activation

    def _setup_layer(self, input_: ndarray) -> None:
        '''
        전결합층의 연산을 정의
        '''
        if self.seed:
            np.random.seed(self.seed)

        self.params = []

        # 가중치
        self.params.append(np.random.randn(input_.shape[1], self.neurons))

        # 편향
        self.params.append(np.random.randn(1, self.neurons))

        self.operations = [WeightMultiply(self.params[0]),
```

---

**2**  5장에서 배우겠지만, 새로운 특징이 모든 최초 특징으로부터 결정되지 않는 층도 있다. 합성곱층(convolutional layer)이 그러하다. 합성곱층의 각 출력 특징은 입력 특징 중 일부의 조합이다.

```
                        BiasAdd(self.params[1]),
                        self.activation]

        return None
```

활성화 함수의 기본값이 Sigmoid 클래스인 것에 주목하라. Sigmoid 클래스는 입력값을 그대로 출력하는 항등 함수이므로 활성화 함수가 없는 것과 같다.

Operation, Layer 클래스를 다루게 될 상위 개념은 어떤 것이 있을까? 우선 떠오르는 것은 Layer 객체를 묶어 신경망 모델을 만들 NeuralNetwork 클래스다. 또 어떤 클래스가 필요할지는 더 두고 봐야 한다. NeuralNetwork 클래스를 구현하며 더 필요한 다른 클래스를 생각해보자.

## 3.5 NeuralNetwork 클래스와 그 외 클래스

그러면 NeuralNetwork 클래스가 할 일은 무엇일까? 추상적으로 말하자면, **데이터로부터 학습**을 할 수 있어야 한다. 조금 더 자세히 말하면, 관찰 X를 모은 데이터 배치와 그 정답 y를 입력받고 X와 y의 관계를 학습한다. 이를 바꿔 말하면 X를 y와 최대한 비슷한 예측값인 p로 변환하는 함수를 학습하는 것이다.

그렇다면 우리가 구현한 Layer와 Operation 클래스로 이 학습을 하려면 어떻게 해야 할까? 이전 장에서 실제 학습했던 모델을 떠올려보면 다음과 같은 것이 필요하다.

1. 신경망은 X를 입력받아 각 Layer(여러 개의 Operation을 묶은 편리한 래퍼)를 순서대로 통과시킨다. 신경망 끝에서 출력된 값이 예측값 prediction이 된다.

2. prediction을 y와 비교하여 손실을 계산한 다음, 이 손실로 마지막 층(prediction을 출력한 층)의 각 요소에 대한 '손실의 기울기'를 계산한다.

3. 마지막으로 손실의 기울기를 각 층에 역순으로 전달한다. 그 과정에서 각 Operation 객체마다 '파라미터에 대한 손실의 기울기'를 계산하고 해당 객체에 그 값을 저장한다.

### 3.5.1 다이어그램

[그림 3-5]는 층을 중심으로 본 신경망 모델이다.

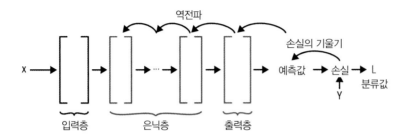

**그림 3-5** 연산 대신 층을 중심으로 본 역전파 과정

### 3.5.2 코드

이제 어떻게 구현해야 할까? 먼저 **Layer** 객체가 **Operation** 객체를 다뤘던 것과 같은 방법으로 층을 다룰 수 있었으면 좋겠다. 이를테면 **forward** 메서드가 X를 입력받아 다음과 같이 순방향 계산을 처리할 수 있다면 좋을 것이다.

```
for layer in self.layers:
    X = layer.forward(X)

return X
```

**backward** 메서드도 비슷한 방법으로 역방향 계산을 처리할 수 있으면 좋겠다. 예를 들어 인자가 grad라면 코드는 다음과 같다.

```
for layer in reversed(self.layers):
    grad = layer.backward(grad)
```

인자 grad는 어디서 온 걸까? grad의 값은 손실로부터 계산한 값이다. 손실은 예측값 prediction과 정답 y로부터 결정되는 값으로 다음과 같이 쓰인다.

- 손실은 현재 모델의 예측값 prediction에 대한 벌점에 해당하는 하나의 숫잣값이다.
- 각 예측값에 대한 손실의 기울기를 다시 층을 거슬러 전달한다. 이 기울기가 신경망의 마지막 층에서 backward 메서드를 통해 전달받는 값이다.

앞서 보았던 예제에서 손실함수는 예측값 prediction과 실제 목푯값의 차이를 제곱한 것이다. 그러므로 각 예측값에 대한 손실의 기울기도 그에 맞춰 계산한다.

이 내용을 어떻게 구현해야 할까? 이 부분은 별도의 클래스로 할애할 만큼 중요한 부분이다. Layer 클래스와 비슷하게 구현하되 forward 메서드가 ndarray 객체 대신 단일한 숫잣값 (float)을 반환하도록 한다. 이걸 그대로 형식화해보자.

### 3.5.3 Loss 클래스 구현하기

추상 클래스 Loss도 Layer와 구조가 비슷하다. forward와 backward 두 메서드는 인자로 받은 ndarray 객체의 모양이 같은지 확인한 다음, 다시 별도로 정의된 _output, _input_grad 메서드를 호출한다. 이들 메서드는 Loss를 확장한 구상 클래스에서 각자 구현해야 한다.

```python
class Loss(object):
    '''
    신경망 모델의 손실을 계산하는 클래스
    '''

    def __init__(self):
        '''Pass'''
        pass

    def forward(self, prediction: ndarray, target: ndarray) -> float:
        '''
        실제 손실값을 계산함
        '''
        assert_same_shape(prediction, target)

        self.prediction = prediction
        self.target = target

        loss_value = self._output()
```

```
        return loss_value

    def backward(self) -> ndarray:
        '''
        손실함수의 입력값에 대해 손실의 기울기를 계산함
        '''
        self.input_grad = self._input_grad()

        assert_same_shape(self.prediction, self.input_grad)

        return self.input_grad

    def _output(self) -> float:
        '''
        Loss 클래스를 확장한 모든 구상 클래스는 이 메서드를 구현해야 함
        '''
        raise NotImplementedError()

    def _input_grad(self) -> ndarray:
        '''
        Loss 클래스를 확장한 모든 구상 클래스는 이 메서드를 구현해야 함
        '''
        raise NotImplementedError()
```

Operation 클래스와 마찬가지로 역전파된 손실의 기울기가 마지막 층의 출력값으로 전달받은 prediction과 모양이 같은지 확인한다.

```
class MeanSquaredError(Loss):

    def __init__(self)
        '''Pass'''
        super().__init__()

    def _output(self) -> float:
        '''
        관찰 단위로 오차를 집계한 평균제곱오차 손실함수
        '''
        loss =
            np.sum(np.power(self.prediction - self.target, 2)) /
            self.prediction.shape[0]

        return loss
```

```
def _input_grad(self) -> ndarray:
    '''
    예측값에 대한 평균제곱오차 손실의 기울기를 계산
    '''

    return 2.0 * (self.prediction - self.target) / self.prediction.shape[0]
```

평균제곱오차 손실함수의 순방향 계산과 역방향 계산 과정을 그대로 코드로 옮겼다.

이것으로 작동하는 딥러닝 모델을 만들기 위한 마지막 핵심 구성 요소가 갖춰졌다. 이들 구성 요소가 어떻게 모델이 되는지 알아보자.

## 3.6 딥러닝 구현하기

우리가 최종적으로 만들려는 것은 NeuralNetwork 클래스다. 이 클래스를 구현하고 모델을 학습하기 위해 [그림 3-5]를 길잡이로 삼으려 한다. 구현하기 전에, 우리가 구현하려는 클래스가 어떤 것인지, Operation, Layer, Loss 클래스가 다른 클래스와 어떤 상호작용을 해야 하는지부터 정리해보자.

1. NeuralNetwork 클래스 객체는 Layer들의 리스트를 속성으로 가지고 있어야 한다. Layer들의 객체는 앞서 정의한 대로 forward와 backward 메서드를 갖추고 있으며 이들 메서드는 ndarray 객체를 인자로 받고 반환한다.

2. 각각의 Layer 클래스 객체는 Operation 객체의 리스트를 operations 속성에 담고 있으며 _setup_layer 메서드에 이 리스트가 저장된다.

3. Operation 클래스 객체 역시 Layer와 마찬가지로 forward와 backward, 이 2개의 메서드를 갖추고 있으며 이 메서드 역시 ndarray 객체를 인자로 받고 반환한다.

4. 각 Operation 객체의 backward 메서드에서 인자로 받은 output_grad는 Layer의 output 속성과 모양이 같아야 한다. input_grad와 input_ 속성 역시 모양이 같아야 한다.

5. 연산 중에 파라미터(param 속성에 저장된다)가 있는 연산이 있다. 이 연산은 ParamOperation 클래스를 확장해 정의한다. 또한 Layer의 forward와 backward 메서드에서 인자로 받은 ndarray의 모양에 대한 제약(input과 output이 각각 그에 해당하는 기울기와 모양이 일치해야 함)이 여기서도 마찬가지로 적용된다.

6. NeuralNetwork 클래스는 Loss 클래스로 정의되는 손실함수를 가져야 한다. 이 클래스는 Neural Network 클래스 객체의 마지막 연산의 출력값과 목푯값을 인자로 받아 이들의 모양이 같은지 검사한 다음, 이들로부터 손실(단일한 숫잣값)과 손실의 기울기(ndarray 객체)를 계산한다. 이 값이 다시 출력층으로 되돌아가면서 역방향 계산이 시작된다.

## 3.6.1 배치 학습 구현하기

한 번에 배치 1개를 입력해 모델을 학습하는 추상화된 절차는 앞서 몇 번 다뤘다. 매우 중요한 내용이므로 한 번 더 살펴보자.

1. 데이터를 모델에 입력해 함수를 통과시켜(순방향 계산) 예측값을 구한다.
2. 손실값을 계산한다.
3. 연쇄법칙과 순방향 계산 과정에서 계산된 값을 이용해 파라미터에 대한 손실값의 기울기를 계산한다.
4. 기울기를 이용해 파라미터를 수정한다.

그리고 새로운 데이터 배치를 가져와 위 과정을 반복한다.

위의 절차를 그대로 코드로 옮겨 NeuralNetwork 프레임워크에 이 절차를 도입한다.

1. X와 y를 입력받는다. 이 두 값은 모두 ndarray 객체다.
2. X를 각 Layer에 순서대로 통과시키며 순방향 계산을 수행한다.
3. Loss 클래스에서 손실값과 손실값의 기울기를 계산한다.
4. backward 메서드에서 손실값의 기울기를 전달받아 역방향 계산을 수행한다. 이 과정에서 각 층마다 param_grads를 계산한다.
5. 각 층마다 update_params 메서드를 호출해서 NeuralNetwork에 정의된 전체 학습률learning rate에 맞춰 param_grads의 방향으로 파라미터를 수정한다.

배치 학습을 수행할 수 있는 신경망 모델의 전체 정의를 마쳤다. 코드로 옮겨 보자.

## 3.6.2 NeuralNetwork 클래스 구현하기

앞서 정의한 내용을 어렵지 않게 코드로 옮길 수 있다.

```python
class NeuralNetwork(object):
    '''
    신경망을 나타내는 클래스
    '''
    def __init__(self, layers: List[Layer],
                 loss: Loss,
                 seed: float = 1)
        '''
        신경망의 층과 손실함수를 정의
        '''
        self.layers = layers
        self.loss = loss
        self.seed = seed
        if seed:
            for layer in self.layers:
                setattr(layer, "seed", self.seed)

    def forward(self, x_batch: ndarray) -> ndarray:
        '''
        데이터를 각 층에 순서대로 통과시킴(순방향 계산)
        '''
        x_out = x_batch
        for layer in self.layers:
            x_out = layer.forward(x_out)

        return x_out

    def backward(self, loss_grad: ndarray) -> None:
        '''
        데이터를 각 층에 역순으로 통과시킴(역방향 계산)
        '''

        grad = loss_grad
        for layer in reversed(self.layers):
            grad = layer.backward(grad)

        return None

    def train_batch(self,
                    x_batch: ndarray,
```

```
                    y_batch: ndarray) -> float:
        '''
        순방향 계산 수행
        손실값 계산
        역방향 계산 수행
        '''

        predictions = self.forward(x_batch)

        loss = self.loss.forward(predictions, y_batch)

        self.backward(self.loss.backward())

        return loss

    def params(self):
        '''
        신경망의 파라미터값을 받음
        '''
        for layer in self.layers:
            yield from layer.params

    def param_grads(self):
        '''
        신경망의 각 파라미터에 대한 손실값의 기울기를 받음
        '''
        for layer in self.layers:
            yield from layer.param_grads
```

NeuralNetwork 클래스를 이용하면 이전 장에서 보았던 신경망 모델을 좀 더 유연하고 모듈화된 코드로 정의할 수 있으며, 다른 비선형 관계를 나타내는 모델도 쉽게 정의할 수 있다. 다음은 이전 장에서 살펴보았던 선형회귀 모델과 신경망 모델 두 가지를 정의한 예다.[3]

```
linear_regression = NeuralNetwork(
    layers=[Dense(neurons = 1)],
        loss = MeanSquaredError(),
        learning_rate = 0.01
        )
```

--------------------------------

**3** 학습률 0.01은 특별한 의미가 있는 값은 아니다. 이전 장의 코드를 돌려보며 시행착오 끝에 찾아낸 최적의 값이다.

```
neural_network = NeuralNetwork(
    layers=[Dense(neurons=13,
                  activation=Sigmoid()),
            Dense(neurons=1,
                  activation=Linear())],
    loss = MeanSquaredError(),
    learning_rate = 0.01
    )
```

기본적인 구현은 이걸로 끝난다. 신경망에 반복적으로 배치를 입력하기만 하면 실제로 학습하기 시작한다. 그러나 이후 좀 더 복잡한 딥러닝 모델로 확장하는 과정을 깔끔하고 간단하게 하려면 학습 자체를 직접 수행하거나 **NeuralNetwork** 클래스의 파라미터를 수정하는 역할을 하는 별도의 클래스를 두면 좋다. 이런 클래스를 정의해보자.

# 3.7 Optimizer와 Trainer 클래스

먼저 2장에서 신경망 모델을 학습시키는 데 사용한 코드와 이 두 클래스의 코드를 비교해보자. 앞서 2장에서 모델을 학습시키는 데 사용한 코드는 다음과 같다.

```
# X_batch로 순방향 계산을 수행하고 손실값을 계산
forward_info, loss = forward_loss(X_batch, y_batch, weights)

# 가중치의 각 요소에 대한 손실의 기울기 계산
loss_grads = loss_gradients(forward_info, weights)

# 가중치 수정
for key in weights.keys():
    weights[key] -= learning_rate * loss_grads[key]
```

이 코드는 **for** 반복문 안에 위치해서 반복적으로 모델에 데이터를 입력하고 신경망의 가중치를 수정하는 역할을 했다.

**Trainer** 클래스를 만들고 이 클래스의 **fit** 메서드 안에서 우리가 이미 구현한 클래스를 사용한다. 이 **Trainer** 클래스는 이전 장에서 사용했던 **train** 함수의 래퍼 역할을 주로 수행한다(이 장의 전체 코드는 깃허브에 있는 주피터 노트북 페이지[4]에서 확인할 수 있다). 새로운 train 함수에서 변경된 가장 큰 차이점은 처음 두 줄의 코드가 다음과 같은 코드로 바뀐 것이다.

```
neural_network.train_batch(X_batch, y_batch)
```

그다음 두 줄에서 파라미터를 수정하는 작업은 별도의 클래스인 Optimizer가 담당한다. 전체 코드를 감싸는 for 반복문은 Trainer 클래스로 옮겨가 NeuralNetwork와 Optimizer 클래스를 다루게 된다.

다음 절에서 Optimizer 클래스가 따로 필요한 이유와 이 클래스의 코드를 살펴보자.

### 3.7.1 Optimizer 클래스

이전 장에서 살펴본 모델의 각 Layer 객체는 자신의 파라미터와 기울기에 따라 가중치를 수정하는 간단한 규칙을 각자 지니고 있었다. 다음 장에서 보겠지만 가중치를 수정하는 다양한 규칙이 있는데, 이 중에는 현재 입력된 배치에서 계산된 기울기가 아닌 이전에 계산했던 기울기를 따르는 방법도 있다. Optimizer 클래스를 별도로 만들면 이런 가중치 수정 규칙을 유연하게 적용할 수 있다. 이 방법에 대해서는 다음 장에서 더 자세히 알아보자.

**코드**

기반 클래스 Optimizer는 NeuralNetwork 객체를 인자로 받아 step 메서드가 호출될 때마다 신경망의 현잿값과 기울기, Optimizer 객체가 가진 정보에 근거해 파라미터를 수정한다.

```
class Optimizer(object):
    '''
    신경망을 최적화하는 기능을 제공하는 추상 클래스
    '''
    def __init__(self,
                 lr: float = 0.01):
        '''
        초기 학습률이 반드시 설정되어야 한다.
        '''
```

---

**4** https://github.com/flourscent/DLFS_code/blob/master/03_dlfs/Code.ipynb

```
        self.lr = lr

    def step(self) -> None:
        '''
        Optimizer를 구현하는 구상 클래스는 이 메서드를 구현해야 한다.
        '''
        pass
```

지금까지 사용했던 가중치 수정 규칙은 **확률적 경사 하강법**<sup>stochastic gradient descent</sup>이라고 부르며, 이를 적용해 Optimizer를 다음과 같이 구현한다.

```
class SGD(Optimizer):
    '''
    확률적 경사 하강법을 적용한 Optimizer
    '''
    def __init__(self,
                 lr: float = 0.01) -> None:
        '''Pass'''
        super().__init__(lr)

    def step(self):
        '''
        각 파라미터에 학습률을 곱해 기울기 방향으로 수정함
        '''
        for (param, param_grad) in zip(self.net.params(),
                                        self.net.param_grads()):

            param -= self.lr * param_grad
```

> **NOTE_** 우리가 구현한 NeuralNetwork 클래스에는 _update_params 메서드가 없지만, 파라미터와 파라미터에 대한 기울기를 꺼내오기 위해 params()와 param_grads() 메서드를 사용한다.

간단한 Optimizer 구현이 끝났으니 Trainer 클래스를 구현해보자.

## 3.7.2 Trainer 클래스

Trainer 클래스는 앞서 설명한 과정대로 학습을 진행하는 역할 외에도 NeuralNetwork 클래스와 Optimizer 클래스를 연결해서 Optimizer가 NeuralNetwork 클래스 객체를 제대로 학습시키는지 확인하는 역할도 한다. 이전 절의 코드를 보면 Optimizer 클래스 객체를 초기화할 때 NeuralNetwork 클래스 객체를 전달하지 않았다. 그 대신 Trainer 클래스를 초기화할 때 Optimizer 클래스 객체의 인스턴스 변수로 NeuralNetwork 클래스 객체를 전달한다. 코드는 다음과 같다.

```
setattr(self.optim, 'net', self.net)
```

이어지는 절에서 간략해진 Trainer 클래스 코드를 확인할 수 있다. 코드가 간략해지긴 했지만, 실제로 모델을 학습시키는 기능을 한다. 지금은 fit 메서드만 갖추고 있지만, 이 메서드는 한 번 이상의 에폭을 반복하며 매 에폭마다 손실값을 출력한다. 한 에폭에서 일어나는 일은 다음과 같다.

1. 에폭을 시작할 때, 데이터를 무작위 순서로 섞는다.
2. 배치별로 데이터를 신경망에 입력한다. 배치 하나의 입력이 끝나면 파라미터를 수정한다.

모든 배치의 입력이 끝나 Trainer 클래스가 전체 데이터를 한 번 훑게 되면 한 에폭이 끝난다.

### 코드

다음은 간략해진 Trainer 클래스를 구현하는 코드다. 이 코드에는 fit 메서드에서 사용하는 메서드 2개의 코드가 생략됐다. 생략된 첫 번째 메서드는 generate_batches로 X_train과 y_train 변수에 담긴 데이터를 일정한 개수의 배치로 분할한다. 두 번째 메서드는 permute_data로 각 에폭을 시작할 때 X_train과 y_train에 담긴 데이터의 순서를 무작위로 섞는다. 그리고 train 메서드는 restart라는 인자를 받는데, 이 인자의 값이 참(기본값)이면 train 메서드를 호출할 때마다 모델의 파라미터를 무작위 값으로 재초기화한다.

```
class Trainer(object):
    '''
    신경망 모델을 학습시키는 역할을 수행함
    '''
```

```python
def __init__(self,
             net: NeuralNetwork,
             optim: Optimizer)
    '''
    학습을 수행하려면 NeuralNetwork, Optimizer 객체가 필요함
    Optimizer 객체의 인스턴스 변수로 NeuralNetwork 객체를 전달할 것
    '''
    self.net = net
    setattr(self.optim, 'net', self.net)

def fit(self, X_train: ndarray, y_train: ndarray,
        X_test: ndarray, y_test: ndarray,
        epochs: int=100,
        eval_every: int=10,
        batch_size: int=32,
        seed: int = 1,
        restart: bool = True) -> None:
    '''
    일정 횟수의 에폭을 수행하며 학습 데이터에 신경망을 최적화함
    eval_every 변수에 설정된 횟수의 매 에폭마다 테스트 데이터로
    신경망의 예측 성능을 측정함
    '''
    np.random.seed(seed)

    if restart:
        for layer in self.net.layers:
            layer.first = True

    for e in range(epochs):

        X_train, y_train = permute_data(X_train, y_train)

        batch_generator = self.generate_batches(X_train, y_train,
                                                batch_size)

        for ii, (X_batch, y_batch) in enumerate(batch_generator):

            self.net.train_batch(X_batch, y_batch)

            self.optim.step()

        if (e+1) % eval_every == 0:

            test_preds = self.net.forward(X_test)
```

```
loss = self.net.loss.forward(test_preds, y_test)

print(f"{e+1}에폭에서 검증 데이터에 대한 손실값: {loss:.3f}")
```

이 책의 깃허브 저장소에 실린 전체 코드에는 학습을 **조기 종료**early stopping하는 기능도 구현되어 있다. 조기 종료는 다음 조건에 따라 수행된다.

1. eval_every 횟수만큼의 에폭마다 계산된 손실값을 저장한다.
2. 검증 데이터에 대한 손실값이 이전 에폭보다 감소했는지 확인한다.
3. 손실값이 감소하지 않았다면, eval_every에폭 전의 모델로 되돌아간다.

이제 모델을 학습시킬 준비가 모두 끝났다.

# 3.8 모든 구성 요소 조합하기

Trainer와 Optimizer 클래스를 사용해서 앞서 살펴본 두 가지 모델(linear_regression, neural_network)을 학습시키는 전체 코드는 다음과 같다. 학습률은 0.01, 최대 에폭 수는 50이고, 10에폭마다 성능을 측정한다.

```
optimizer = SGD(lr=0.01)
trainer = Trainer(linear_regression, optimizer)

trainer.fit(X_train, y_train, X_test, y_test,
      epochs = 50,
      eval_every = 10,
      seed=20190501);
```

```
10에폭에서 검증 데이터에 대한 손실값: 30.295
20에폭에서 검증 데이터에 대한 손실값: 28.462
30에폭에서 검증 데이터에 대한 손실값: 26.299
40에폭에서 검증 데이터에 대한 손실값: 25.548
50에폭에서 검증 데이터에 대한 손실값: 25.092
```

2장에서 사용했던 것과 같은 모델 평가 기준을 eval_regression_model 함수로 구현해 사용한 결과는 다음과 같다.

```
eval_regression_model(linear_regression, X_test, y_test)
```

```
평균절대오차: 3.52
제곱근 평균제곱오차: 5.01
```

이 결과는 앞서 선형회귀 모델의 동작을 확인할 때와 비슷한 수준이다.

13개 뉴런을 가진 은닉층 1개로 구성된 neural_network 모델로 같은 코드를 돌려보니, 결과가 다음과 같았다.

```
10에폭에서 검증 데이터에 대한 손실값: 27.434
20에폭에서 검증 데이터에 대한 손실값: 21.834
30에폭에서 검증 데이터에 대한 손실값: 18.915
40에폭에서 검증 데이터에 대한 손실값: 17.193
50에폭에서 검증 데이터에 대한 손실값: 16.214
```

```
eval_regression_model(neural_network, X_test, y_test)
```

```
평균절대오차: 2.60
제곱근 평균제곱오차: 4.03
```

이번에도 앞서 1장에서 확인한 것처럼 선형회귀 모델보다 결과가 눈에 띄게 개선되었다.

### 3.8.1 밑바닥부터 만든 첫 번째 딥러닝 모델

모든 준비가 끝났으니 우리의 첫 번째 딥러닝 모델을 간단하게 정의할 수 있다.

```
deep_neural_network = NeuralNetwork(
    layers=[Dense(neurons=13,
                activation=Sigmoid()),
          Dense(neurons=13,
                activation=Sigmoid()),
```

```
         Dense(neurons=1,
                 activation=LinearAct())],
    loss=MeanSquaredError(),
    learning_rate=0.01
)
```

아직은 열심히 생각하지 않아도 된다. 첫 번째 층과 같은 수의 뉴런을 가진 은닉층을 1개 추가
하면 13개의 뉴런을 가지며 은닉층 2개를 가진 신경망이 된다.

이번에도 이전과 동일한 학습률과 같은 간격으로 성능을 측정해보니 다음과 같은 결과를 얻었다.

```
10에폭에서 검증 데이터에 대한 손실값: 44.134
20에폭에서 검증 데이터에 대한 손실값: 25.271
30에폭에서 검증 데이터에 대한 손실값: 22.341
40에폭에서 검증 데이터에 대한 손실값: 16.464
50에폭에서 검증 데이터에 대한 손실값: 14.604
```

```
eval_regression_model(deep_neural_network, X_test, y_test)
```

```
평균절대오차: 2.45
제곱근 평균제곱오차: 3.82
```

이제 맨손으로 시작해 실제로 동작하는 딥러닝 모델을 갖게 되었다. 실제 문제에서도 별다른
기법 없이(학습률을 조금 조정하는 정도) 이 딥러닝 모델을 사용하면 은닉층이 1개뿐인 신경
망 모델보다 조금이지만 더 나은 성능을 확인할 수 있다.

더 중요한 점은 이런 성과와 함께 쉽게 확장 가능한 프레임워크를 만들었다는 점이다. 어떤 연
산이라도 Operation 클래스를 사용해 구현할 수 있고, 다시 그 연산을 적절한 순서로 엮어
Layer 클래스로 감싸면 된다. 이 연산에 _output과 _input_grad, 이 2개의 메서드가 구현되
어 있고, 출력과 입력, 파라미터와 이들의 기울기 행렬 모양이 일치하기만 하면 된다. 이미 구
성이 끝난 층에 활성화 함수만 바꿔가며 성능이 개선되는지 확인할 수도 있다. 이 책의 깃허브
저장소의 코드를 이용해 꼭 직접 해보기 바란다.

## 3.9 마치며

다음 장에서는 좀 더[5] 본격적인 문제와 모델을 잘 학습시키기 위한 필수적인 기법 몇 가지를 소개한다. 이 기법은 주로 Loss 클래스와 Optimizer 클래스에 적용된다. 학습률을 조정하는 요령과 학습 중에 학습률을 변화시키는 기법도 알아본 후, Optimizer 클래스와 Trainer 클래스에 적용해본다. 마지막으로 딥러닝 모델의 안정적인 학습을 위해 연산의 한 종류인 드롭아웃을 알아본다. 그럼 다음 장에서 만나자.

---

**5** 우리가 앞서 본 간단한 문제에서도 하이퍼파라미터를 잘 조절하면 신경망 모델이 딥러닝 모델보다 더 나은 성능을 보일 수 있다. 깃허브 저장소의 코드(*https://github.com/flourscent/DLFS_code*)를 내려받아 직접 해보기 바란다.

# CHAPTER 4

# 프레임워크 확장하기

앞선 두 장에서 제1원칙부터 딥러닝 모델에 이르는 과정과 딥러닝 모델의 동작 원리를 배워보았다. 그리고 첫 번째 딥러닝 모델을 직접 정의하고 학습시켜 수치화된 특징으로 주택 가격을 예측하는 간단한 문제를 해결했다. 그러나 실제 문제를 해결하기 위한 딥러닝 모델을 학습하기란 그리 간단한 일이 아니다. 이론적으로 딥러닝 모델은 어떠한 지도 학습 문제라도 최적해 optimal solution를 발견할 수 있지만, 실제로는 실패하는 경우도 많다. 어떤 모델을 사용했을 때, 주어진 문제에 대해 항상 좋은 해답을 찾는다는 보장은 할 수 없다. 하지만 신경망 모델의 성공 확률을 높이는 깊이 연구된 기법이 몇 가지 있다. 이번 장에서 이 기법을 알아보자.

먼저 신경망 모델이 수학적으로 '하려고 하는 일'이 무엇인지 알아보자. 신경망 모델이 수학적으로 하는 일은 함수의 최솟값을 찾는 것이다. 필자가 소개할 기법 역시 함수의 최솟값을 찾는 데 도움을 준다. 고전적 문제인 MNIST 손글씨 데이터셋으로 이 기법의 유효성을 확인해본다. 딥러닝에서 분류 문제를 해결하는 데 많이 사용하는 손실 함수를 소개한 다음, 이 함수가 눈에 띄게 학습 속도를 개선하는 것을 확인해본다. 지금까지 우리가 다룬 문제는 모두 회귀 문제였다. 이 손실 함수를 아직 도입하지 않았기 때문에 분류 문제를 제대로 풀 수가 없었다. 마찬가지로 sigmoid 함수가 아닌, 다른 활성화 함수도 소개한다. 그리고 이 활성화 함수 역시 학습 속도를 상당히 개선할 수 있는데, 일반적으로 활성화 함수를 교체할 때 나타나는 트레이드오프 trade-off 관계를 소개하며 학습 속도가 개선되는 이유도 알아본다. 그다음에는 모멘텀momentum을 소개한다. 모멘텀은 확률적 경사 하강법에서 가장 직관적이면서도 중요한 기법이다. 그리고 더 발전된 최적화 기법도 가볍게 살펴본다. 마지막으로 서로 큰 관계는 없지만 꼭 필요한 기법 세 가지를 소개한다. 모델에 학습률 감쇠learning rate decay, 가중치 초기화weight initialization, 드롭아웃dropout을 사용하면 더 나은 해답을 찾을 수 있다.

앞서 1장에서 다양한 개념을 소개하기 위해 '다이어그램 – 수식 – 코드' 모형을 이용했다. 하지만 이번에는 개념을 명확히 전달할 만한 모형이 따로 없다. 따라서 모형 대신 '직관'을 사용해 각 기법을 소개한다. 그다음 수식으로 직관을 바라보고(1장에서 본 수식보다는 간단하다) 마지막으로 코드로 실제로 구현하는 방법을 알아본다. 그리고 지금까지 만든 프레임워크에 통합해 앞서 만든 모델의 구성 요소와 어떻게 상호작용하는지 살펴본다. 먼저 신경망 모델이 하는 일이 무엇인지부터 알아보자. 신경망 모델은 어떤 함수의 최솟값을 찾아야 한다.

## 4.1 신경망에 대한 직관

지금까지 보았듯이 신경망 모델은 여러 개의 가중치를 갖는다. 이들 가중치와 입력받은 데이터 X, y를 이용해 '손실'을 계산한다. [그림 4-1]은 신경망 모델을 매우 간략하게 나타낸 것이다.

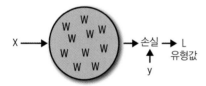

**그림 4-1** 가중치를 갖는 신경망 모델

각 가중치는 특징 X나 목푯값 y 혹은 다른 가중치, 더 나아가 손실 L과 복잡하고 비선형적인 관계를 갖는다. 다른 가중치, 특징값, 목푯값을 모두 고정하고 한 가중치만 변화시키며 손실 L의 변화를 도표로 그려보면 [그림 4-2]와 같은 관계가 된다.

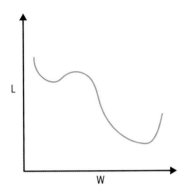

**그림 4-2** 신경망 모델에서 가중치와 손실의 관계

신경망 모델의 학습을 시작할 때, 각 가중치는 [그림 4-2]의 $x$축 상의 값으로 초기화된다. 그리고 역전파 계산으로 구한 기울기를 사용해 반복적으로 가중치를 수정한다. 첫 번째 가중치 수정은 이 그림의 경사로 위에서 우리가 선택한 가중치의 초깃값 위치의 기울기에 따라 발생한다.[1] [그림 4-3]은 신경망에서 기울기와 학습률에 따라 가중치를 수정하는 과정을 기하학적으로 해석한 것이다. 그래프 왼쪽의 짧은 화살표 세 개는 작은 학습률로 가중치를 수정한 것이고, 오른쪽의 긴 화살표 네 개는 그보다 더 큰 학습률로 가중치를 수정한 것이다. 두 경우 모두 가중치가 수정되는 정도가 곡선상에서 그 가중치의 기울기에 비례한다(기울기가 가파를수록 크게 수정된다).

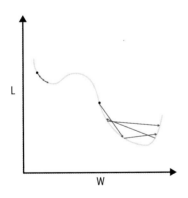

**그림 4-3** 기울기와 학습률에 따라 결정되는 신경망의 가중치 수정 과정을 기하학적으로 시각화한 그림

---

**1**  3장에서 보았듯이 가중치의 변화를 조절하기 위해 기울기에 하이퍼파라미터인 학습률을 곱해 가중치를 수정한다.

딥러닝 모델 학습의 목표는 모든 가중치를 가중치의 범위 전역 손실값이 최소인(전역 최솟값 global minimum) 값으로 만드는 것이다. [그림 4-3]에서도 알 수 있듯, 가중치를 너무 조금씩 수정하면 손실의(전체 최솟값보다는 큰) 지역 최솟값 local minimum에 빠질 우려가 있다. 반면 한 번에 가중치를 너무 크게 수정하면 전역 최솟값에 다가갔다가도 끝없이 전역 최솟값을 '뛰어 넘으며' 영원히 도달하지 못할 우려(긴 화살표가 이 시나리오에 해당한다)가 있다. 이것이 학습률이 갖는 트레이드오프 관계다. 학습률이 너무 작으면 지역 최솟값에 갇히고, 반대로 너무 크면 전역 최솟값을 뛰어넘는다.

실제 모델의 상황은 이보다 훨씬 복잡하다. 일단 신경망 모델에 많게는 수백만에서 적어도 수천에 이르는 가중치가 있다. 결국 우리가 하는 일은 수천에서 수백 차원에 이르는 공간에서 어떤 함수의 전역 최솟값을 찾는 일이다. 더 어려운 점은 각 반복마다 서로 다른 $X$와 $y$를 입력하면서 가중치를 수정해나가야 한다. 다시 말하면 **전역 최솟값을 찾아야 할 함수가 그때마다 매번 바뀐다.** 신경망 모델이 오랫동안 회의적인 시선을 받았던 이유가 여기에 있다. 반복적으로 가중치를 수정하면서 전역 최솟값을 찾는다는 게 불가능해보이기 때문이다. 얀 르쿤 Yann LeCun 등의 2015년 네이처 논문[2]에서 발췌한 다음 글이 이 점을 가장 잘 보여준다.

> 특히, 경사 하강법을 이용한 간단한 학습에서도(작은 가중치 수정값으로는 빠져나오기 어려운) 나쁜 지역 최솟값에 갇힐 것이라는 회의적 시각이 지배적이었다. 그러나 실제로는 대규모 신경망 모델에서 나쁜 지역 최솟값이 문제가 되는 경우는 드물었다. 초기 조건과는 상관없이 학습 결과는 거의 항상 유사한 품질의 결과에 도달했다. 최근 연구 결과는 이론적으로든 실증적으로든 지역 최솟값이 일반적인 문제가 되지 않는다는 사실을 강력하게 시사한다.

[그림 4-3]은 학습률이 너무 커도 안 되고 너무 작아도 안 되는 이유와 앞으로 소개할 여러 기법이 유용한 이유를 쉽게 이해할 수 있게 하는 멘탈 모델이다. 신경망 모델의 학습에 대한 직관적인 이해를 갖고 앞으로 소개할 기법을 이해해보자. 먼저 새로운 손실함수인 소프트맥스 교차 엔트로피 softmax cross entropy 손실함수를 알아보자.

---

**2** *https://www.nature.com/articles/nature14539*

## 4.2 소프트맥스 교차 엔트로피 손실함수

3장에서는 평균제곱오차를 손실함수로 사용했다. 이 함수는 볼록 함수<sup>convex function</sup>이므로 Loss 클래스에서 신경망을 구성하는 Layer 객체로 역전파되는 초기 기울기는 예측값이 목푯값과 동떨어질수록 커진다. 그러므로 파라미터가 전달받는 기울기 역시 커진다. 그러나 분류 문제에서는 장점이 훨씬 커진다. **신경망 모델의 출력값을 확률로 해석해야 하는 문제**에서는 각 출력값이 0부터 1 사이의 값이 되는 것은 물론이고 모든 출력값을 합하면 1이 되어야 한다. 소프트맥스 교차 엔트로피 손실함수는 이 점을 십분 활용해 평균제곱오차 손실함수보다 기울기를 더 크게 만든다. 이 함수는 크게 두 부분으로 이루어진다. 첫 번째는 소프트맥스 함수고, 두 번째가 교차 엔트로피 손실함수다. 두 함수를 차례대로 알아보자.

### 4.2.1 소프트맥스 함수

N개의 분류 유형을 갖는 분류 문제에 대한 신경망 모델의 출력은 N개의 요소로 이루어진 벡터가 된다. 예를 들어 분류 유형이 3개라면 출력값은 다음과 같다.

```
[5, 3, 2]
```

**수식**

다시 밝히지만, 우리가 풀 문제는 분류 문제이므로 모델의 출력값은 각 분류 유형에 대한 확률을 모은 확률값의 벡터가 되어야 한다(각 요솟값이 유형 1, 2, 3에 속할 확률을 의미한다). 위와 같은 출력값을 확률값의 벡터로 변환하려면 각 값을 모든 값의 합으로 나눠 정규화하면 된다.

$$\text{Normalize}\left(\begin{bmatrix} x_1 \\ x_2 \\ x_3 \end{bmatrix}\right) = \begin{bmatrix} \dfrac{x_1}{x_1 + x_2 + x_3} \\ \dfrac{x_2}{x_1 + x_2 + x_3} \\ \dfrac{x_3}{x_1 + x_2 + x_3} \end{bmatrix}$$

그러나 더 큰 기울깃값을 만들면서도 수학적으로 좀 더 깔끔한 방법이 있다. 소프트맥스 함수를 이용하면 된다. 이 함수는 요소 수가 3인 벡터를 다음과 같이 정의한다.

$$\mathrm{Softmax}\left(\begin{bmatrix} x_1 \\ x_2 \\ x_3 \end{bmatrix}\right) = \begin{bmatrix} \dfrac{e^{x_1}}{e^{x_1} + e^{x_2} + e^{x_3}} \\ \dfrac{e^{x_2}}{e^{x_1} + e^{x_2} + e^{x_3}} \\ \dfrac{e^{x_3}}{e^{x_1} + e^{x_2} + e^{x_3}} \end{bmatrix}$$

## 직관

소프트맥스 함수의 직관적인 성질은 최댓값을 다른 값보다 더 증폭한다는 점이다. 분류 문제의 맥락에서 보면 이 성질은 신경망의 예측값을 좀 더 **두드러지게** 한다. 앞서 본 확률값의 벡터를 사용해 일반적인 정규화와 소프트맥스 함수를 비교해보자.

```
normalize(np.array([5, 3, 2]))
```

```
array([0.5, 0.3, 0.2])
```

```
softmax(np.array([5, 3, 2]))
```

```
array([0.84, 0.11, 0.04])
```

원래 5였던 벡터의 최댓값이 일반적인 정규화보다 더 두드러지게 바뀌었다. 그리고 최댓값이 아닌 나머지 두 요솟값도 정규화한 결과보다 더 작아졌다. 그러므로 softmax 함수는 일반적인 정규화 함수와 단순히 array([1.0, 0.0, 0.0])을 출력할 max 함수 사이 어딘가에 위치한다고 볼 수 있다. 그래서 함수 이름이 소프트맥스다.

## 4.2.2 교차 엔트로피 손실함수

손실함수는 확률값의 벡터 $\begin{bmatrix} p_1 \\ \vdots \\ p_n \end{bmatrix}$ 과 실제값의 벡터 $\begin{bmatrix} y_1 \\ \vdots \\ y_n \end{bmatrix}$ 을 입력받는 함수였다.

## 수식

입력받은 벡터의 인덱스 i에 대해 교차 엔트로피 손실함수는 다음과 같이 정의된다.

$$\mathrm{CE}\left(p_i, y_i\right) = -y_i \times \log\left(p_i\right) - \left(1 - y_i\right) \times \log\left(1 - p_i\right)$$

## 직관

y의 모든 요솟값이 0 아니면 1이라는 점과 교차 엔트로피가 다음과 같이 정의된다는 점을 보면, 이 함수를 손실함수로 사용할 수 있는 이유를 알 수 있다.

$$\mathrm{CE}\left(p_i, y_i\right) = \begin{cases} -log\left(1 - p_i\right) & \text{if } y_i = 0 \\ -log\left(p_i\right) & \text{if } y_i = 1 \end{cases}$$

경우를 나눠 생각해보자. $y = 0$일 때, 교차 엔트로피 손실함수와 평균제곱오차 손실함수의 [0, 1] 구간에서의 추이를 [그림 4-4]에 실었다.

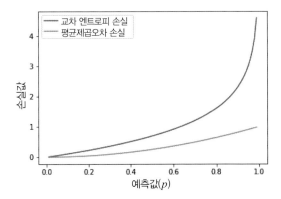

**그림 4-4** $y = 0$일 때 교차 엔트로피 손실함수와 평균제곱오차 손실함수의 비교

이 구간에서 보면 교차 엔트로피 손실값이 더 클 뿐만 아니라,[3] 손실값이 증가하는 기울기도 훨씬 가파르다. 실제로 예측값과 목푯값의 차이가 1에 가까워지면 교차 엔트로피 손실값은 무한에 가까워진다. $y = 1$인 경우도 그래프가 대칭으로 나올 뿐($x = 0.5$ 근처에서 선대칭된 그래

---

**3** 좀 더 정확히 하면, [0, 1] 구간에서 $-log\left(1 - x\right)$의 평균은 1이지만 같은 구간에서 $x^2$의 평균은 1/3 밖에 되지 않는다.

프가 된다) 상황은 크게 다르지 않다.

그러므로 출력값이 0과 1 사이여야 하는 문제에서 교차 엔트로피 손실함수는 평균제곱오차 손실함수에 비해 기울깃값이 훨씬 커진다. 그러나 진짜 마법 같은 일은 소프트맥스 함수와 교차 엔트로피 손실함수가 결합할 때 일어난다. 신경망 모델의 출력을 소프트맥스 함수에 통과시켜 합이 1이 되도록 정규화한 다음, 이 확률값을 교차 엔트로피 손실함수에 통과시키는 것이다.

이번에도 분류 유형이 3인 경우 손실 벡터의 첫 번째 요소($i = 1$) $SCE_1$ 함수 모양을 살펴보자.

$$SCE_1 = -y_1 \times log\left(\frac{e^{x_1}}{e^{x_1} + e^{x_2} + e^{x_3}}\right) - \left(1 - y_1\right) \times log\left(1 - \frac{e^{x_1}}{e^{x_1} + e^{x_2} + e^{x_3}}\right)$$

이 수식만 보면 기울기를 다루기 까다로울 것 같지만, 이 함수에도 수학적으로 깔끔하고 구현하기 쉬운 방법이 있다.

$$\frac{\partial SCE_1}{\partial x_1} = \frac{e^{x_1}}{e^{x_1} + e^{x_2} + e^{x_3}} - y_1$$

소프트맥스 교차 엔트로피 손실함수의 전체 기울기는 다음과 같이 간단하게 계산할 수 있다.

$$\text{softmax}\left(\begin{bmatrix} x_1 \\ x_2 \\ x_3 \end{bmatrix}\right) - \begin{bmatrix} y_1 \\ y_2 \\ y_3 \end{bmatrix}$$

당연히 구현도 매우 간단하다.

```
softmax_x = softmax(x, axis = 1)
loss_grad = softmax_x - y
```

그럼 한번 구현해보자.

## 코드

3장의 내용을 떠올려보면, Loss 클래스를 구현한 모든 구상 클래스는 2개의 2차원 배열을 입력받는다. 2차원 배열 1개는 신경망 모델이 예측한 예측값이고 다른 하나는 목푯값이다. 이 배열의 행의 수는 배치에 포함되는 관찰의 개수이며 열의 수는 이 분류 문제의 분류 유형값의 가짓수다. 그리고 배열의 각 행은 데이터셋을 이루는 각 관찰에 해당하며, 이 행은 다시 분류 유형값에 대한 신경망 모델의 예측 확률을 담은 n개의 값으로 이루어진다. 그러므로 softmax 함수를 적용할 대상은 배열 prediction의 각 행이 된다. 그러나 이때 발생할 수 있는 문제가 있다. softmax를 통과한 함숫값을 다시 log 함수에 입력해야 하는데, $x$가 0에 가까워지면 $log(x)$는 음의 무한대로 발산한다. 반대로 $x$가 1에 가까워지면 $log(1-x)$가 무한대로 발산한다. 이렇게 손실값이 불안정해지는 것을 방지하기 위해 softmax의 출력값의 범위를 $10^{-7}$ 이상과 $10^7$ 이하로 제한한다.

그럼 이 모든 내용을 코드로 옮겨 보자.

```python
class SoftmaxCrossEntropyLoss(Loss):
    def __init__(self, eps: float=1e-9)
        super().__init__()
        self.eps = eps
        self.single_output = False

    def _output(self) -> float:

        # 각 행(관찰에 해당)에 softmax 함수 적용
        softmax_preds = softmax(self.prediction, axis=1)

        # 손실값이 불안정해지는 것을 막기 위해 softmax 함수의 출력값 범위를 제한
        self.softmax_preds = np.clip(softmax_preds, self.eps, 1 - self.eps)

        # 실제 손실값 계산 수행
softmax_cross_entropy_loss = (
    -1.0 * self.target * np.log(self.softmax_preds) - \
        (1.0 - self.target) * np.log(1 - self.softmax_preds)
)

        return np.sum(softmax_cross_entropy_loss)

    def _input_grad(self) -> ndarray:

        return self.softmax_preds - self.target
```

앞으로 MNIST 데이터셋을 활용한 사례로 이 손실함수가 평균제곱오차 손실함수보다 성능을 얼마나 개선하는지 확인해본다. 하지만 그 전에 먼저 활성화 함수 선택에 따르는 트레이드오프 관계와 sigmoid 함수보다 더 나은 활성화 함수가 있는지 알아보자.

### 4.2.3 활성화 함수 선택하기

앞서 2장에서 sigmoid 함수가 활성화 함수로 적합한 이유를 다음과 같이 설명했다.

- 단조함수이며 비선형 함수다.
- 중간 특징의 값을 유한한 구간으로 제한(특히 [0, 1] 구간)해서 모델에 제약을 건다.

하지만 sigmoid 함수에도 단점은 있다. 이 단점은 평균제곱오차 손실함수의 단점과도 유사한데, **기울기가 상대적으로 평탄**해서 역방향 계산에 불리하다는 점이다. 역방향 계산에서 sigmoid 함수(다른 활성화 함수도 마찬가지다)에 전달되는 기울기는 해당 함수의 출력값이 손실에 미치는 영향과 직결되는데, sigmoid 함수의 최대 기울기는 0.25이므로 연산 한 단계를 통과할 때마다 기울깃값이 아무리 커도 1/4로 줄어든다. 거기다 $sigmoid(x)$의 그래프가 $x = -2$나 $x = 2$에서 거의 평탄해지므로 sigmoid 함수의 입력값이 $-2$보다 작거나 2보다 크면, 이때의 기울기는 0에 가깝다. 따라서 이 입력값에 영향을 미치는 파라미터는 매우 작은 값의 기울기를 전달받게 되고 신경망의 학습도 그만큼 늦어진다.[4] 거기다 이어지는 층에도 sigmoid 함수가 활성화 함수로 쓰이고 있다면, 이 문제는 더욱 심해져 가중치에 전달되는 기울기가 훨씬 더 작아진다.

그렇다면 sigmoid 함수와 장점과 단점이 서로 반대인 활성화 함수는 어떤 함수일까?

### sigmoid와 정반대인 활성화 함수: ReLU 함수

ReLU[rectified linear unit] 함수는 sigmoid와 서로 정반대의 장점과 단점을 가진 활성화 함수다. ReLU의 함숫값은 $x$가 0보다 작으면 0이고, 그렇지 않은 경우 $x$가 된다. 그래프로 나타내면 [그림 4-5]와 같은 형태다.

---

**4** 직관적으로 설명하자면, 특징 $f$에 기여하는 가중치 $w$가 있을 때($f = w \times x_1 + ...$과 같은 관계를 갖는다), 신경망의 순방향 계산 중 어떤 관찰에 대해 $f = -10$이었다고 하자. $sigmoid(x)$의 그래프는 $x = -10$에서 매우 평탄하므로 가중치 $w$의 변화도 모델의 예측값이나 손실값에 영향을 주기 어렵다.

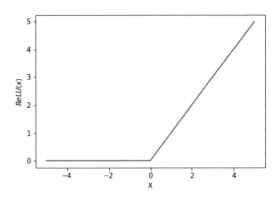

**그림 4-5** ReLU 활성화 함수

이 함수 역시 단조함수이면서 비선형 함수이므로 활성화 함수로 **유효**valid하다. 또한 입력값이 0 이상이면 기울기가 1이고, 0 미만이면 기울기가 1이다. 평균 기울기는 0.5이므로 기울기의 최 댓값이 0.25인 sigmoid 함수에 비해 기울깃값이 훨씬 크다. ReLU는 딥러닝 모델에서 단골로 사용되는 활성화 함수다. 이 함수가 0을 기준으로 명확하게 성질이 갈린다는 단점은 이 장에서 소개할 기법을 포함해 다양한 기법으로 만회할 수 있지만, 기울깃값이 크다는 성질은 딥러닝 모델을 학습하는 데 있어 매우 중요하고 큰 장점이다.

그리고 이 양극단의 중용을 취하는 tanh 활성화 함수가 하나 더 있다. 이 함수 역시 이 장에서 직접 적용해본다.

### 중용의 미덕: tanh 함수

tanh 함수는 sigmoid 함수와 비슷하지만 함숫값의 범위가 −1과 1이다. [그림 4−6]은 이 함 수의 그래프다.

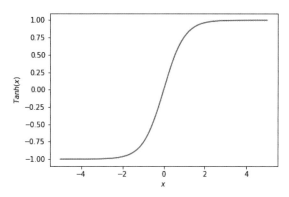

**그림 4-6** tanh 함수

tanh의 기울기도 **sigmoid**의 기울기보다 훨씬 가파르다. 특히 기울기 최댓값이 1이며 **sigmoid** 함수의 0.25에 비해 훨씬 크다. [그림 4-7]은 **sigmoid**와 tanh 두 함수의 기울기의 변화를 그래프로 나타낸 것이다.

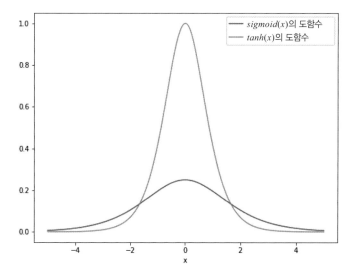

**그림 4-7** sigmoid 함수와 tanh 함수의 도함수 비교

$f(x) = sigmoid(x)$ 도함수를 $f'(x) = sigmoid(x) \times (1 - sigmoid(x))$ 처럼 간단히 나타낼 수 있듯이 $f(x) = tanh(x)$ 의 도함수 역시 $f'(x) = 1 - tanh(x)^2$ 처럼 간결하게 나타낼 수 있다. 여기서 중요한 점은 모델의 구조와 무관하게 활성화 함수를 선택하는 데 따르는 트레이드오프가 있다는 점이다. 우리가 원하는 것은 신경망이 최적해를 찾는 데 곤란하지 않도록 불필요하게 복잡한 계산을 늘리지 않으면서도 특징과 목푯값 사이의 비선형적인 관계를 학습하는 것이다. 예를 들어 **Leaky ReLU** 활성화 함수는 R 입력값이 0보다 작을 때 기울깃값이 음수가 되므로 ReLU보다 역전파 계산에 전달하는 기울깃값이 크다. 반면 **ReLU6** 활성화 함수는 함숫값의 최댓값을 6으로 설정해 신경망에 더욱 강한 비선형성nonlinearity을 도입한다. 이 함수는 ReLU에 비해 복잡도가 높으므로 해결하려는 문제가 상대적으로 간단하다면 도리어 학습을 어렵게 만든다. 이러한 균형을 위해 앞으로 이 책에서는 tanh 활성화 함수를 사용한다.

이제 활성화 함수를 선택했으니 몇 가지 실험을 해보자.

## 4.3 실험

이 실험에서 tanh 함수를 사용하는 이유는 앞서 설명했다. 이 절의 본론으로 돌아가 딥러닝에서 소프트맥스 교차 엔트로피 손실함수가 널리 사용되는 이유를 알아보자.[5] 우리가 사용할 MNIST 데이터셋은 $28 \times 28$ 픽셀의 흑백 이미지로 된 손글씨 숫자 데이터로, 픽셀값은 0부터 255의 범위를 갖는다. 또한 데이터셋이 6만 장의 학습 데이터와 1만 장의 테스트 데이터로 미리 분할되어 있다. 이 책의 깃허브 페이지에 데이터에 포함된 이미지와 레이블을 읽어 들여 학습 데이터와 테스트 데이터로 나눠주는 헬퍼 함수helper function가 있다. 이 헬퍼 함수는 다음과 같이 사용한다.

```
X_train, y_train, X_test, y_test = mnist.load()
```

우리의 목표는 이미지에 나타난 숫자를 인식하는 신경망 모델을 학습하는 것이다.

---

**5** 예를 들면 텐서플로의 MNIST 분류 튜토리얼에서 `softmax_cross_entropy_with_logits` 함수를 사용하며, 파이토치의 `nn.CrossEntropyLoss` 내부에서도 소프트맥스 함수를 사용한다.

## 4.3.1 데이터 전처리

분류 문제에서는 **원-핫 인코딩**one-hot encoding을 통해 레이블값을 예측값과 같은 모양의 **ndarray** 객체 형태의 벡터로 변환해야 한다. 구체적으로 설명하면 레이블값 0은 첫 번째 요솟값(인덱스가 0)이 1이고 나머지 요솟값이 0인 벡터로 변환하며, 레이블값 1은 두 번째 요솟값(인덱스가 1)만 1이고 나머지 요솟값은 0인 벡터로, 나머지 값도 이와 같은 식으로 변환한다.[6]

$$[0, 2, 1] \Rightarrow \begin{bmatrix} 1 & 0 & 0 & \dots & 0 \\ 0 & 0 & 1 & \dots & 0 \\ 0 & 1 & 0 & \dots & 0 \end{bmatrix}$$

마지막으로 픽셀값을 [0, 1] 구간으로 정규화한다. 앞서 본 실제 문제에서도 사용한 방법으로 대부분의 경우 도움이 된다. 그러나 이 문제의 각 데이터 점은 하나의 이미지이므로 각 특징값을 평균 0, 분산 1이 되도록 정규화하지는 않는다. 이렇게 정규화하면 서로 인접한 이미지의 픽셀값이 달라지므로 이미지가 왜곡되기 때문이다. 그 대신 다음 코드처럼 전체 픽셀값의 평균과 분산을 계산한 다음 모든 픽셀값에 평균을 빼고 분산으로 나누는 방식으로 정규화한다(학습 데이터를 정규화하는 데 테스트 데이터의 통계치를 사용하는 것에 주의하자).

```
X_train, X_test = X_train - np.mean(X_train), X_test - np.mean(X_train)
X_train, X_test = X_train / np.std(X_train), X_test / np.std(X_train)
```

## 4.3.2 모델

이 모델은 0부터 9까지 각 숫자에 해당하는 확률값을 출력하는 모델로 10개의 출력을 갖는다. 그리고 이 모델의 출력이 확률임을 알고 있으므로 마지막 층의 활성화 함수는 소프트맥스 함수가 된다. 앞으로 이 장에서는 학습에 사용된 학습 방법이 실제로 모델의 성능을 개선했는지 확인하기 위해 2개의 층으로 구성된 신경망 모델을 고정적으로 사용한다. 이 모델의 은닉층 뉴런 개수는 입력 수(784)와 출력 수(10)의 기하평균($89 \approx \sqrt{784 \times 10}$)과 가까운 값으로 조정한다.

---

**6** *https://github.com/flourscent/DLFS_code/blob/master/lincoln/lincoln/utils/mnist.py*

첫 번째 실험으로 평균제곱오차 손실함수로 학습한 신경망 모델과 소프트맥스 교차 엔트로피 손실함수로 학습한 신경망 모델을 비교해보자. 화면에 출력되는 손실값은 전체 손실값을 관찰 수로 나눈 것이다(교차 엔트로피 손실의 절댓값은 평균제곱오차로 계산한 손실에 비해 3배 정도 크다는 점을 기억하자).

```
model = NeuralNetwork(
    layers=[Dense(neurons=89,
                  activation=Tanh()),
            Dense(neurons=10,
                  activation=Sigmoid())],
            loss = MeanSquaredError(),
seed=20190119)

optimizer = SGD(0.1)

trainer = Trainer(model, optimizer)
trainer.fit(X_train, train_labels, X_test, test_labels,
            epochs = 50,
            eval_every = 10,
            seed=20190119,
            batch_size=60);

calc_accuracy_model(model, X_test)
```

위 코드를 실행하면 결과는 다음과 같다.

```
10에폭에서 검증 데이터에 대한 손실값: 0.611
20에폭에서 검증 데이터에 대한 손실값: 0.428
30에폭에서 검증 데이터에 대한 손실값: 0.389
40에폭에서 검증 데이터에 대한 손실값: 0.374
50에폭에서 검증 데이터에 대한 손실값: 0.366

모델 검증을 위한 정확도: 72.58%
```

이번에는 이번 장에서 배운 내용대로 소프트맥스 교차 엔트로피 손실함수가 학습을 빠르게 진행하는 데 정말 도움이 되는지 확인해보자.

### 4.3.3 소프트맥스 교차 엔트로피 손실함수 실험

앞서 학습한 모델을 다음과 같이 수정한다.

```
model = NeuralNetwork(
    layers=[Dense(neurons=89,
                  activation=Tanh()),
            Dense(neurons=10,
                  activation=Linear())],
            loss = SoftmaxCrossEntropy(),
    seed=20190119)
```

> **NOTE**_ 이제 손실함수의 일부로 소프트맥스 함수가 포함되어 출력값이 이를 통과하므로 출력값을 따로 시그모이드 활성화 함수에 통과시킬 필요가 없다.

그리고 모델을 다시 50에폭 동안 학습시키면 다음과 같은 결과가 출력된다.

```
10에폭에서 검증 데이터에 대한 손실값: 0.630
20에폭에서 검증 데이터에 대한 손실값: 0.574
30에폭에서 검증 데이터에 대한 손실값: 0.549
40에폭에서 검증 데이터에 대한 손실값: 0.546
50에폭에서 손실값이 증가했다. 마지막으로 측정한 손실값은 40에폭까지 학습된 모델에서
계산된 0.546이다.

모델 검증을 위한 정확도: 91.01%
```

보다시피 손실함수를 기울기가 가파른 것으로 교체한 것만으로도 정확도가 크게 향상된다.[7]

모델의 구조를 수정하지 않아도 아직 성능을 더 향상시킬 수 있다. 다음 절에서는 모멘텀을 소개한다. 모멘텀은 우리가 지금까지 사용한 확률적 경사 하강법을 확장하는 기법 중에서도 가장 직관적이고 중요도가 높다.

.......................

**7** 소프트맥스 교차 엔트로피 손실함수가 입력된 값의 합이 1이 되도록 정규화하는데 비해, 평균제곱오차 손실함수가 정규화 없이 단순히 10개의 입력값을 sigmoid 함수에 통과시킬 뿐이라는 점에서 소프트맥스 교차 엔트로피 손실함수에 **불공평한 이점(unfair advantage)**이 있다고 생각할 수도 있다. 그러나 이 책의 깃허브를 보면 출력값의 합이 1이 되도록 하는 정규화를 추가해도 평균제곱오차 손실함수의 학습 결과가 소프트맥스 교차 엔트로피 손실함수에 비해 결과가 나쁘다는 걸 확인할 수 있다.

## 4.4 모멘텀

지금까지는 가중치 수정 규칙을 한 가지만 적용해왔다. 가중치에 대한 손실의 기울기를 구하고 이 방향으로 가중치를 수정했다. 이 때문에 `Optimizer` 클래스의 `_update_rule` 메서드는 다음과 같이 구현되어 있었다.

```
update = self.lr*kwargs['grad']
kwargs['param'] -= update
```

우선 이 가중치 수정 규칙을 확장해 모멘텀을 적용하는 과정을 직관적으로 이해해보자.

### 4.4.1 모멘텀 직관적으로 이해하기

[그림 4-3]을 다시 한번 떠올려보자. 이 그래프의 축은 각각 신경망의 단일 파라미터의 값과 전체 신경망의 손실값이다. 이제 이 그래프상에서 매번 손실값이 줄어들어 파라미터의 값이 같은 방향으로 연속해서 수정되는 상황을 떠올려보자. 이 상황을 언덕을 굴러 내려가는 것에 비유한다면, 파라미터가 매번 수정되는 수정 폭을 언덕을 굴러 내려가는 **속력**velocity에 비유할 수 있다. 그러나 실제 언덕을 굴러 내려가는 물체는 순간적으로 멈추었다가 다른 방향으로 굴러가지 못한다. 그 이유는 이 물체가 모멘텀을 갖기 때문이다. 모멘텀이란 간단하게 말하면 물체의 순간 속력으로, 바로 그 순간 물체에 적용되는 힘과 그때까지 누적된 속력에 의해 결정되는 값이다. 모멘텀은 누적된 과거의 속력 중에서도 최근의 속력에 더 영향을 많이 받는다. 가중치 수정에 모멘텀을 적용한다는 것은 이런 물리적 현상으로 이해하면 쉽다. 이어지는 절에서 조금 더 정확하게 개념을 이해해보자.

### 4.4.2 Opimizer 클래스에 모멘텀 구현하기

파라미터 수정에 모멘텀을 적용하면 **그때까지 수정했던 파라미터의 각 수정 폭을 시간이 지남에 따라 지수적**exponentially**으로 감쇠하는 가중치로 가중한 평균값을 파라미터 수정 폭**으로 삼는다. 따라서 수정 폭의 가중치가 감쇠되는 정도를 결정하는 모멘텀 파라미터가 추가된다. 모멘텀 파라미터의 값이 클수록 현재 속도보다 누적된 파라미터 수정 폭에 더 영향을 많이 받는다.

## 수식

이를 수학적으로 나타내면 모멘텀 파라미터가 $\mu$이고 시간 $t$의 기울기를 $\nabla_t$ 라고 할 때, 가중치를 다음과 같이 수정한다.

$$\text{update} = \nabla_t + \mu \times \nabla_{t-1} + \mu^2 \times \nabla_{t-2} + \ldots$$

예를 들어 모멘텀 파라미터가 0.9라면 지난 가중치 수정 시점의 기울기가 0.9이고, 그전 수정 시점의 기울기는 $0.9^2 = 0.81$, 또 그전 수정 시점의 기울기는 $0.9^3 = 0.729$로 정해진다. 이 과거 시점의 기울기와 현재 시점의 기울기를 합해 새로운 가중치 수정 폭을 결정한다.

## 코드

그렇다면 이 기법을 어떻게 구현해야 할까? 가중치를 한 번 수정할 때마다 과거의 기울기를 끊임없이 더해야 할까?

그보다 더 나은 방법이 있다. 우리가 구현한 Optimizer 클래스에 파라미터를 수정할 때마다 수정 이력을 저장하면 된다. 그러고 나서 현재 기울기와 이미 저장해둔 수정 이력을 사용하면 실제 파라미터 수정 폭을 계산할 수 있다. 모멘텀이 물리학에서 차용한 개념인 만큼 우리는 이 수정 이력을 **속력**이라고 부른다.

그럼 속력을 최신 상태로 유지하려면 어떻게 해야 할까? 다음 절차를 밟으면 될 것 같다.

1. 모멘텀 파라미터를 곱한다.
2. 현재 기울기를 더한다.

이 절차에 따르면 $t = 1$에서 시작해 각 시간 $t$에 대해 다음 값을 최신 상태로 유지하게 된다.

1. $\nabla_1$
2. $\nabla_2 + \mu \times \nabla_1$
3. $\nabla_3 + \mu \times \left(\nabla_2 + \mu \times \nabla_1\right) = \nabla_3 + \mu \times \nabla_2 + \mu^2 \times \nabla_1$

이제 속력을 파라미터 수정 폭 계산에 포함할 수 있다. Optimizer를 구현하는 새로운 구상 클래스인 SGDMomentum을 정의해서 모멘텀을 적용하자. 이 클래스의 step, _update_rule 두 메서드는 다음과 같이 구현한다.

```
def step(self) -> None:
    '''
    첫 번째 반복인 경우 각 파라미터의 속력을 초기화한다.
    첫 번째 반복이 아니라면 _update_rule을 적용한다.
    '''
    if self.first:
        # 첫 번째 반복에서 속력 초기화
        self.velocities = [np.zeros_like(param)
                           for param in self.net.params()]
        self.first = False

    for (param, param_grad, velocity) in zip(self.net.params(),
                                             self.net.param_grads(),
                                             self.velocities):
        # _update_rule 메서드에 속력 전달
        self._update_rule(param=param,
                          grad=param_grad,
                          velocity=velocity)

def _update_rule(self, **kwargs) -> None:
    '''
    모멘텀을 적용한 파라미터 수정 규칙
    '''
    # 속력 업데이트
    kwargs['velocity'] *= self.momentum
    kwargs['velocity'] += self.lr * kwargs['grad']

    # 파라미터 수정에 속력을 포함함
    kwargs['param'] -= kwargs['velocity']
```

새로 구현한 Optimizer 클래스가 학습 결과를 얼마나 개선했는지 확인해보자.


## 4.4.3 모멘텀을 적용한 확률적 경사 하강법 실험

이번에도 은닉층이 1개인 동일한 신경망으로 MNIST 데이터셋을 학습한다. optimizer = SGD(lr=0.1)을 optimizer = SGDMomentum(lr=0.1, momentum=0.9)로 수정하고 나머지 설정은 그대로 둔다.

```
10에폭에서 검증 데이터에 대한 손실값: 0.441
```

```
20에폭에서 검증 데이터에 대한 손실값: 0.351
30에폭에서 검증 데이터에 대한 손실값: 0.345
40에폭에서 검증 데이터에 대한 손실값: 0.338
50에폭에서 손실값이 증가했다. 마지막으로 측정한 손실값은 40에폭까지 학습된 모델에서
계산된 0.338이다.

모델 검증을 위한 정확도: 95.51%
```

파라미터 수정 규칙에 모멘텀을 적용했을 뿐인데, 손실값은 눈에 띄게 감소했고 정확도도 대폭 개선됐다.[8]

학습률을 조정해 파라미터 수정 규칙을 수정하는 방법도 있다. 마음대로 설정이 가능한 초기 학습률 외에 학습이 진행되면서 어떤 규칙에 따라 학습률을 서서히 감소시키는 방법이 있다. 다음 절에서 소개하는 학습률 감쇠가 일반적으로 많이 사용된다.

# 4.5 학습률 감쇠

학습률은 가장 중요한 하이퍼파라미터로 항상 잘 조정해야 한다.

– 요슈아 벤지오Yoshua Bengio,
「Practical Recommendations for Gradient-Based Training of Deep Architectures」(2012)

학습을 진행하는 도중에 학습률을 감쇠시키는 이유도 [그림 4-3]에서 찾아볼 수 있다. 학습 초기에는 성큼성큼 나아가는 것이 바람직하지만, 어떤 시점을 지나면 우리가 원하는 최솟값을 지나칠 수 있다. [그림 4-3]처럼 가중치와 손실값의 관계가 완만하게 감소하는 곡선을 그린다면 이런 현상이 일어나지 않겠지만, 항상 그렇지는 않으니 가중치 감쇠를 이용해 학습 과정을 세세하게 통제하는 것이 낫다.

---

**8** 더군다나 모멘텀은 현재 입력된 배치 외의 기울기 정보를 이용하는 한 가지 방법에 지나지 않는다. 이외의 파라미터 수정 규칙에 대해서는 부록 A.3을 참고하자. 깃허브 저장소에 실린 Lincoln 라이브러리에 이 규칙이 구현된 코드를 참고해도 좋다.

### 4.5.1 학습률을 감쇠시키는 여러 방법

학습률 감쇠에도 다양한 방법이 있다. 가장 간단한 방법은 초깃값과 최종값을 설정해놓고 그 구간에서 매 에폭마다 학습률을 선형으로 감소시키는 **선형 감쇠**linear decay다. 좀 더 정확하게 설명하면 초기 학습률을 $\alpha_{start}$, 최종 학습률final learning rate을 $\alpha_{end}$라고 할 때, 매 시간 $t$의 학습률을 다음과 같이 정의한다.

$$\alpha_t = \alpha_{start} - \left(\alpha_{start} - \alpha_{end}\right) \times \frac{t}{N}$$

여기서 $N$은 에폭의 수다.

**지수 감쇠**exponential decay도 효과가 비슷하다. 지수 감쇠는 매 에폭마다 학습률을 **일정 비율**로 감소시키는 방법이다. 수식은 다음과 같다.

$$\alpha_t = \alpha \times \delta^t$$

이때 $\delta$는 다음과 같이 정의한다.

$$\delta = \frac{\alpha_{end}}{\alpha_{start}}^{\frac{1}{N-1}}$$

학습률 감쇠를 구현하는 방법은 어렵지 않다. `Optimizer` 클래스에 최종 학습률을 의미하는 `final_lr` 인스턴스 변수를 추가하고 초기 학습률이 이 값을 향해 매 에폭마다 감소하도록 구현하면 된다.

```
def __init__(self,
            lr: float = 0.01,
            final_lr: float = 0,
            decay_type: str = 'exponential')
    self.lr = lr
    self.final_lr = final_lr
    self.decay_type = decay_type
```

그리고 학습을 시작할 때 `_setup_decay` 메서드를 호출해 에폭당 감쇠량을 결정한다.

```
self.optim._setup_decay()
```

이 감쇠량은 앞서 본 수식을 그대로 따라 계산된다.

```
def _setup_decay(self) -> None:

    if not self.decay_type:
        return
    elif self.decay_type == 'exponential':
        self.decay_per_epoch = np.power(self.final_lr / self.lr,
                                        1.0 / (self.max_epochs-1))
    elif self.decay_type == 'linear':
        self.decay_per_epoch = (self.lr - self.final_lr) / (self.max_epochs-1)
```

그다음 한 에폭이 끝날 때마다 학습률을 감쇠시킨다.

```
def _decay_lr(self) -> None:

    if not self.decay_type:
        return

    if self.decay_type == 'exponential':
        self.lr *= self.decay_per_epoch

    elif self.decay_type == 'linear':
        self.lr -= self.decay_per_epoch
```

이 메서드를 Trainer 클래스의 fit 메서드 안에서 매 에폭이 끝날 때마다 호출한다.

```
if self.optim.final_lr:
    self.optim._decay_lr()
```

학습률 감쇠가 얼마나 효과가 있는지 실험을 통해 알아보자.

## 4.5.2 학습률 감쇠 실험

이번에도 같은 구조의 모델에 학습률 감쇠를 적용해 학습을 진행한다. 평균 학습률average learning rate은 이전 실험과 0.1로 동일하도록 초기 학습률을 설정한다. 선형 감쇠의 경우 0.15에서 0.05까지 감쇠시키고, 지수 감쇠는 0.2로 시작해서 0.05까지 감쇠시킨다. 선형 감쇠는 다음과 같이 구현한다.

```
optimizer = SGDMomentum(0.15, momentum=0.9, final_lr=0.05, decay_type='linear')
```

```
10에폭에서 검증 데이터에 대한 손실값: 0.403
20에폭에서 검증 데이터에 대한 손실값: 0.343
30에폭에서 검증 데이터에 대한 손실값: 0.282
40에폭에서 손실값이 증가했다. 마지막으로 측정한 손실값은 30에폭까지 학습된 모델에서
계산된 0.282이다.

모델 검증을 위한 정확도: 95.91%
```

이번에는 지수 감쇠 구현 방법이다.

```
optimizer = SGDMomentum(0.2, momentum=0.9, final_lr=0.05, decay_type='exponential')
```

```
10에폭에서 검증 데이터에 대한 손실값: 0.461
20에폭에서 검증 데이터에 대한 손실값: 0.323
30에폭에서 검증 데이터에 대한 손실값: 0.284
40에폭에서 손실값이 증가했다. 마지막으로 측정한 손실값은 30에폭까지 학습된 모델에서
계산된 0.284이다.

모델 검증을 위한 정확도: 96.06%
```

두 가중치 감쇠 기법에서 가장 낮은 손실값은 각각 0.282와 0.284로, 이전 값인 0.338보다 크게 감소했다.

그다음으로 모델 가중치의 초깃값을 설정하는 더 나은 방법을 소개한다.

## 4.6 초기 가중치 설정

활성화 함수 설명에서 언급한 `sigmoid`나 tanh 함수는 입력값이 0일 때 가장 기울기가 크고 0에서 멀어지면 기울기가 급격하게 평탄해진다. 이러한 성질 때문에 이들 함수의 효율이 제한되는 경우가 있다. 그 이유는 입력 중 대부분의 값이 0에서 동떨어진 값이라면 입력에 해당하는 가중치가 역방향 계산 과정에서 전달받는 기울기가 작아지기 때문이다.

이 문제는 우리가 다루는 신경망 모델에서 더욱 심각해진다. MNIST 데이터셋을 학습했던 신경망의 은닉층을 생각해보자. 이 층은 입력이 784개인데, 이 입력을 가중치 행렬과 곱해 n개의 가중합을 출력한다(각 출력값마다 편향 항이 추가될 수도 있다). [그림 4-8]은 784개 입력값의 가중합이 tanh 함수를 통과하기 전과 후의 값 분포를 나타낸 것이다.

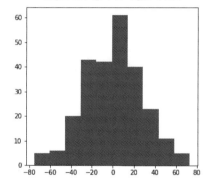
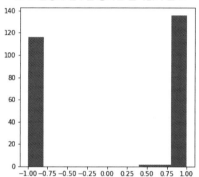

**그림 4-8** 활성화 함수 통과 전과 후의 값 분포

활성화 함수를 통과하고 나면 거의 모든 출력값이 −1이나 1이 된다. 그 이유는 이들 특징값이 수학적으로 다음과 같이 계산되기 때문이다.

$$f_n = w_{1,n} \times x_1 + ... + w_{784,n} \times x_{784} + b_n$$

우리가 설정한 초기 가중치는 분산이 1인데( $\mathrm{Var}(w_{i,j}) = 1$, $\mathrm{Var}(b_n) = 1$ ), 서로 다른 확률변수 $X_1$과 $X_2$에 대해 $\mathrm{Var}(X_1 + X_2) = \mathrm{Var}(X_1) + \mathrm{Var}(X_2)$가 성립하므로 다음이 성립한다.

$$\text{Var}\left(f_n\right) = 785$$

그러면 이들 출력값의 표준편차($\sqrt{785}$)가 28을 넘으므로, [그림 4-8]의 위쪽 그래프 분포가 설명된다.

이대로는 문제가 있다. 다만 활성화 함수에 입력할 값을 너무 넓게 퍼지지 않도록 하기만 하면 되는 걸까? 입력값의 분산만 문제라면 입력값을 적당한 값으로 나누면 분산을 줄일 수 있다. 그러나 '그 적당한 값은 어떻게 구할 것인가'라는 또 다른 문제가 생긴다. 이 문제의 답은 **층의 입력 수에 따라 정해져야 한다**. 여러 층을 갖는 신경망 모델이 있다고 하자. 이 신경망의 한 층은 200개 뉴런으로 구성되며, 다른 한 층은 100개 뉴런을 갖는다. 순방향 계산에서 200개 뉴런을 갖는 층이 다음 층에 전달하는 출력값은 100개 뉴런을 갖는 층의 출력값보다 훨씬 넓게 퍼져 있을 것이다. 이건 바람직하지 못하다. 우리가 원하는 것은 특징 수에 따른 특징값의 배율을 학습하는 것이 아니다. 입력 특징의 배율에 따라 예측값이 결정되는 것만큼이나 쓸모가 없다. 우리가 만든 모델의 예측값은 모든 특징값에 2를 곱하거나 나누더라도 변함이 없어야 한다.

이 문제를 해결하는 몇 가지 방법이 있지만, 앞 문단에서 설명한 방법이 가장 널리 쓰인다. **자신의 다음 층이 가진 뉴런의 수에 따르는 분산을 갖도록 각 층의 초기 가중치를 조정**하는 방법이다. 그러면 순방향 계산과 역방향 계산에서 주고받는 출력값이 서로 비슷한 배율을 갖는다. 물론 역방향 계산도 고려해야 한다. 역방향 계산 과정에서 어떤 층이 전달받는 기울기의 분산은 바로 **다음 층**의 특징 수에 따라 결정되기 때문이다.

## 4.6.1 수식과 코드

층의 출력값과 기울기의 분산의 배율을 어떻게 하면 조화롭게 맞출 수 있을까? 각 층의 입력 뉴런 수가 $n_{in}$, 출력 뉴런 수가 $n_{out}$이라고 하면, 순방향 계산만 고려할 때 조합된 특징의 분산을 일정하게 만드는 가중치의 분산은 다음과 같다.

$$\frac{1}{n_{in}}$$

이와 비슷하게 역방향 계산에서 기울기의 분산을 일정하게 만드는 가중치의 분산은 다음과 같다.

$$\frac{1}{n_{out}}$$

이 두 가지를 절충한 것이 **글로럿 초기화**Glorot initialization[9]로 다음과 같은 분산을 갖도록 각 층의 가중치를 초기화한다.

$$\frac{2}{n_{in} + n_{out}}$$

이를 구현하는 방법은 간단하다. Layer 클래스의 생성자 메서드에 `weight_init` 인자를 추가한 다음, `_setup_layer` 함수에 다음 코드를 추가하면 된다.

```
if self.weight_init == "glorot":
    scale = 2/(num_in + self.neurons)
else:
    scale = 1.0
```

그리고 다음과 같이 모델을 정의한다. `weight_init` 인자의 값을 "glorot"으로 설정하면 글로럿 초기화가 모든 층에 적용된다.

```
model = NeuralNetwork(
    layers=[Dense(neurons=89,
                activation=Tanh(),
                weight_init="glorot"),
            Dense(neurons=10,
                activation=Linear(),
                weight_init="glorot")],
            loss = SoftmaxCrossEntropy(),
    seed=20190119)
```

--------------------------------

**9** 글로럿과 벤지오의 2010년 논문 「Understanding the difficulty of training deep feedforward neural networks」(*http://proceedings.mlr.press/v9/glorot10a/glorot10a.pdf*)에서 최초로 제안되어 이런 이름이 붙었다.

### 4.6.2 초기 가중치 설정 실험

이전 절과 동일한 모델에 글로럿 초기화로 가중치를 초기화해 학습을 진행한 결과를 살펴보자.
선형 감쇠를 적용한 결과는 다음과 같다.

```
10에폭에서 검증 데이터에 대한 손실값: 0.352
20에폭에서 검증 데이터에 대한 손실값: 0.280
30에폭에서 검증 데이터에 대한 손실값: 0.244
40에폭에서 손실값이 증가했다. 마지막으로 측정한 손실값은 30에폭까지 학습된 모델에서
계산된 0.244이다.

모델 검증을 위한 정확도: 96.71%
```

그리고 학습률 감쇠를 지수 감쇠로 바꾸면, 다시 한번 눈에 띄게 손실이 감소한다.

```
10에폭에서 검증 데이터에 대한 손실값: 0.305
20에폭에서 검증 데이터에 대한 손실값: 0.264
30에폭에서 검증 데이터에 대한 손실값: 0.245
40에폭에서 손실값이 증가했다. 마지막으로 측정한 손실값은 30에폭까지 학습된 모델에서
계산된 0.245이다.

모델 검증을 위한 정확도: 96.71%
```

앞서 학습한 모델에서 0.282, 0.284였던 손실이 0.244와 0.245로 감소했다. 이 모든 변화는
학습 시간이나 모델 크기를 증가시키지 않고 단순히 학습 과정을 신경망의 원리에 대한 직관에
따라 조정한 결과다.

이제 이번 장에서 소개할 마지막 기법이다. 다시 밝혀 두지만, 이번 장에서 학습에 사용한 모든
모델은 **딥러닝 모델이 아니라 하나의 은닉층을 갖는 신경망 모델**이었다. 그 이유는 지금 소개할 기법
인 **드롭아웃**을 사용해야만 딥러닝 모델이 과적합을 일으키지 않고 효율적으로 학습할 수 있기
때문이다.

# 4.7 드롭아웃

이번 장에서는 신경망의 학습 과정을 조금씩 조정해가며 점차 전역 최솟값에 다가가는 과정을 밟아보았다. 그러나 신경망에 층을 추가하거나 층의 뉴런 수를 증가시키는, 어찌보면 가장 뻔한 해결책을 아직까지 시도하지 않았다. 그 이유는 신경망 모델에서 단순히 모델의 '화력'을 증가시키는 방법으로는 일반화 성능이 높은 최적해를 찾기가 오히려 어려워지기 때문이다. 모델의 구조가 복잡할수록 더 복잡한 관계를 학습할 수 있지만, 그만큼 학습 데이터에 과적합을 일으킬 가능성도 증가한다. **드롭아웃을 적용하면 과적합을 일으키지 않으면서도 더 복잡한 모델을 학습할 수 있다.**

자, 그렇다면 드롭아웃이란 무엇일까?

## 4.7.1 정의

간단히 말해 드롭아웃은 학습 과정 중 순방향 계산에서 신경망의 층을 구성하는 뉴런 중 일정한 비율 $p$를 무작위로 선택해 그 값을 0으로 설정하는 기법이다. 이 기법은 신경망이 학습할 수 있는 관계의 복잡도를 감소시키지만, 기묘하게도 경험적으로는 과적합을 방지한다. 특히 층수가 많아서 최초 특징이 여러 번 추상화되고, 새로운 특징을 학습하는 신경망에서 더욱 효과가 좋다.

드롭아웃을 적용하면 학습 중에 일어나는 과적합을 피할 수 있지만, 예측 시에는 모든 뉴런을 사용해 가능한한 정확한 예측 결과를 얻어야 한다. 그래서 Dropout 클래스에는 학습 모드training mode와 추론 모드inference mode, 두 가지 모드가 있다. 학습 모드일 때는 드롭아웃이 적용되지만, 추론 모드에서는 드롭아웃이 적용되지 않는다. 그러나 모드가 두 가지로 나뉘면서 문제가 생긴다. 드롭아웃이 적용되면 해당 층의 출력값 평균 세기가 $(1-p)$배로 낮아진다. 다시 말하면 드롭아웃을 적용하지 않은 층의 출력값 평균 세기가 $M$이었다면, 드롭아웃이 적용된 층의 출력값 평균 세기는 $M \times (1-p)$가 된다. 추론을 수행할 때는 이런 출력값의 변화를 흉내내도록 출력되는 값에 $(1-p)$를 곱한다.

코드를 통해 좀 더 명확히 알아보자.

## 4.7.2 구현하기

드롭아웃은 추상 클래스 Operation의 구상 클래스 형태로 구현해 각 층의 마지막 연산으로 배치한다. 코드는 다음과 같다.

```
class Dropout(Operation):

    def __init__(self,
                 keep_prob: float = 0.8):
        super().__init__()
        self.keep_prob = keep_prob

    def _output(self, inference: bool) -> ndarray:
        if inference:
            return self.inputs * self.keep_prob
        else:
            self.mask = np.random.binomial(1, self.keep_prob,
                                           size=self.inputs.shape)
            return self.inputs * self.mask

    def _input_grad(self, output_grad: ndarray) -> ndarray:
        return output_grad * self.mask
```

드롭아웃이 적용되는 순방향 계산에서 0으로 설정되고 뉴런이 표시된 mask를 저장한다. 그리고 역방향 계산에서 전달받은 기울기에 mask를 곱한다. 이렇게 하는 이유는 입력값이 0으로 설정된 뉴런에 전달할 기울기를 0으로 만들기(이 뉴런은 손실값에 영향을 미치지 못했으므로) 위함이다.

### 드롭아웃을 적용하기 위해 프레임워크 수정하기

앞서 본 코드에서 _output 메서드에 드롭아웃 적용 여부를 선택하기 위해 inference 플래그를 추가했다. 이 플래그가 유효하게 작용하려면 코드를 다음과 같이 수정해야 한다.

1. Layer와 NeuralNetwork 클래스의 forward 메서드에 인자 inference를 추가하고(기본값은 False) 이 플래그의 값을 그대로 각 Operation에 전달해서 Operation 클래스가 추론 모드와 학습 모드로 나뉘어 동작할 수 있도록 한다.

2. Trainer 클래스에서 학습 중 eval_every에폭마다 그 시점까지 학습된 모델을 테스트하는 부분에 inference 플래그를 True로 설정한다.

```
test_preds = self.net.forward(X_test, inference=True)
```

3. 마지막으로 Layer 클래스의 생성자 메서드에 dropout이라는 키워드 인자를 추가한다. 수정된 Layer 클래스의 생성자 메서드는 다음과 같은 시그니처를 갖는다.

```
def __init__(self,
        neurons: int,
        activation: Operation = Linear(),
        dropout: float = 1.0,
        weight_init: str = "standard")
```

4. 그리고 _setup_layer 메서드에서 다음과 같이 마지막 연산으로 dropout 연산을 추가한다.

```
if self.dropout < 1.0:
    self.operations.append(Dropout(self.dropout))
```

그럼 드롭아웃이 얼마나 효과가 있는지 알아보자.


## 4.7.3 드롭아웃 실험

먼저 기존 모델에 드롭아웃을 적용하고 손실이 감소하는지 확인해보자. 첫 번째 층의 드롭아웃 비율을 0.8(20%의 뉴런을 0으로 설정)로 설정하는 코드는 다음과 같다.

```
mnist_soft = NeuralNetwork(
    layers=[Dense(neurons=89,
                activation=Tanh(),
                weight_init="glorot",
                dropout=0.8),
        Dense(neurons=10,
                activation=Linear(),
                weight_init="glorot")],
        loss = SoftmaxCrossEntropy(),
    seed=20190119)
```

그리고 동일한 하이퍼파라미터(지수 가중치 감쇠의 초깃값 0.2, 최종값 0.05)로 학습을 진행하니 결과가 다음과 같았다.

```
10에폭에서 검증 데이터에 대한 손실값: 0.285
20에폭에서 검증 데이터에 대한 손실값: 0.232
30에폭에서 검증 데이터에 대한 손실값: 0.199
40에폭에서 검증 데이터에 대한 손실값: 0.196
50에폭에서 손실값이 증가했다. 마지막으로 측정한 손실값은 40에폭까지 학습된 모델에서
계산된 0.196이다.

모델 검증을 위한 정확도: 96.95%
```

이번에도 손실값이 0.244에서 0.196으로 크게 감소했다.

드롭아웃의 진정한 위력은 층수가 많은 신경망에서 발휘된다. 지금까지 사용했던 모델을 딥러닝 모델로 수정해보자. 첫 번째 은닉층의 뉴런 수를 두 배로 늘리고(178), 두 번째 은닉층은 기존 첫 번째 은닉층 뉴런 수의 절반 정도(46)로 설정한다. 그러면 다음과 같은 모델이 된다.

```
model = NeuralNetwork(
    layers=[Dense(neurons=178,
                  activation=Tanh(),
                  weight_init="glorot",
                  dropout=0.8),
            Dense(neurons=46,
                  activation=Tanh(),
                  weight_init="glorot",
                  dropout=0.8),
            Dense(neurons=10,
                  activation=Linear(),
                  weight_init="glorot")],
            loss = SoftmaxCrossEntropy(),
    seed=20190119)
```

첫 번째와 두 번째 층에 드롭아웃이 적용됐다.

이 모델을 같은 Optimizer 클래스로 학습해보면 손실도 크게 감소했고, 정확도도 개선된 것을 확인할 수 있다.

```
10에폭에서 검증 데이터에 대한 손실값: 0.321
20에폭에서 검증 데이터에 대한 손실값: 0.268
30에폭에서 검증 데이터에 대한 손실값: 0.248
40에폭에서 검증 데이터에 대한 손실값: 0.222
50에폭에서 검증 데이터에 대한 손실값: 0.217
60에폭에서 검증 데이터에 대한 손실값: 0.194
70에폭에서 검증 데이터에 대한 손실값: 0.191
80에폭에서 검증 데이터에 대한 손실값: 0.190
90에폭에서 검증 데이터에 대한 손실값: 0.182
100에폭에서 손실값이 증가했다. 마지막으로 측정한 손실값은 90에폭까지 학습된 모델에서
계산된 0.182이다.

모델 검증을 위한 정확도: 97.15%
```

더 중요한 것은 드롭아웃을 적용하지 않으면 모델을 변경해도 성능이 개선되지 않는다는 점이다. 동일한 모델에서 드롭아웃을 적용하지 않고 학습한 결과는 다음과 같다.

```
10에폭에서 검증 데이터에 대한 손실값: 0.376
20에폭에서 검증 데이터에 대한 손실값: 0.305
30에폭에서 검증 데이터에 대한 손실값: 0.262
40에폭에서 검증 데이터에 대한 손실값: 0.246
50에폭에서 손실값이 증가했다. 마지막으로 측정한 손실값은 40에폭까지 학습된 모델에서
계산된 0.246이다.

모델 검증을 위한 정확도: 96.52%
```

두 배나 많은 파라미터와 두 배 넘는 학습 시간을 들이고도 드롭아웃이 적용되지 않은 딥러닝 모델은 은닉층이 1개인 신경망 모델보다 **성능이 나빴다**. 딥러닝 모델 학습에서 드롭아웃의 중요성을 여기서 알 수 있다. 2012년 이미지넷ImageNet 경진 대회에서 우승을 차지하며 본격적인 딥러닝 시대의 막을 연[10] 모델에서도 드롭아웃이 핵심적인 역할을 했다. 드롭아웃이 없었다면 이 책도 나오지 못했을 것이다.

---

10 다음 문헌에 더 자세한 내용이 있다. 「Improving neural networks by preventing co-adaptation of feature detectors」
  (https://arxiv.org/pdf/1207.0580.pdf)

# 4.8 마치며

이번 장에서는 신경망 모델 학습에서 가장 널리 쓰이는 기법을 소개했다. 그리고 각 기법의 원리를 직관적으로 설명하고 구체적으로 어떻게 구현하는지도 살펴봤다. 어떤 응용 분야에서든 다음 항목을 점검해보면 신경망 모델의 성능을 최대한 끌어낼 수 있다.

- 가중치 수정 규칙에 모멘텀이나 그와 유사한 고급 최적화 기법을 적용한다.
- 시간에 따른 학습률 감쇠를 적용한다. 책에서 소개한 선형 감쇠나 지수 감쇠도 좋고, 고급 기법으로 코사인 감쇠를 적용해도 좋다. 사실 가장 효율적으로 학습률을 조정하는 시점은 각 에폭 종료 시점 외에도 **테스트 데이터로 성능을 측정한 시점**이 좋다. 다만 학습률은 손실값이 증가한 경우에만 감소시킨다. 연습 삼아 직접 구현해보기 바란다.
- 초기 가중치의 배율은 해당 층의 뉴런 개수에 의해 결정한다. 이 기능은 대부분의 신경망 라이브러리에서 기본적으로 제공한다.
- 드롭아웃을 적용한다. 특히 하나 이상의 전결합층이 이어져 있다면 더욱 적용해야 한다.

다음 장에서는 특정한 영역에서 사용되는 모델의 고급 구조를 알아본다. 가장 먼저 이미지 데이터에 많이 사용하는 합성곱 신경망을 살펴본다. 그럼 다음 장에서 만나자.

# CHAPTER 5

# 합성곱 신경망

이번 장은 **합성곱 신경망**convolutional neural network(CNN)을 다룬다. CNN은 이미지를 관찰로 입력받는 표준적인 신경망 구조로 다양한 분야에서 활용된다. 지금까지 Dense 클래스 객체로만 구성된 전결합 신경망을 다뤘다. 여기서는 먼저 합성곱 신경망의 핵심적인 구성 요소를 살펴보고, 이미지 데이터를 처리하기 위해 별도의 모델 구조가 필요한 이유를 알아본다. 그리고 전과 같은 방식으로 CNN의 개념을 하나하나 이해해본다. 먼저 높은 추상화 수준에서 동작 원리를 설명하고, 낮은 추상화 수준에서 상세한 동작 내용을 이해한 다음, 마지막으로 코드를 작성해보며 합성곱 신경망을 밑바닥부터[1] 직접 구현한다. 이 장을 마칠 즈음에는 문제 해결에 CNN을 적용하거나, ResNet, DenseNet 등 CNN의 변종 모델을 이해할 수 있으며, 옥타브Octave로 합성곱을 직접 구현할 수도 있을 것이다.

## 5.1 신경망과 표현 학습

신경망은 관찰에 대한 데이터를 입력받는다. 이 관찰은 숫자로 된 n개의 특징으로 표현된다. 지금까지 서로 다른 도메인의 데이터 예제 두 가지를 살펴봤다. 한 가지는 주택 가격 데이터셋으로, 특징이 13가지이며, 각 특징은 집의 특성을 수치로 나타낸 값이었다. 다른 한 가지는 손

---

[1] 우리가 작성할 코드는 합성곱 연산이 무엇인지 이해하는 데는 유리하지만, 연산 효율이 매우 비효율적이다. 부록 A.3절에서 앞으로 설명할 다채널 이미지 배치에 대한 합성곱 연산을 넘파이로 구현한 효율적인 코드를 확인할 수 있다.

으로 쓴 숫자 이미지인 MNIST 데이터셋이다. 이미지가 784개 픽셀로 표현되므로(너비 28픽셀, 높이 28픽셀), 하나의 관찰은 각 픽셀의 밝고 어두운 정도를 나타내는 숫자 784개로 표현된다.

두 가지 모두 데이터의 배율을 적절히 조정하고 나서야 데이터셋이 원하는 예측값을 정확하게 내놓는 모델을 구축할 수 있었다. 또한 은닉층이 없는 모델보다는 은닉층이 있는 신경망 모델의 성능이 더 뛰어났다. 그 이유가 무엇일까? 한 가지 이유는 앞서 주택 가격 데이터를 보며 설명한 대로 신경망 모델이 입력과 출력 간의 비선형적 관계를 학습할 수 있기 때문이다. 그러나 머신러닝의 맥락에서 보는 좀 더 일반적인 이유는 목푯값을 효과적으로 예측하려면 최초 특징보다 그 특징의 **선형결합**이 필요한 경우가 많기 때문이다. MNIST 데이터셋의 어떤 이미지의 픽셀값이 $x_1$~$x_{784}$라고 하자. 예를 들어 $x_1$이 평균보다 높고, $x_{139}$는 평균보다 낮으며, $x_{237}$이 평균보다 낮다면 해당 숫자가 9일 가능성이 높다. 어떤 이미지가 특정한 숫자일 가능성을 높이거나 낮추는 이런 특징의 조합은 이외에도 다양하다. 신경망은 학습 과정에서 이처럼 중요도가 높은 최초 특징의 조합을 스스로 찾아낼 수 있다. 이 과정은 무작위로 결정된 가중치를 곱하며 최초 특징의 무작위 조합을 만들면서 시작되는데, 학습이 진행되면서 신경망은 이 특징의 조합 중에서 정확한 예측에 도움이 되는 것은 살리고, 도움이 되지 않는 것은 버리면서 특징의 조합을 추려 나간다. 이렇게 쓸모 있는 특징의 조합을 골라내는 학습 과정을 **표현 학습**representation learning이라고 한다. 신경망이 다양한 분야에서 유용한 이유가 바로 여기에 있다. 지금까지 설명한 내용을 그림으로 나타내면 [그림 5-1]과 같다.

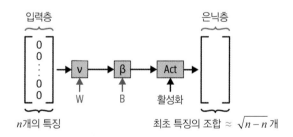

**그림 5-1** 지금까지 우리가 배운 신경망은 $n$개의 특징으로 시작하며 $\sqrt{n}$ 개와 $n$개 사이의 '특징의 조합'을 이용해 예측한다.

이미지 데이터의 과정도 차이가 있을까? 기본적인 인사이트로 판단하면 대답은 '그렇다'이다. **이미지 데이터에서는 서로 가까운 픽셀 간에 '흥미로운 특징(픽셀)의 조합'이 나올 가능성이 높다.** 잠깐 생각해봐도 어떤 이미지에서 흥미로운 특징의 조합이 나올 가능성은 무작위로 선택된 9개 픽셀보다 서로 인접한 부분의 3×3 크기의 이미지에서 훨씬 높다. 주택 가격에서는 특징의 순서가 전혀 상관없었지만, 이미지 데이터에서는 어떤 픽셀과 어떤 픽셀이 얼마나 공간적으로 가까운지 알려주는 특징의 순서가 중요하다. 그러나 이 특성을 이용하려면 어떻게 해야 할까?

## 5.1.1 이미지 데이터를 위한 새로운 구조

새로운 해결책을 추상적으로 보면 전과 마찬가지로 특징의 조합을 만드는 것이다. 그러나 특징의 조합 수가 훨씬 많고, 각 조합은 입력 이미지의 작은 조각에 포함된 픽셀의 조합으로 제한된다. [그림 5-2]에 이를 나타냈다.

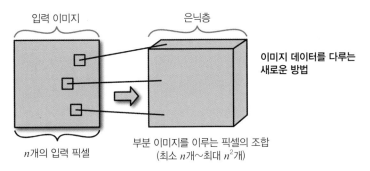

**그림 5-2** 이미지 데이터는 새로운 특징의 조합을 부분 이미지에서 정의한다. 그러므로 출력 뉴런의 수는 최소 $n$개에서 최대 $n^2$개가 된다.

신경망으로 모든 특징의 조합, 다시 말해 입력 이미지를 구성하는 모든 픽셀의 조합을 학습하게 하는 것은 너무 비효율적이다. 이 방법은 앞서 설명했던 인사이트, 즉 이미지에서 흥미로운 특징의 조합은 이미지의 부분 이미지를 이루는 픽셀 간의 조합일 가능성이 높다는 점을 무시하기 때문이다. 그렇지만 모든 특징의 조합을 계산하는 방법은 아주 구현하기 쉽다. $f$개의 입력 특징이 있고 $n$개의 새로운 특징을 조합하고 싶다면, 입력 특징이 담긴 ndarray 객체를 f×n 크기의 행렬과 곱하기만 하면 된다. 그렇다면 부분 이미지를 구성하는 픽셀의 조합을 계산하려면 어떻게 해야 할까? 그 방법이 바로 합성곱 연산이다.

## 5.1.2 합성곱 연산

합성곱 연산을 설명하기 전에, '부분 이미지를 구성하는 이미지의 조합으로 만든 특징'이란 무슨 뜻인지 명확하게 정의해보자. 다음과 같은 5×5 크기의 입력 이미지 $I$가 있다.

$$I = \begin{bmatrix} i_{11} & i_{12} & i_{13} & i_{14} & i_{15} \\ i_{21} & i_{22} & i_{23} & i_{24} & i_{25} \\ i_{31} & i_{32} & i_{33} & i_{34} & i_{35} \\ i_{41} & i_{42} & i_{43} & i_{44} & i_{45} \\ i_{51} & i_{52} & i_{53} & i_{54} & i_{55} \end{bmatrix}$$

이 이미지의 중앙에 위치한 3×3 크기의 부분 이미지로부터 새로운 특징을 계산하려고 한다. 지금까지 특징의 선형결합으로 새로운 특징을 만들었듯이 3×3 크기의 부분 이미지로 결정되는 새로운 특징을 만들어보자. 이를 위해 먼저 다음과 같이 3×3 크기의 가중치 $W$를 정의한다.

$$W = \begin{bmatrix} w_{11} & w_{12} & w_{13} \\ w_{21} & w_{22} & w_{23} \\ w_{31} & w_{32} & w_{33} \end{bmatrix}$$

그리고 $I$의 해당 부분 이미지의 픽셀값과 $W$의 점곱으로 출력값을 계산한다. 부분 이미지의 중심 픽셀이 전체 이미지의 (3, 3)에 위치하므로 이 값을 $o_{33}$($o$는 output을 의미)이라고 부른다.

$$o_{33} = w_{11} \times i_{22} + w_{12} \times i_{23} + w_{13} \times i_{24} + w_{21} \times i_{32} + w_{22} \times i_{33} + w_{23} \times i_{34} + w_{31} \times i_{42} + w_{32} \times i_{43} + w_{33} \times i_{44}$$

이 값을 새로 조합된 특징처럼 다룬다. 편향 항을 더하고 활성화 함수에 통과시키면 '뉴런' 혹은 '학습된 특징'이 되며 신경망의 다음 층에 전달할 수 있다. 이 방법으로 입력 이미지의 부분 픽셀값으로 결정되는 특징을 정의한다.

이런 특징은 어떻게 해석해야 할까? 이렇게 정의된 특징은 **가중치가 정의하는 시각적 패턴의 해당 부분 이미지 영역 내 존재 여부**로 해석할 수 있다. 컴퓨터 비전 분야에서는 3×3나 5×5 크기의 픽셀값 숫자 배열을 그 점곱을 통해 일종의 패턴 탐지기로 활용할 수 있다는 사실이 오래 전부터 잘 알려져 있었다. 예를 들어 다음과 같은 3×3 크기의 배열과 어떤 이미지의 주어진 부분의 픽셀값 배열의 점곱을 계산하면 이미지의 해당 부분에 모서리 존재 여부를 탐지할 수 있다.

이와 비슷하게 꼭짓점이나 가로선, 세로선 등[2]을 탐지하는 배열도 알려져 있다.

$$\begin{bmatrix} 0 & 1 & 0 \\ 1 & -4 & 1 \\ 0 & 1 & 0 \end{bmatrix}$$

이번에는 입력 이미지의 각 위치에서 **같은 가중치의 집합** $W$를 사용해 $W$에 정의된 시각적 패턴을 탐지하는 상황을 가정해보자. 입력 이미지 위에 $W$를 겹쳐놓고 $W$를 움직이며 $W$와 현재 이미지 위치의 픽셀의 점곱을 계산하면 원래 이미지와 거의 동일한 크기(모서리 부분의 처리 방법에 따라 차이가 있을 수 있다)의 새로운 이미지 $O$가 만들어진다. 이 이미지 $O$는 $W$에 정의된 시각 패턴이 입력 이미지 내 어디에 위치하는가를 나타내는 일종의 **특징 맵**feature map이라고 할 수 있다. 바로 이 연산이 합성곱 신경망에 사용되는 연산인 **합성곱**이다. 그리고 연산의 결과 이미지를 실제로도 특징 맵이라고 부른다.

이 연산이 합성곱 신경망의 동작 원리의 핵심이다. Operation 클래스의 구상 클래스로 합성곱을 구현하려면 앞서 구현한 것처럼 먼저 차원을 추가해야 한다.

## 5.1.3 다채널 합성곱 연산

다시 요약하면 합성곱 신경망은 일반적인 신경망보다 훨씬 많은 수의 특징을 만든다. 그리고 이들 각 특징은 입력 이미지 중 작은 일부분의 픽셀값으로 결정된다. 이제 좀 더 자세히 살펴보자. 앞서 설명한 대로라면 합성곱 연산은 $n$개의 입력 픽셀에서 입력 이미지의 각 위치마다 하나씩 모두 $n$개의 특징을 만든다. 신경망에서 합성곱 연산을 수행하는 Layer 객체는 여기서 한발 더 나아가는데, $n$개 특징을 $f$개 세트로 만든다. 각 특징 세트도 마찬가지로 특징 맵을 만들기 위해 입력 이미지에서 탐지할 시각적 패턴이 정의된 가중치(역시 무작위값으로 초기화한다)를 갖는다. 그러므로 $f$번의 합성곱 연산을 통해 특징 맵을 $f$개 생성한다. 이 과정을 그림으로 나타내면 [그림 5-3]과 같다.

---

[2] 더 자세한 내용은 위키백과의 Kernel(*https://oreil.ly/2KOwfzs*)을 참고하자.

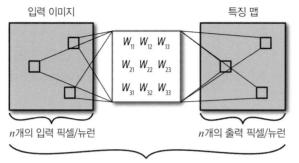

이 전체 과정이 *f*번 반복되어 최종 결과는 **f개의 특징 맵**이나 **n×f개의 출력 뉴런**이 된다.
하나의 특징 맵은 한 벌의 가중치로부터 계산된다.

**그림 5-3** 픽셀이 *n*개인 입력 이미지에 *f*개 특징 맵을 갖는 출력을 정의한다. 각 특징 맵은 본래 이미지의 크기와 거의
같고, 총 출력 뉴런은 *n×f*개다. 출력 뉴런의 출력값은 입력 이미지의 작은 부분 이미지에 의해 결정된다.

새로운 개념을 여러 가지 도입했으니 이 개념을 좀 더 명확하게 정의해보자. 특정한 가중치의
집합을 통해 포착한 각 '특징의 집합'을 특징 맵이라고 하며, 합성곱층에서는 특징 맵의 개수가
이 층의 채널 수가 된다. 합성곱층에서 일어나는 연산을 다채널 합성곱이라고 부르는 이유가
여기에 있다. 또한 이 가중치의 집합을 **합성곱 필터**[3]라고 한다.


## 5.2 합성곱층

다채널 합성곱 연산을 이해했으니 이 연산을 신경망의 Layer 객체에 포함시킬 방법을 궁리
해보자. 지금 우리가 구현한 신경망의 Layer 객체는 직관적으로 구현되어 있다. 2개의 2차원
ndarray 객체를 입력받고, 다시 2차원 ndarray 객체를 출력한다. 그러나 앞서 본 다채널 합
성곱 연산에 대한 설명대로라면, 합성곱층은 입력 이미지 하나에 대해 3차원 ndarray 객체를
출력해야 한다. 이 객체의 모양은 **채널(특징 맵) 수×이미지 높이×이미지 폭**이 된다.

여기서 한 가지 의문이 생긴다. 만약 '층수가 많은' 합성곱 신경망을 구성한다면 순방향 계산에
서 ndarray 객체를 어떤 방식으로 전달해야 할까? 앞서 우리는 단일 채널 이미지에 필터를 적
용해 합성곱 연산을 수행하는 방법을 살펴봤다. 연달아 배치된 2개의 합성곱층에서 다채널 이
미지에 대한 다채널 합성곱 연산을 수행하려면 어떻게 해야 할까? 이 과정을 이해해야 여러 층

---

**3**  커널(kernel)이라 부르기도 한다.

으로 구성된 심층 합성곱 신경망을 이해할 수 있다.

전결합층으로 구성된 신경망에서는 어땠는지 되짚어보자. 첫 번째 은닉층의 특징을 $h_1$이라고 하면, $h_1$은 입력층을 통해 입력되는 최초 정의된 특징 모두를 조합한 결과다. 그다음 층의 특징은 바로 앞 층의 특징을 다시 조합한 특징이다. 다시 말해 $h_2$는 최초 정의된 특징을 '조합한 특징을 조합한 특징'이 된다. 특징 $h_2$를 갖는 다음 층의 가중치 모양이 $|h_1| \times |h_2|$인 것을 볼 때, $h_2$의 각 특징이 이전 층의 특징 $h_1$에 의해 결정된다는 것을 알 수 있다.

이전 절에서 설명했듯이 합성곱 신경망의 첫 번째 층에서도 비슷한 과정이 일어난다. 우선 입력 이미지가 $|m_1|$개의 합성곱 필터를 통해 $|m_1|$개의 특징 맵으로 변환된다. 이 층의 출력은 입력 이미지의 각 위치에 대해 $|m_1|$개 필터의 가중치가 나타내는 서로 다른 시각적 패턴의 존재 여부를 나타낸다. 또한 전결합층의 각 층마다 뉴런 개수가 다르듯이 각 합성곱층도 서로 다른 수(이를테면 $|m_2|$개)의 필터를 가진다. 이 필터를 **이전 층에 정의된 시각적 패턴 $m_1$의 조합**으로 표현할 수 있는 **패턴의 패턴**, 혹은 고차원 패턴 이미지의 각 위치상 존재 여부라고 해석하기 때문에 합성곱 신경망이 복잡한 패턴을 학습할 수 있다. 어떤 합성곱층의 출력이 $|m_1|$ 채널× 이미지 높이×이미지 폭의 모양을 갖는 3차원 ndarray 객체라고 한다면, $m_2$ 중 한 채널의 이미지상에 주어진 위치는 이 특징 맵과 이전 층의 모든 특징 맵 $m_1$의 같은 위치에서 계산된 합성곱의 선형결합이 된다. 결국 $m_2$에 속하는 필터맵의 각 위치는 앞에 위치한 합성곱층에서 학습된 시각적 특징 $m_1$의 조합이 된다.

## 5.2.1 구현에 필요한 정보

다채널 합성곱층이 서로 연결되는 방법을 이해했으니 연산을 구현해보자. 뉴런 수가 각각 $|h_1|$, $|h_2|$개인 전결합층을 모양이 $|h_1| \times |h_2|$인 가중치로 연결했듯, 각각 $|m_1|$, $|m_2|$개 채널을 갖는 합성곱층은 $|m_1| \times |m_2|$ 모양의 합성곱 필터가 필요하다. 이것으로 다채널 합성곱 연산의 입력과 출력, 파라미터가 될 ndarray 객체의 모양이 확정된다.

1. 입력 모양
   - 배치 크기
   - 입력 채널 수
   - 이미지 높이

- 이미지 폭

2. 출력 모양

   - 배치 크기

   - 출력 채널 수

   - 이미지 높이

   - 이미지 폭

3. 합성곱 필터 모양

   - 입력 채널 수

   - 출력 채널 수

   - 필터 높이

   - 필터 폭

**NOTE_** 차원축의 정의 순서는 라이브러리에 따라 다를 수 있지만, 앞에 언급된 축 4개는 반드시 존재한다.

이 장에서 앞으로 합성곱 연산을 구현할 때, 이 정보를 활용한다.

## 5.2.2 전결합층과 합성곱층의 차이

이번 장 서두에서 전결합층과 합성곱층의 차이가 무엇인지 추상적으로 설명했다. [그림 5-4]에 그 차이점을 정리했다. 이번에는 합성곱층에 대해 자세히 알게 되었으므로 그 내용도 반영했다.

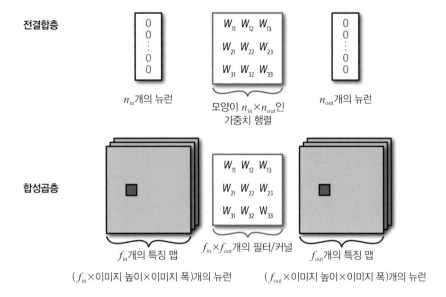

전결합층

$n_{in}$개의 뉴런

모양이 $n_{in} \times n_{out}$인
가중치 행렬

$n_{out}$개의 뉴런

합성곱층

$f_{in}$개의 특징 맵

$f_{in} \times f_{out}$개의 필터/커널

$f_{out}$개의 특징 맵

($f_{in} \times$이미지 높이$\times$이미지 폭)개의 뉴런    ($f_{out} \times$이미지 높이$\times$이미지 폭)개의 뉴런

**그림 5-4** 합성곱층과 전결합층의 차이점

이외에도 두 층은 각 뉴런이 해석되는 방식에 차이가 있다.

- 전결합층의 각 뉴런은 현재 입력된 관찰에서 **이전 층에서 학습된 특징의 특정한 조합**이 탐지되었는지 의 여부를 의미한다.

- 합성곱층의 각 뉴런은 현재 입력 이미지의 **특정한 위치에서 이전 층에서 학습된 시각적 패턴의 특정한 조합**이 탐지되었는지의 여부를 의미한다.

합성곱층을 구현에 추가하기 전에 해결해야 할 문제가 한 가지 더 있다. 예측을 내리려면 출력 된 다차원 ndarray 객체를 어떻게 사용해야 할까.

## 5.2.3 합성곱층으로 예측하기: Flatten층

지금까지 합성곱층이 이미지 내 존재하는 시각적 패턴의 존재 여부를 나타내는 특징을 학습하 는 원리를 살펴봤다. 학습한 특징 맵으로 예측을 내리려면 어떻게 해야 할까? 이전 장에서 전 결합층으로 구성된 신경망으로 유형 10개 중 하나로 이미지를 분류할 때는 마지막 층의 차원 을 10으로 맞춘 후, 값 10개를 소프트맥스 교차 엔트로피 손실함수를 거쳐 확률 형태로 만들었다. 이번에는 합성곱층이 1개의 관찰마다 출력하는 3차원 ndarray 객체(모양이 $m$ 채널 수×이미지 높이×이미지 폭)를 이용하는 방법을 생각해보자.

먼저 각 뉴런이 나타내는 바가 이미지의 특정 위치에 그 뉴런에 해당하는 시각적 특징(층수가 여러 개인 깊은 신경망이라면 특징의 특징의 특징일 수도 있다)의 존재 여부라는 점을 떠올려 보자. 이 점은 전결합층으로 구성된 신경망에 이미지를 입력해 학습한 특징과 별다를 바 없다. 첫 번째 전결합층에서 학습하는 특징은 각 픽셀에 해당하며, 이어지는 두 번째 전결합층에서 학습하는 특징은 픽셀에 해당하는 특징의 특징이고, 그 뒤로 이어지는 전결합층 역시 마찬가지 다. 전결합층으로 구성된 신경망 구조에서는 단일 뉴런의 형태로 학습된 '특징의 특징' 역시 이 미지를 분류하기 위한 예측에서 입력으로 사용될 뿐이다.

이는 합성곱 신경망에서도 동일하다. $m$개의 특징 맵을 $m \times image_{height} \times image_{width}$ 개의 뉴런과 동일하게 취급하며 이를 위해 3차원(채널 수, 이미지 높이, 이미지 폭) 행렬을 1차원 벡터로 '눌러 펴는' Flatten 연산을 사용한다. 그다음 1차원 벡터에 행렬곱을 적용해 최종 예측 결과 를 계산한다. 이러한 직관이 실제로도 효과가 있는 이유는 합성곱층의 각 뉴런도 **기본적으로 전 결합층의 뉴런과 같은 부류의 정보**(좀 더 특정하자면, 이미지의 어떤 위치에 시각적 특징 혹은 특 징의 특징이 존재하는지 여부를 나타내는 정보)를 나타내기 때문이다. 그러므로 신경망의 출 력층과 같은 방식으로 이를 다룰 수 있다.[4]

앞으로 Flatten층의 구현 방법을 살펴본다. 하지만 먼저 합성곱 구조에서 매우 중요한 다른 유형의 층을 한 가지 더 알아보자.

## 5.2.4 풀링층

풀링층pooling layer은 합성곱 신경망에서 흔히 사용되는 유형의 층이다. 간단히 말해 이 층의 역 할은 합성곱 연산에서 계산한 각 특징 맵을 **다운샘플링**downsampling하는 것이다. 가장 흔히 쓰이 는 풀링 크기가 2인 최대 풀링을 예로 들면, 특징 맵을 2×2 크기의 영역으로 나눈 후, 각 영역 을 이루는 픽셀값의 **최댓값**(평균 풀링의 경우 평균값)을 픽셀값으로 하는 새로운 이미지로 변 환하는 것이다. 그러므로 $n \times n$ 크기의 이미지에 풀링을 적용했다면 변환된 이미지의 크기는

---

**4** 합성곱 연산의 출력을 필터맵의 개수($m$)로서뿐만 아니라, 뉴런의 개수($m \times image_{height} \times image_{width}$)로도 이해해야 하는 이유가 여기에 있다. 신경망에 대한 개념 모두가 그렇듯, 다양한 추상 수준에서 개념을 이해하고 이들을 잘 연결지어 이해하는 것이 핵심이다.

$\dfrac{n}{2} \times \dfrac{n}{2}$이 된다. [그림 5-5]에 이 내용을 나타냈다.

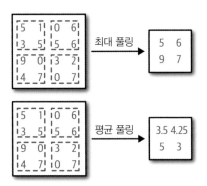

**그림 5-5** 4×4 크기 이미지에 각각 최대 풀링과 평균 풀링을 적용한 예. 2×2 크기의 패치는 자신의 요솟값의 평균이나 최댓값으로 매핑된다.

풀링의 이점은 계산량 감소에 있다. 이미지를 다운샘플링해서 이전 층보다 픽셀 수를 1/4로 줄였기 때문에 결과적으로 신경망을 학습하는 데 필요한 가중치 개수와 계산량도 그만큼 줄어든다. 초기 합성곱 신경망 구조처럼 신경망에 여러 개의 풀링층이 배치된다면 이득도 그만큼 중첩된다. 물론 다운샘플링된 이미지에서 줄어든 픽셀 수만큼 정보도 손실된다는 단점도 있다. 그러나 이 구조는 정보 손실이 예상되는 풀링이 적용됐음에도 이미지 인식 벤치마크에서 매우 뛰어난 성능을 보였다. 정보 손실보다 계산량 감소에서 오는 이점이 더 크기 때문이다. 그럼에도 풀링은 가능한 사용하지 말아야 할 사술(邪術)[trick] 취급을 받는 경우가 많았다. 2014년에 제프리 힌턴[Geoffrey Hinton]은 레딧에서 열렸던 AMA[ask me anything] 스레드(*https://oreil.ly/2YZU0Kc*)에서, '합성곱 신경망에 풀링 연산을 적용하는 것은 큰 실수이며, 신경망에서 풀링 연산이 효과를 발휘한 것은 재앙에 가깝다'라고 언급한 바 있다. 실제로도 잔차 네트워크[residual network]나 ResNet[5]과 같은 최근 합성곱 신경망 구조에서는 풀링 사용을 최소한으로 줄이거나 아예 사용하지 않는 추세다. 이에 따라 이 책에서도 풀링층은 별도로 구현하지 않는다. 다만 합성곱 신경망을 유명하게 만든 AlexNet 등의 구조를 설명할 때 간단히 언급만 한다.

---

**5** ResNet을 최초로 제안한 카이밍 히(Kaiming He) 외 3인의 논문 「Deep Residual Learning for Image Recognition」(*http://tiny.cc/dlfs_resnet_paper*)을 참고하자.

## 이미지 외 분야에 적용된 합성곱 신경망

지금까지 다룬 내용은 이미지를 다루는 신경망에서는 거의 표준이라 할 만큼 널리 쓰인다. 이미지는 $m_1$ 채널을 갖는 픽셀로 이루어지므로, $m_1 = 1$이면 흑백 이미지, $m_1 = 3$이면 컬러 이미지다. 그리고 각 채널마다 $m_2$번의 합성곱 연산이 수행된다(결국 $m_1 \times m_2$개의 필터맵이 사용된다). 그리고 같은 형태의 계산이 몇 개 층을 거치며 반복된다.

여기까지는 합성곱 신경망에 대한 다른 논의에서도 다루는 내용이지만, 단순 이미지가 아닌 데이터를 '채널' 단위로 조직해서 합성곱 신경망으로 처리하는 것은 잘 다루지 않는다. 예를 들면 신경망으로 바둑을 학습할 수 있다는 것을 증명한 딥마인드의 알파고 프로그램에서 이러한 데이터 표현 방법이 핵심적인 역할을 했다. 논문에서 이를 언급한 구절은 다음과 같다.[6]

> 신경망에 입력하는 데이터는 17개 특징 평면으로 구성된 $19 \times 19 \times 17$ 크기의 이미지 스택이다. 9개 특징 평면 $X_t$는 현재 플레이어가 둔 돌의 존재 여부( $X_{t_i} = 1$이면 시각 t의 교차점 $i$에 이 플레이어의 돌이 존재하는 것이고, 0이면 이 시각의 교차점 $i$가 빈 상태이거나 상대 돌이 존재하거나, t $\langle 0$이다)를 나타낸다. 그 외 8개 특징 평면 $Y_t$는 상대 플레이어가 둔 돌에 대한 각 특징을 나타내며, 마지막 특징 평면 C는 다음에 둘 플레이어가 누구인지 (흑이 둘 차례면 1, 백이 둘 차례면 0) 나타내며 상숫값을 갖는다. 이들 평면 상의 값을 모두 연결하면 $S_t = X_t,\ Y_t,\ X_{t-1},\ Y_{t-1},\ \cdots,\ X_{t-7},\ Y_{t-7},\ C$와 같은 입력 특징값이 된다. 이력 특징history feature $X_t$와 $Y_t$는 바둑판의 상태를 현재 돌이 놓인 상태만으로는 완전히 알 수 없으며, 같은 곳에 돌을 두 번 놓을 수 없기 때문에 필요하다. 비슷한 이유로 색상 특징 C 역시 덤komi에 대한 내용을 알 수 없으므로 필요하다.

다시 말해 바둑판 위의 상황을 17개 채널을 갖는 $19 \times 19$ 픽셀의 '이미지'로 나타낸 것이다. 알파고는 각 플레이어의 이전 8수까지의 상황을 16개 채널을 사용해 저장한다. 이 방법으로 같은 곳에 돌을 두 번 놓을 수 없다는 규칙을 담을 수 있었다. 17번째 채널은 누가 돌을 놓을 차례인지에 따라 값이 0과 1로 결정되는 $19 \times 19$ 크기의 격자다.[7] 합성곱 신경망과 다채널 합성곱 연산은 대부분 이미지에 응용되지만, 다차원 공간을 '채널'로 나누어 이 공간 안에 데이터를 조직

---

**6** 딥마인드가 2017년에 발표한 논문 「Mastering the Game of Go Without Human Knowledge」(*https://oreil.ly/wUpMW*)를 참고하자.

**7** 1년 후 딥마인드는 체스에도 비슷한 방법을 적용한 결과를 보고했다. 이 연구에서는 체스의 복잡한 행마 규칙을 인코딩하기 위해 입력 데이터에 119개나 되는 채널을 정의했다. 자세한 내용은 「A general reinforcement learning algorithm that masters chess, shogi, and Go through self-play」(*https://oreil.ly/E6ydw*)를 참고하자.

하는 아이디어는 이미지 외의 분야에서도 활용 가능하다.

이 책의 주제를 벗어나지 않으면서 다채널 합성곱 연산을 진정으로 이해하려면, 연산을 처음부터끝까지 실제로 구현해야 한다. 다음 절부터 이 구현 과정을 자세히 살펴보자.

# 5.3 다채널 합성곱 연산 구현하기

입력과 파라미터로 각각 4차원 ndarray 객체를 다루자니 어디서부터 손을 대야할지 막막하지만, 우선 1차원 입력과 파라미터를 다루는 간단한 예부터 시작해보자. 일단 1차원으로 연산을 구현하면, 나머지 차원을 추가하는 과정은 for 반복문을 몇 개 더 중첩시키는 정도로 충분하다. 지금까지와 마찬가지로 이번에도 수식, 코드로 접근해보자.

## 5.3.1 순방향 계산

1차원 합성곱 연산은 2차원 합성곱 연산과 개념적으로 다르지 않다. 1차원 입력과 1차원 합성곱 필터를 입력받고 입력 위에 필터를 움직이며 출력을 계산한다.

길이가 5인 입력이 있다.

**입력:** $[t_1, t_2, t_3, t_4, t_5]$

탐지하려는 '패턴'의 길이는 3이다.

**필터:** $[w_1, w_2, w_3]$

### 수식
출력의 첫 번째 요솟값(특징)은 입력의 첫 번째 요소와 필터의 합성곱 연산으로 계산된다.

**출력 특징 1:** $[t_1 w_1 + t_2 w_2 + t_3 w_3]$

두 번째 요솟값은 필터를 오른쪽으로 1단위 움직인 다음, 그 위치에 해당하는 값과 합성곱 연산을 수행한다.

**출력 특징 2**: $[t_2 w_1 + t_3 w_2 + t_4 w_3]$

여기까진 됐다. 그런데 다음 요솟값을 계산하려니 더 이상 필터를 움직일 자리가 없다.

**출력 특징 3**: $o_3 = t_3 w_1 + t_4 w_2 + t_5 w_3$

입력 벡터의 마지막 요솟값에 도달했으니 출력의 요솟값은 3개다. 그런데 입력은 요소가 5개 아니었나? 이건 어떻게 해결해야 할까?

## 패딩

합성곱 연산의 결과가 입력보다 크기가 작아지는 문제를 피하려면, 출력의 크기가 입력과 같아지도록 입력 가장자리에 0을 '덧대는' 패딩$^{padding}$ 기법을 사용한다. 패딩을 적용하지 않으면 앞서 본 예제처럼 합성곱 연산을 한 번 거칠 때마다 출력의 크기가 입력보다 조금씩 작아진다.

앞서 본 합성곱 연산을 예로 들면, 필터 크기가 3일 때 출력의 크기를 입력과 같게 하려면 입력 가장자리에 1단위 패딩이 필요하다. 이를 일반화하면 대부분의 경우 필터 크기가 홀수이므로 필터 크기를 2로 나눈 몫에서 소수부를 내림한 정수가 입력과 출력의 크기를 같게 하는 패딩 크기가 된다.

앞서 본 예제에 패딩을 추가하자. $i_1$부터 $i_6$까지였던 입력 요솟값의 범위가 $i_0$부터 $i_6$이 되고 $i_0$과 $i_6$의 값은 0이 된다. 그러면 출력의 첫 번째 요솟값을 다음과 같이 계산한다.

$$o_1 = i_0 \times w_1 + i_1 \times w_2 + i_2 \times w_3$$

출력의 마지막 요솟값은 다음과 같이 계산한다.

$$o_5 = i_4 \times w_1 + i_5 \times w_2 + i_6 \times w_3$$

이제 출력의 크기가 입력과 같아졌다. 이 과정을 코드로 옮겨 보자.

## 코드

할 일을 먼저 정리해보자.

1. 우리의 목표는 입력과 크기가 같은 합성곱 연산의 출력을 계산하는 것이다.

2. 출력의 크기가 줄어드는 것을 방지하기 위해 입력에 패딩을 덧붙인다.

3. 필터로 입력을 훑어가며 각 위치에서 합성곱 연산을 반복하는 반복문을 작성한다.

우리가 사용할 입력과 필터는 다음과 같다.

```
input_1d = np.array([1,2,3,4,5])
param_1d = np.array([1,1,1])
```

다음 헬퍼 함수를 이용해 입력 벡터에 패딩을 덧붙인다.

```
def _pad_1d(inp: ndarray
            num: int) -> ndarray:
    z = np.array([0])
    z = np.repeat(z, num)
    return np.concatenate([z, inp, z])

_pad_1d(input_1d, 1)
```

```
array([0., 1., 2., 3., 4., 5., 0.])
```

연산의 결과 자체는 어떠한가? 연산 결과의 각 요솟값을 살펴보면 패딩을 거친 입력의 각 위치에 해당하는 연산 결과가 나온다. 일단 시작점만 알면 필터의 각 요소를 순회하며 필터의 각 요솟값에 대응하는 입력의 요솟값과 필터의 요솟값을 곱하고, 그 결괏값을 모두 더하면 된다.

필터의 요솟값과 '대응하는 요솟값'은 어떻게 찾아야 할까? 계산 결과의 첫 번째 요솟값은 패딩된 입력의 첫 번째 요솟값부터 계산이 시작된다. 그 덕분에 for 반복문이 상당히 간단해진다.

```
def conv_1d(inp: ndarray,
            param: ndarray) -> ndarray:

    # 입력과 파라미터의 차원 검증
    assert_dim(inp, 1)
    assert_dim(param, 1)
```

```
# 입력에 패딩을 덧붙임
param_len = param.shape[0]
param_mid = param_len // 2
input_pad = _pad_1d(inp, param_mid)

# 출력값 초기화
out = np.zeros(inp.shape)

# 1차원 합성곱 연산 수행
for o in range(out.shape[0]):
    for p in range(param_len):
        out[o] += param[p] * input_pad[o+p]

# 출력의 모양이 입력과 동일한지 확인
assert_same_shape(inp, out)

return out

conv_1d_sum(input_1d, param_1d)
```

```
array([ 3.,  6.,  9., 12.,  9.])
```

별로 어렵지 않았다. 까다로운 역방향 계산 구현에 들어가기 전에 미처 다루지 못한 합성곱 연산의 하이퍼파라미터 스트라이드에 대해 간단히 알아보자.

## 스트라이드

앞에서 풀링은 특징 맵을 다운샘플링하는 방법이라고 소개했다. 초기에 제안된 합성곱 신경망 구조에서는 풀링을 이용하면 정확도를 크게 해치지 않고도 계산량을 상당 부분 줄일 수 있었다. 그러나 풀링은 다음 층으로 전달되는 이미지의 해상도를 절반으로 크게 떨어뜨린다는 단점이 있어 이제는 잘 사용하지 않는다.

다운샘플링 효과를 위해 풀링 대신 널리 쓰이는 방법이 합성곱 연산의 스트라이드stride를 조절하는 방법이다. 스트라이드란 입력 이미지 위에서 필터가 움직이는 간격을 말한다. 앞서 본 예제는 스트라이드가 1인 합성곱 연산으로 필터가 입력의 요소를 **1개씩 이동**하며 합성곱 연산을 수행했다. 연산의 출력이 입력과 크기가 같은 것도 이 때문이다. 스트라이드를 2로 설정하면, 필터가 입력의 요소를 **2개씩 이동**하며 합성곱 연산이 수행되므로 출력의 크기가 입력의 절반

이 된다. 스트라이드가 3이 되면 필터는 입력의 요소를 **3개씩 이동**하며 연산을 수행한다. 다시 말해 스트라이드를 2로 설정하면 크기가 2인 풀링을 적용한 것과 출력의 크기가 같다. 하지만 풀링에서 일어나는 **정보 손실**은 일어나지 않는다. 크기가 2인 풀링이 적용되면 입력의 요소 중 1/4만이 출력에 영향을 미치지만, 스트라이드가 2인 경우에는 입력의 모든 요소가 출력에 영향을 미치기 때문이다. 최근에 제안하는 고급 합성곱 신경망 구조에서는 풀링보다 스트라이드를 2 이상으로 설정해서 다운샘플링 효과를 얻는 기법이 일반적이다.

하지만 이 책에서는 스트라이드가 1인 경우만 다루며, 2 이상의 스트라이드 설정을 구현하는 것은 독자의 몫으로 남긴다. 또한 스트라이드를 1로 고정하면 역방향 계산을 보다 쉽게 구현할 수 있다는 장점도 있다.

## 5.3.2 합성곱 연산의 역방향 계산

합성곱 연산의 역방향 계산은 좀 까다롭다. 이번에도 우리가 할 일을 먼저 정리해보자. 앞서 입력과 파라미터를 이용해 합성곱 연산의 결과를 계산했다. 여기서는 다음과 같은 일을 하려고 한다.

- 합성곱 연산의 **입력**(코드의 inp)의 각 요소에 대한 손실의 편미분을 계산한다.
- **필터**(코드의 param_1d)의 각 요소에 대한 손실의 편미분을 계산한다.

4장에서 구현한 ParamOperation 클래스가 어떻게 동작했는지 떠올려보자. backward 메서드에서 출력에 대한 손실의 기울기를 전달받으면 이 기울기로 입력과 파라미터의 기울기를 계산했다. 이번에도 마찬가지로 입력과 모양이 같은 output_grad를 인자로 받아 input_grad와 param_grad를 계산하는 함수를 작성하면 된다.

새로 계산한 기울기가 정확한지 검사하려면 어떻게 해야 할까? 앞서 1장에서 합의 형태로 된 어떤 값의 편미분을 합해지는 값으로 계산하면 1이 된다는 성질($s = a + b + c$이면, $\dfrac{\partial s}{\partial a} = \dfrac{\partial s}{\partial b} = \dfrac{\partial s}{\partial c} = 1$)을 배웠다. 이 성질을 이용해 _input_grad와 _param_grad 메서드에서 각각 input_grad와 param_grad를 계산한다(구현 방법은 곧 설명한다). 그리고 output_grad의 모든 요솟값은 1이다. 그다음 입력의 요솟값을 $\alpha$만큼 변화시켜 기울기와 $\alpha$의 곱만큼 합이 변하는지를 확인하고, 계산된 기울기가 정확한지 검증한다.

## 정확한 기울기의 값 확인하기

위에서 설명한 대로 입력에 대한 기울기 벡터의 한 요소를 계산해보자.

```
def conv_1d_sum(inp: ndarray,
                param: ndarray) -> ndarray:
    out = conv_1d(inp, param)
    return np.sum(out)


# 5번째 요솟값 1 증가
input_1d_2 = np.array([1,2,3,4,6])
param_1d = np.array([1,1,1])

print(conv_1d_sum(input_1d, param_1d))
print(conv_1d_sum(input_1d_2, param_1d))
```

```
39.0
41.0
```

5번째 요소의 기울기는 41 − 39 = 2이다.

이렇게 입력값을 변화시키며 합을 비교하는 방법 외에 어떤 방법으로 기울기를 계산할 수 있을지 생각해보자.

## 1차원 합성곱 연산의 기울기 계산하기

입력의 한 요솟값을 1 증가했더니 출력이 2 증가했다. 출력이 계산되는 과정을 자세히 들여다보며 그 이유를 알아보자.

$$\text{출력: } [\ t_0w_1 + t_1w_2 + t_2w_3 = O_1$$
$$t_1w_1 + t_2w_2 + t_3w_3 = O_2$$
$$t_2w_1 + t_3w_2 + t_4w_3 = O_3$$
$$t_3w_1 + t_4w_2 + t_5w_3 = O_4$$
$$t_4w_1 + t_5w_2 + t_6w_3 ] = O_5$$

증가시킨 5번째 요솟값을 $t_5$라고 하자. $t_5$는 출력을 계산하는 식에서 다음과 같이 2번 출현한다.

- $o_4$를 계산할 때 $w_3$과 곱해진다.
- $o_5$를 계산할 때 $w_2$와 곱해진다.

$o_6$이 있다고 가정하고 출력의 합과 입력이 대응되는 관계를 일반화해보면, $t_5$는 $w_1$과 곱해져 출력에 영향을 미친다.

결국 $t_5$가 손실에 미치는 영향을 $\dfrac{\partial L}{\partial t_5}$ 이라고 할 때, 이 값은 다음과 같다.

$$\frac{\partial L}{\partial t_5} = \frac{\partial L}{\partial o_4} \times w_3 + \frac{\partial L}{\partial o_5} \times w_2 + \frac{\partial L}{\partial o_6} \times w_1$$

손실함수가 단순한 덧셈인 이 단순한 예제에서는 출력의 모든 요소에 대해 $\dfrac{\partial L}{\partial o_i} = 1$이 성립한다(패딩된 요솟값은 값이 0이므로 해당되지 않는다). 식을 풀면 $w_2 + w_3$이고, $w_2 = w_3 = 1$이므로 합은 2가 된다.

## 일반 패턴

이제 모든 입력 요소에 적용할 수 있는 일반 패턴general pattern을 살펴보자. 인덱스 숫자만 달라질 뿐 패턴은 같다. 수식을 코드로 옮겨야 하므로 출력 기울기의 $i$번째 요소(코드에서는 output_grad[i]로 접근한다)를 $o_i^{grad}$ 라고 하자. 그러면 $\dfrac{\partial L}{\partial t_5}$은 다음과 같이 쓸 수 있다.

$$\frac{\partial L}{\partial t_5} = o_4^{grad} \times w_3 + o_5^{grad} \times w_2 + o_6^{grad} \times w_1$$

비슷한 방법으로 다음과 같이 쓸 수 있다.

$$\frac{\partial L}{\partial t_4} = o_3^{grad} \times w_3 + o_4^{grad} \times w_2 + o_5^{grad} \times w_1$$

$$\frac{\partial L}{\partial t_3} = o_2^{grad} \times w_3 + o_3^{grad} \times w_2 + o_4^{grad} \times w_1$$

이 식에는 분명한 패턴이 있지만, 이를 코드로 옮기기는 조금 까다롭다. 출력의 인덱스는 증가하는 동시에 가중치의 인덱스는 감소하기 때문이다. 하지만 다음과 같이 이중 **for**문으로 나타낼 수 있다.

```
# param: 예제처럼 모양이 (1,3)인 ndarray
# param_len: 정수 3
# inp: 예제처럼 모양이 (1,5)인 ndarray
# input_grad: inp와 모양이 같은 ndarray
# output_pad: 예제처럼 모양이 (1,7)인 ndarray
for o in range(inp.shape[0]):
    for p in range(param.shape[0]):
        input_grad[o] += output_pad[o+param_len-p-1] * param[p]
```

이렇게 하면 가중치의 인덱스는 증가하고 출력 가중치의 인덱스는 감소시키는 처리를 동시에 할 수 있다.

지금은 깨닫기 어렵겠지만, 합성곱 연산의 기울기를 계산하는 과정에서 가장 까다로운 부분이 바로 이 부분이다. 앞으로 보게 될 배치 크기, 합성곱 연산의 2차원 확장, 다채널 확장 등을 적용하는 것은 같은 뼈대에 **for**문을 추가하는 과정에 지나지 않는다.

## 파라미터 기울기 계산하기

비슷한 방법으로 필터의 요솟값 변화가 출력에 어떤 영향을 미치는지 알 수 있다. 먼저 필터의 첫 번째 요소(임의의 요소)의 값을 1단위 증가시킨 다음, 합이 어떻게 변화하는지 살펴보자.

```
input_1d = np.array([1,2,3,4,5])
# 첫 번째 요소를 골라 값을 1 증가시킴(무작위로 선택함)
param_1d_2 = np.array([2,1,1])

print(conv_1d_sum(input_1d, param_1d))
print(conv_1d_sum(input_1d, param_1d_2))
```

```
39.0
49.0
```

이것으로 $\frac{\partial L}{\partial w_1} = 10$ 이라는 것을 알았다.

역시 아까와 같은 방법으로 출력의 각 요소가 필터의 어떤 요소에 영향을 받는지 살펴본다. 패딩 덕분에 다음과 같이 더 분명하게 패턴을 확인할 수 있다.

$$w_1^{grad} = t_0 \times o_1^{grad} + t_1 \times o_2^{grad} + t_2 \times o_3^{grad} + t_3 \times o_4^{grad} + t_4 \times o_5^{grad}$$

앞서 설명한 합의 형태로 된 값의 편미분의 성질에서 모든 $o_i^{grad}$ 는 1이고, $t_0$은 0이므로, 풀이는 다음과 같다.

$$w_1^{grad} = t_1 + t_2 + t_3 + t_4 = 1 + 2 + 3 + 4 = 10$$

이것으로 이전에 구한 기울깃값이 정확하다는 것을 확인했다.

## 코드로 옮기기

파라미터 기울기를 계산하는 코드는 인덱스가 '서로 다른 방향으로 변화하지 않기' 때문에 입력 기울기를 계산하는 코드보다 더 쉽게 작성할 수 있다. 똑같은 중첩 for문 안에 다음과 같이 구현한다.

```
# param: 예제처럼 모양이 (1, 3)인 ndarray
# param_grad: param과 모양이 같은 ndarray
# inp: 예제처럼 모양이 (1, 5)인 ndarray
# input_pad: 모양이 (1, 7)인 ndarray
# output_grad: 예제처럼 모양이 (1, 5)인 ndarray
for o in range(inp.shape[0]):
    for p in range(param.shape[0]):
        param_grad[p] += input_pad[o+p] * output_grad[o]
```

마지막으로 두 코드를 합해 다음 절차대로 입력 기울기와 필터 기울기를 계산하는 함수를 작성한다.

1. 입력과 필터를 인자로 받는다.
2. 출력을 계산한다.
3. 입력과 출력 기울기에 패딩을 덧붙인다(input_pad와 output_pad).
4. 앞서 본 내용대로 패딩된 출력 기울기와 필터로 입력 기울기를 계산한다.

5. 같은 방법으로 패딩 안 된 출력 기울기와 패딩된 입력으로 필터 기울기를 계산한다.

깃허브 저장소에서 위 코드 블록을 감싼 전체 함수[8]를 볼 수 있다.

이것으로 1차원 합성곱 연산의 구현이 끝났다. 이어서 이 연산에 배치 입력을 적용하고, 2차원 입력으로 확장한 다음, 다채널 연산까지 직관적으로 확장해보자.

### 5.3.3 배치 입력 적용하기

먼저 합성곱 연산이 입력을 **배치** 단위로 받을 수 있도록 수정해보자. 그러면 입력의 모양이 2차원이 되는데, 첫 번째 차원은 배치 크기이고 두 번째 차원은 1차원 데이터의 길이가 된다. 배치의 모양은 다음과 같다.

```
input_1d_batch = np.array([[0,1,2,3,4,5,6],
                           [1,2,3,4,5,6,7]])
```

먼저 입력에 패딩을 덧붙이고, 출력을 계산한 다음, 출력 기울기에도 패딩을 덧붙여 입력 기울기와 필터 기울기를 계산하는 과정은 기본적으로 동일하다. 다음은 배치 데이터의 1차원 합성곱에서 순방향 계산과 역방향 계산을 구현하는 방법이다.

**순방향 계산**

배치 단위 입력으로 입력 데이터가 2차원 데이터인 경우, 순방향 계산에서 달라지는 부분은 각 관찰을 따로 패딩한 다음, 출력을 계산하고(앞서 했던 것과 마찬가지다) 출력을 다시 쌓아stack 출력의 배치를 재구성한다는 점이다. 이를테면 `conv_1d` 메서드를 사용해 다음과 같이 배치 데이터의 합성곱을 구현한다.

```
def conv_1d_batch(inp: ndarray,
                  param: ndarray) -> ndarray:

    outs = [conv_1d(obs, param) for obs in inp]
    return np.stack(outs)
```

---

**8** https://github.com/flourscent/DLFS_code/blob/master/05_convolutions/Code.ipynb

## 역방향 계산

역방향 계산도 비슷하다. 앞에서 본 것처럼 for문에서 입력 기울기를 구한 다음 그 결과를 다시 쌓아 배치로 재구성한다.

```
# _input_grad는 앞서 본 for문 코드 블록이 포함된 함수로
# 1차원 입력과 필터, 출력 기울기를 인자로 받아 입력 기울기를 계산한다.
grads = [_input_grad(inp[i], param, out_grad[i])[1] for i in range(batch_size)]
np.stack(grads)
```

필터에 대한 기울기는 배치 단위로 다룰 때 약간 사정이 달라진다. 필터는 배치에 포함된 모든 관찰과 합성곱 연산이 이뤄지므로 출력을 통해 다른 관찰과 모두 연결된다. 그러므로 파라미터 기울기를 계산하려면 모든 관찰을 순회하며 파라미터 기울기를 합해야 한다. 그래도 수정은 간단히 for문을 바깥쪽에 한 겹 추가하면 된다.

```
# param: 예제처럼 모양이 (1, 3)인 ndarray
# param_grad: param과 모양이 같은 ndarray
# inp: 예제처럼 모양이 (1, 5)인 ndarray
# input_pad: 모양이 (1, 7)인 ndarray
# output_grad: 예제처럼 모양이 (1, 5)인 ndarray
for i in range(inp.shape[0]): # inp.shape[0] = 2
    for o in range(inp.shape[1]): # inp.shape[0] = 5
        for p in range(param.shape[0]): # param.shape[0] = 3
            param_grad[p] += input_pad[i][o+p] * output_grad[i][o]
```

간단한 수정으로 합성곱 연산을 배치 단위로 확장했다. 입력 데이터를 1차원에서 2차원으로 확장하는 것도 그리 어렵지 않다.

## 5.3.4 2차원 합성곱

2차원 합성곱은 1차원 합성곱의 간단한 확장이다. 기본적으로 각 차원에서 입력이 필터를 거쳐 출력으로 연결되는 방식이 1차원 합성곱과 동일하다. 따라서 추상적 수준에서 보면 순방향 계산과 역방향 계산 절차도 1차원 합성곱과 동일하다.

1. 순방향 계산 절차

   - 입력에 패딩을 덧붙인다.

   - 패딩된 입력과 파라미터로부터 출력을 계산한다.

2. 역방향 계산에서 입력 기울기를 계산하는 절차

   - 출력 기울기에 패딩을 덧붙인다.

   - 패딩된 출력 기울기와 입력, 파라미터로부터 입력 기울기와 파라미터 기울기를 계산한다.

3. 역방향 계산에서 파라미터 기울기를 계산하는 절차

   - 입력에 패딩을 덧붙인다.

   - 패딩된 입력의 각 요소를 순회하며 파라미터 기울기를 더한다.

## 순방향 계산

1차원 합성곱 구현에서 입력과 파라미터로 출력을 계산하는 코드는 다음과 같았다.

```
# input_pad: 파라미터 크기에 맞춰 적절히 패딩된 입력

out = np.zeros_like(inp)

for o in range(out.shape[0]):
    for p in range(param_len):
        out[o] += param[p] * input_pad[o+p]
```

2차원 합성곱의 순방향 계산은 위 코드를 다음과 같이 수정하면 된다.

```
# input_pad: 파라미터 크기에 맞춰 적절히 패딩된 입력

out = np.zeros_like(inp)

for o_w in range(img_size): # loop through the image height
    for o_h in range(img_size): # loop through the image width
        for p_w in range(param_size): # loop through the parameter width
            for p_h in range(param_size): # loop through the parameter height
                out[o_w][o_h] += param[p_w][p_h] * input_pad[o_w+p_w][o_h+p_h]
```

원래 코드에 있던 두 겹의 for문이 한 겹씩 늘어났다.

2차원 합성곱으로 배치 데이터를 다루는 방법 역시 1차원 합성곱 때와 마찬가지로 가장 바깥쪽에 for문 하나를 추가하면 된다.

## 역방향 계산

이번에도 역시 1차원 합성곱의 구현을 먼저 살펴보자.

```
input_grad = np.zeros_like(inp)

for o in range(inp.shape[0]):
    for p in range(param_len):
        input_grad[o] += output_pad[o+param_len-p-1] * param[p]
```

2차원 합성곱의 역방향 계산은 위 코드를 다음과 같이 수정하면 된다.

```
# output_pad: 파라미터 크기에 맞춰 적절히 패딩된 출력
input_grad = np.zeros_like(inp)

for i_w in range(img_width):
    for i_h in range(img_height):
        for p_w in range(param_size):
            for p_h in range(param_size):
                input_grad[i_w][i_h] +=
                  output_pad[i_w+param_size-p_w-1][i_h+param_size-p_h-1] \
                  * param[p_w][p_h]
```

출력의 인덱스를 보면 1차원 합성곱 때와 거의 똑같이 계산된 인덱스를 2차원으로 자리를 늘려서 사용한다. 1차원 합성곱 때의 코드는 다음과 같고,

```
output_pad[i+param_size-p-1] * param[p]
```

2차원 합성곱을 위해 수정한 코드는 다음과 같다.

```
output_pad[i_w+param_size-p_w-1][i_h+param_size-p_h-1] * param[p_w][p_h]
```

이외에도 2차원 합성곱과 1차원 합성곱의 공통점은 다음과 같다.

- 입력 이미지의 배치를 처리할 때 각 관찰에 연산을 수행한 다음, 그 결과를 다시 쌓아 배치를 재구성한다.
- 파라미터 기울기를 구할 때 배치에 포함된 각 이미지를 순회하며 파라미터 기울기를 더해나간다.[9]

```
# input_pad: 파라미터 크기에 맞춰 적절히 패딩된 입력

param_grad = np.zeros_like(param)

for i in range(batch_size): # equal to inp.shape[0]
    for o_w in range(img_size):
        for o_h in range(img_size):
            for p_w in range(param_size):
                for p_h in range(param_size):
                    param_grad[p_w][p_h] += input_pad[i][o_w+p_w][o_h+p_h] \
                    * output_grad[i][o_w][o_h]
```

이제 2차원 입력에 여러 개의 필터로 합성곱을 수행한다. 이 시점에서 다채널 합성곱 연산 구현은 거의 끝난 것이나 마찬가지다. 물론 앞서 설명했듯이 합성곱층은 2차원으로 서로 엮인 뉴런 외에도 특징 맵과 같은 수의 '채널'을 갖는다.

## 5.3.5 채널 추가하기

지금 구현된 내용을 어떻게 수정해야 다채널 입력과 출력을 처리할 수 있을까? 방법은 간단하다. 아까 배치를 처리하도록 수정한 것처럼 기존 코드 바깥쪽 두 군데에 for문을 추가하면 된다. 1개는 입력 채널을 담당하며 다른 1개는 출력 채널을 담당한다. 입력 특징 맵의 모든 조합과 출력 특징 맵을 순회하면서 각 출력 특징 맵을 우리가 원하는 입력 특징 맵의 조합으로 만든다.

이 코드를 사용하려면 2차원 ndarray 객체 대신 3차원 ndarray 객체로 이미지를 나타내야 한다. 따라서 앞으로 흑백 이미지는 1채널, 컬러 이미지는 3채널(각각 해당 픽셀의 r, g, b값에 해당한다)로 나타낸다. 그리고 채널 수와 무관하게 앞서 설명한 과정대로 이미지에서 만든 특징 맵으로 연산을 진행한다. 각 특징 맵은 이미지의 모든 채널(신경망에 층이 한 층 이상이라면, 이전 층의 채널)에서 합성곱을 수행한 결과의 조합이다.

--------

**9** 전체 구현 코드는 이 책의 깃허브를 참조하자(https://github.com/flourscent/DLFS_code/blob/master/05_convolutions/Code.ipynb).

## 순방향 계산

지금까지 설명한 내용대로 파라미터와 4차원 **ndarray** 객체 형태의 입력으로 합성곱층의 출력을 계산하는 전체 코드는 다음과 같다.

```python
def _compute_output_obs(obs: ndarray,
                        param: ndarray) -> ndarray:
    '''
    obs: [channels, img_width, img_height]
    param: [in_channels, out_channels, param_width, param_height]
    '''
    assert_dim(obs, 3)
    assert_dim(param, 4)

    param_size = param.shape[2]
    param_mid = param_size // 2
    obs_pad = _pad_2d_channel(obs, param_mid)

    in_channels = fil.shape[0]
    out_channels = fil.shape[1]
    img_size = obs.shape[1]

    out = np.zeros((out_channels,) + obs.shape[1:])
    for c_in in range(in_channels):
        for c_out in range(out_channels):
            for o_w in range(img_size):
                for o_h in range(img_size):
                    for p_w in range(param_size):
                        for p_h in range(param_size):
                            out[c_out][o_w][o_h] += \
                            param[c_in][c_out][p_w][p_h] \
                            * obs_pad[c_in][o_w+p_w][o_h+p_h]
    return out

def _output(inp: ndarray,
            param: ndarray) -> ndarray:
    '''
    obs: [batch_size, channels, img_width, img_height]
    param: [in_channels, out_channels, param_width, param_height]
    '''
    outs = [_compute_output_obs(obs, param) for obs in inp]

    return np.stack(outs)
```

_pad_2d_channel은 채널 차원을 따라 입력에 패딩을 덧붙이는 함수다.

역시 이번에도 앞서 본 채널 구분이 없는 2차원 합성곱 연산 코드와 크게 다르지 않다. 그리고 코드가 달라진 부분 중, fil[p_w][p_h]가 fil[c_out][c_in][p_w][p_h]로 바뀐 곳이 있는 데 이 부분을 통해 차원축이 2개 증가하였으며 필터 배열의 요소가 c_out×c_in배로 늘었다는 것도 알 수 있다.

## 역방향 계산

역방향 계산도 채널 구분이 없는 경우와 개념적으로 동일하며 코드도 비슷하다.

1. 입력 기울기를 구할 때는 각 관찰에 대한 기울기를 따로 구한 뒤(이 과정에서 출력 기울기에 패딩을 덧붙인다), 이를 다시 원래대로 쌓는다.

2. 패딩된 출력 기울기는 파라미터 기울기를 구할 때도 사용한다. 그러나 이 경우에는 관찰을 순회하여 각 관찰에서 구한 값으로 파라미터 기울기를 수정한다.

출력 기울기를 계산하는 코드는 다음과 같다.

```
def _compute_grads_obs(input_obs: ndarray,
                       output_grad_obs: ndarray,
                       param: ndarray) -> ndarray:
    '''
    input_obs: [in_channels, img_width, img_height]
    output_grad_obs: [out_channels, img_width, img_height]
    param: [in_channels, out_channels, img_width, img_height]
    '''
    input_grad = np.zeros_like(input_obs)
    param_size = param.shape[2]
    param_mid = param_size // 2
    img_size = input_obs.shape[1]
    in_channels = input_obs.shape[0]
    out_channels = param.shape[1]
    output_obs_pad = _pad_2d_channel(output_grad_obs, param_mid)

    for c_in in range(in_channels):
        for c_out in range(out_channels):
            for i_w in range(input_obs.shape[1]):
                for i_h in range(input_obs.shape[2]):
                    for p_w in range(param_size):
                        for p_h in range(param_size):
```

```
                               input_grad[c_in][i_w][i_h] += \
                               output_obs_pad[c_out][i_w+param_size-p_w-1][i_h+param_
size-p_h-1] \
                               * param[c_in][c_out][p_w][p_h]
    return input_grad

def _input_grad(inp: ndarray,
                output_grad: ndarray,
                param: ndarray) -> ndarray:

    grads = [_compute_grads_obs(inp[i], output_grad[i], param) for i in range(output_
grad.shape[0])]

    return np.stack(grads)
```

이어서 다음은 파라미터 기울기를 구하는 코드다.

```
def _param_grad(inp: ndarray,
                output_grad: ndarray,
                param: ndarray) -> ndarray:
    '''
    inp: [in_channels, img_width, img_height]
    output_grad_obs: [out_channels, img_width, img_height]
    param: [in_channels, out_channels, img_width, img_height]
    '''
    param_grad = np.zeros_like(param)
    param_size = param.shape[2]
    param_mid = param_size // 2
    img_size = inp.shape[2]
    in_channels = inp.shape[1]
    out_channels = output_grad.shape[1]

    inp_pad = _pad_conv_input(inp, param_mid)
    img_shape = output_grad.shape[2:]

    for i in range(inp.shape[0]):
        for c_in in range(in_channels):
            for c_out in range(out_channels):
                for o_w in range(img_shape[0]):
                    for o_h in range(img_shape[1]):
                        for p_w in range(param_size):
                            for p_h in range(param_size):
                                param_grad[c_in][c_out][p_w][p_h] += \
```

```
                    inp_pad[i][c_in][o_w+p_w][o_h+p_h] \
                    * output_grad[i][c_out][o_w][o_h]
        return param_grad
```

_output, _input_grad, _param_grad, 이 세 함수로 Conv2DOperation 클래스를 만들 수 있다. Conv2DOperation은 우리가 구현할 합성곱 신경망을 구성하는 Conv2DLayer 클래스의 핵심이다. 몇 가지 세부 사항만 추가하면 합성곱 신경망에 Conv2DOperation 클래스를 끼워 넣어 동작해볼 수 있다.

# 5.4 Conv2DOperation 연산으로 합성곱 신경망 학습하기

합성곱 신경망 모델을 학습시키기 전에 추가할 것이 몇 가지 있다.

1. 앞에서 다룬 Flatten 연산을 구현해야 한다. 모델이 예측을 내릴 때 이 연산을 사용한다.

2. Conv2DLayer 클래스가 Conv2DOperation을 연산으로 사용할 수 있도록 한다.

3. 마지막으로 다른 구성 요소가 좀 더 유용하도록 Conv2DOperation 연산의 속도를 개선한다. 이 장에서는 대강의 흐름만 설명하며 자세한 내용은 부록 A.1을 참고하자.

## 5.4.1 Flatten 연산

합성곱층을 완성하기 위해 한 가지 더 필요한 연산은 Flatten 연산이다. 하나의 관찰에 대한 합성곱 연산의 출력은 3차원(channels, img_height, img_width) ndarray 객체다. 그러나 이 출력을 또 다른 합성곱층에 전달할 것이 아니라면, 예측을 내리기 위해 출력을 각 관찰에 대한 **벡터**로 변환해야 한다. 다행히 각 뉴런이 이미지의 해당 위치에 시각적 특징이 존재하는지 여부를 부호화$^{encode}$했기 때문에 우리가 3차원 ndarray를 1차원 벡터로 '눌러 펴서' 전달해도 문제가 없다. Flatten 연산이 바로 이 역할을 한다. 다른 층과 마찬가지로 이번에도 ndarray 객체의 첫 번째 차원은 배치 크기다.

```
class Flatten(Operation):
    def __init__(self):
        super().__init__()
```

```
    def _output(self) -> ndarray:
        return self.input.reshape(self.input.shape[0], -1)

    def _input_grad(self, output_grad: ndarray) -> ndarray:
        return output_grad.reshape(self.input.shape)
```

이것으로 Operation 클래스의 구상 클래스에 필요한 것을 모두 구현했다. 이들을 엮어 합성곱
층을 구현하는 Layer 클래스를 작성할 차례다.


## 5.4.2 완성된 합성곱층: Conv2D 클래스

다음은 Conv2D 클래스의 전체 코드다.

```
class Conv2D(Layer):

    def __init__(self,
                 out_channels: int,
                 param_size: int,
                 activation: Operation = Sigmoid(),
                 flatten: bool = False) -> None:
        super().__init__()
        self.out_channels = out_channels
        self.param_size = param_size
        self.activation = activation
        self.flatten = flatten

def _setup_layer(self, input_: ndarray) -> ndarray:

    self.params = []
    conv_param = np.random.randn(self.out_channels,
                                 input_.shape[1],  # input channels
                                 self.param_size,
                                 self.param_size)
    self.params.append(conv_param)

    self.operations = []
    self.operations.append(Conv2D(conv_param))
    self.operations.append(self.activation)

    if self.flatten:
```

```
    self.operations.append(Flatten())

    return None
```

Flatten 연산은 맨 마지막에서 이어지는 층이 합성곱층이냐 전결합층이냐에 따라 조건부로 추가된다.

## 속도 개선을 위한 다른 구현 방법

계산 복잡도computational complexity에 대한 이해가 있는 독자라면, 이 코드의 속도가 매우 느릴 것이라 예상했을 것이다. 파라미터 기울기를 계산하는 코드를 보면 for문이 무려 7겹이나 중첩되어 있다. 합성곱 신경망의 이해를 돕기 위해 연산을 처음부터 끝까지 구현하기 위한 목적이라면 크게 문제는 없지만, 합성곱 연산을 완전히 다른 방식으로 구현하는 방법이 있다. 계산 과정을 다음과 같이 분할해보자.

1. 테스트 데이터에서 filter_height×filter_width 크기의 패치를 image_height×image_width ×num_channels개 추출한다.
2. 각 패치와 짝이 맞는 필터로 점곱을 수행한다.
3. 모든 점곱 연산의 결과를 다시 쌓아 모양을 변경해 출력을 구성한다.

약간의 번뜩임을 발휘하면 합성곱 연산의 거의 대부분을 배치 행렬곱으로 나타낼 수 있다. 배치 행렬곱은 넘파이의 np.matmul 함수를 사용한다. 이 구현 방법의 세부적인 내용은 부록 A에서 더 자세히 설명하며 전체 코드 역시 깃허브[10]에서 볼 수 있다. 여기서는 이런 방법으로 빠른 시간에 학습할 수 있는 적당한 규모의 합성곱 신경망을 구현할 수 있다고 이해하기만 하면 된다. 이 방법 덕분에 뒤에 있을 실험에서 합성곱 신경망의 성능을 확인할 수 있다.

## 5.4.3 실험

행렬곱과 행렬 모양 변경으로 합성곱 연산 구현을 개선해도 합성곱층 1개로 된 모델을 1에폭 학습시키는 데 10분 가까이 걸린다. 그래서 여기서는 32채널(특별한 의미가 있는 값은 아니다)을 가진 단일 합성곱층으로 모델을 제약한다.

--------------------------------

**10** *https://github.com/flourscent/DLFS_code/blob/master/05_convolutions/Code.ipynb*

```
model = NeuralNetwork(
    layers=[Conv2D(out_channels=32,
                   param_size=5,
                   dropout=0.8,
                   weight_init="glorot",
                   flatten=True,
                   activation=Tanh()),
            Dense(neurons=10,
                  activation=Linear())],
            loss = SoftmaxCrossEntropy(),
    seed=20190402)
```

이 모델의 파라미터는 단일 합성곱층에서 $32 \times 5 \times 5 = 800$개이지만, 이들 파라미터가 만들어 내는 뉴런 혹은 '학습된 특징'은 $32 \times 28 \times 28 = 25,088$개나 된다. 이와 대조적으로 은닉층의 뉴런 수가 32개인 전결합층은 파라미터가 $784 \times 32 = 25,088$개이고 뉴런은 32개다.

학습률을 수정해가며 수백 배치를 학습시키면서 손실값의 추이를 관찰하는 일련의 시행착오를 통해 학습률이 0.1보다는 0.01에서 학습이 더 잘되는 것을 알았다. 이제 이 신경망을 SGDMomentum(lr=0.01, momentum=0.9)로 설정한 최적화 모듈로 학습해보니 다음과 같은 결과를 얻었다.

```
100 배치에서 검증 데이터에 대한 정확도 79.65%
200 배치에서 검증 데이터에 대한 정확도 86.25%
300 배치에서 검증 데이터에 대한 정확도 85.47%
400 배치에서 검증 데이터에 대한 정확도 87.27%
500 배치에서 검증 데이터에 대한 정확도 88.93%
600 배치에서 검증 데이터에 대한 정확도 88.25%
700 배치에서 검증 데이터에 대한 정확도 89.91%
800 배치에서 검증 데이터에 대한 정확도 89.59%
900 배치에서 검증 데이터에 대한 정확도 89.96%
1에폭 학습 후 손실값은 3.453이다.

1에폭 학습 후 검증 데이터에 대한 정확도 90.50%
```

밑바닥에서부터 구현한 합성곱 신경망으로 1에폭만 학습을 진행했는데도 MNIST 데이터에 90%가 넘는 정확도를 얻었다.[11]

--------------------------------

**11** 전체 코드는 이 책의 깃허브에서 확인하자.

## 5.5 마치며

이번 장에서는 합성곱 신경망에 대해 알아보았다. 먼저 합성곱 신경망이 무엇인지 추상적 개념에서 출발하여 전결합 신경망과의 공통점과 차이점이 무엇인지 배웠다. 그리고 매우 구체적인 수준까지 합성곱 신경망의 작동 원리를 알아보고 더 잘 이해하기 위해 다채널 합성곱 연산을 파이썬으로 처음부터 끝까지 구현했다.

추상적으로 봤을 때, 합성곱층은 전결합층보다 훨씬 많은 수의 뉴런을 만든다. 그리고 이 뉴런은 이전 층에서 전달받은 특징 중 아주 일부분의 조합으로 이뤄진다. 이 점이 모든 뉴런이 이전 층의 모든 특징의 조합으로 이뤄진 전결합층과 크게 다른 부분이다. 구체적인 수준에서는 이들 뉴런이 '특징 맵'이라는 형태로 그룹지어진다. 이렇게 뉴런이 모인 특징 맵은 이미지의 어떤 위치에 특정한 시각적 패턴이 존재하는지 여부를 나타낼 수 있다. 합성곱층이 2개 이상 있다면 패턴의 패턴 존재 여부를 나타내는 특징 맵도 표현 가능하다. 그리고 이 특징 맵이 모이면 합성곱층의 '채널'이 된다.

합성곱 연산은 밀집층을 구현할 때 사용했던 연산과 많은 점이 다르지만, 다음과 같이 기존 ParamOperation 클래스의 구상 클래스에 맞춰 넣을 수 있었다.

- 입력 데이터와 파라미터로부터 출력을 계산하는 _output 메서드 구현
- 연산의 출력과 모양이 같은 출력 기울기를 받아 각각 입력 기울기와 파라미터 기울기를 계산하는 _input_grad와 _param_grad 메서드 구현

차이점은 _input, output, param이 전결합층에서 2차원 ndarray 객체였다가 4차원 ndarray 객체로 바뀐 것이다.

이 장에서 배운 내용은 앞으로 합성곱 신경망을 응용하거나 배울 때 매우 유용한 토대가 된다. 다음 장에서는 또 다른 고급 신경망 구조인 순환 신경망을 다룬다. 순환 신경망은 지금까지 다뤄온 주택 가격이나 이미지처럼 순서가 없는 데이터와 달리, 의미 있는 순서를 갖는 순차 데이터에 특화된 구조다. 그럼 다음 장에서 만나자.

# CHAPTER 6

# 순환 신경망

이번 장은 연속열 데이터를 다루는 데 특화된 신경망인 순환 신경망recurrent neural network (RNN)을 다룬다. 지금까지 우리가 배운 신경망은 서로 독립된 여러 개의 관찰로 이뤄진 데이터를 다뤘다. 앞서 합성곱 신경망과 전결합 신경망을 배울 때 사용했던 MNIST 데이터에도 어떤 글자 뒤에 다른 글자가 온다는 순서에 대한 내용은 없었다. 그러나 데이터 중에는 순서에 의미가 있는 데이터도 있다. 산업계나 금융계에서 다루는 시계열 데이터나 글자와 단어, 문장의 순서에 의미가 들어 있는 언어 데이터도 모두 순서를 갖는다. 순환 신경망은 이렇게 순서를 갖는 **순차 데이터**sequential data로부터 정확한 예측을 내리는 데 특화된 신경망 구조다. 순환 신경망을 이용하면 가까운 미래의 금융 자산 가격이나 어떤 문장의 다음 단어를 예측할 수 있다.

순서를 가진 데이터를 다루려면 전결합 신경망에 세 가지 수정이 필요하다. 첫 번째는 신경망에 입력하는 ndarray 객체에 '차원을 하나 추가'하는 것이다. 지금까지 우리가 신경망에 입력한 데이터는 기본적으로 2차원 데이터였다. 한 차원축은 관찰의 개수를 나타내며, 다른 차원축은 특징의 수[1]를 나타냈다. 쉽게 말해 **하나의 관찰**을 하나의 1차원 벡터로 표현했다. 순환 신경망의 입력에도 관찰의 개수를 나타내는 축이 있지만, 각 관찰은 2차원 ndarray 형태를 갖는다. 관찰의 두 차원축 중 하나는 순차 데이터의 길이이고 다른 한 축은 순차 데이터의 현재 요소가 갖는 특징 수를 나타낸다. 그러므로 RNN의 입력은 [batch_size, sequence_length, num_feature] 모양을 갖는 3차원 ndarray(즉, 연속열의 배치)가 된다.

---

**1** 각 행이 관찰, 각 열이 특징에 해당하도록 데이터를 조직하면 편리하지만, 반드시 그럴 필요는 없고 2차원이면 된다.

두 번째 수정 사항은 3차원으로 변경된 입력을 처리하도록 수정하는 것이다. 바로 이 수정에 대한 내용이 이번 장의 중심 내용이다. 세 번째 수정 사항에 대한 논의가 이번 장을 시작하는 출발점이 된다. 새로운 데이터인 순차 데이터를 다루려면, 전혀 다른 추상화를 적용한 완전히 새로운 프레임워크를 사용해야 한다. 그 이유는 전결합 신경망과 합성곱 신경망의 '연산' 자체가 여러 번의 덧셈과 곱셈으로 이루어지긴 했어도(행렬곱과 합성곱처럼), 순방향과 역방향 계산에서는 ndarray 객체 하나를 입력받아 다시 ndarray 객체 하나를 출력(연산 과정에서 파라미터라는 다른 ndarray가 개입하기는 하지만)한다는 점에서 이를 하나의 '작은 공장'으로 보았다. 그러나 순환 신경망은 이런 식으로 구현할 수 없다. 그 이유를 스스로 생각해보자. 신경망 구조의 어떤 특성이 우리가 만든 프레임워크를 무너뜨릴 수 있을까? 답이 있긴 하지만, 그 해답의 전모를 다루려면 구현의 깊은 세부 사항까지 건드리는 개념을 이해해야 하므로 이 책이 다루는 범위를 벗어난다.[2] 세 번째 수정 사항을 자세히 살펴보기 전에 기존 프레임워크의 근본적인 한계가 무엇인지 알아보자.

# 6.1 근본적인 한계: 분기 처리하기

우리가 만든 프레임워크는 [그림 6-1]과 같은 계산 그래프로 만든 모델을 학습시킬 수 없다.

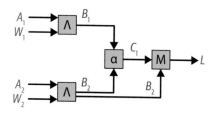

**그림 6-1** 우리가 만든 프레임워크로 나타낼 수 없는 모델. 순방향 계산에서 기호가 같은 값이 두 번 이상 출현하므로 기존처럼 정해진 순서대로 역방향 계산을 진행할 수 없다.

뭐가 잘못됐을까? 순방향 계산은 코드로 옮기는 데 문제가 없다. 여기에 나온 Add와 Multiply 연산은 설명을 위해 작성한 예다.

---

**2** 적어도 이번 판(edition)에서는 그렇다.

```
a1 = torch.randn(3,3)
w1 = torch.randn(3,3)

a2 = torch.randn(3,3)
w2 = torch.randn(3,3)

w3 = torch.randn(3,3)

# 연산
wm1 = WeightMultiply(w1)
wm2 = WeightMultiply(w2)
add2 = Add(2, 1)
mult3 = Multiply(2, 1)

b1 = wm1.forward(a1)
b2 = wm2.forward(a2)
c1 = add2.forward((b1, b2))
L = mult3.forward((c1, b2))
```

문제는 역방향 계산에서 일어난다. 기존처럼 연쇄법칙으로 w1에 대한 L의 기울기를 계산해보자. 원래대로라면 각 연산에서 연산이 배치된 역순으로 backward를 호출하면 된다. 그러나 여기서는 **순방향 계산 과정에 b2가 재사용되므로** 이 방법을 사용할 수 없다. 예를 들어 mult3에서 backward를 호출해 역방향 계산을 시작했다면, 두 입력 c1과 b2에 대한 기울기를 각각 구할 수 있다. 그러나 계산해보면 add2에서 backward를 호출해 c1에 대한 기울기를 입력할 수 있지만, b2에 대한 기울기도 L에 영향을 미치는데 이를 전달할 곳이 없다. 따라서 순방향 계산의 완전한 역순으로는 이 계산 그래프의 역방향 계산을 수행하지 못한다. 지금으로서는 다음과 같은 코드로 직접 계산해야 한다.

```
c1_grad, b2_grad_1 = mult3.backward(L_grad)

b1_grad, b2_grad_2 = add2.backward(c1_grad)

# 순방향 계산에서 b2가 두 번 사용된 것을
# 반영하기 위해 두 기울기를 결합한다.
b2_grad = b2_grad_1 + b2_grad_2

a2_grad = wm2.backward(b2_grad)

a1_grad = wm1.backward(b1_grad)
```

이 시점에서 Operation 클래스를 완전히 들어내야 한다. 그러면 순방향 계산 과정의 모든 중간값을 따로 계산하고 저장했다가 역방향 계산에서 다시 사용해야 한다. 2장에서 사용했던 방법으로 돌아가는 것이다. 아무리 복잡한 신경망이라도 순방향 계산과 역방향 계산 과정을 직접 정의할 수 있다. 2장에서 2층짜리 신경망을 구현하는 데 연산 17개를 사용한 것처럼 말이다(이번 장에서 RNN 셀을 구현할 때 이 방법을 쓴다). 우리가 Operation 클래스를 도입한 이유는 신경망을 높은 추상 수준에서 정의해도 낮은 추상 수준까지 모두 동작하는 프레임워크를 구축하기 위해서였다. 이 프레임워크는 신경망의 여러 핵심 개념을 다루지만, 이제 그 한계에 도달했다.

신경망을 구현하는 또 다른 방법인 **자동 미분**automatic differentiation으로 이 문제를 깔끔하게 해결할 수 있다.[3] 자동 미분으로 완전한 프레임워크를 구축하는 내용만으로도 여러 장을 할애해야 하므로 여기서는 자동 미분의 동작 원리만 다루며 자동 미분 프레임워크를 사용하는 방법은 7장에서 파이토치와 함께 소개한다. 자동 미분은 제1법칙으로 설명할 가치가 있을 만큼 중요한 개념이므로 여기서는 자동 미분을 이용하는 간단한 프레임워크를 설계한다. 그리고 이 프레임워크로 앞서 본 예제의 순방향 계산을 구현하며 자동 미분이 어떻게 객체를 재활용하고 문제를 해결하는지 살펴본다.


## 6.2 자동 미분

앞서 보았듯, Operation 클래스를 이용한 프레임워크로는 모델 학습에 필요한 입력에 대한 출력의 기울기 계산이 어려운 신경망 구조도 있다. 자동 미분을 사용하면 전혀 다른 접근법으로 기울기를 계산할 수 있다. 연산을 신경망의 원자적 단위로 삼는 대신, 데이터 자체를 감싸는 클래스를 정의하고 수행한 연산을 데이터가 기억하게 하는 것이다. 그러면 다양한 연산을 거치며 얻은 기울기를 데이터에 누적시킬 수 있다. 코드를 작성하며 기울기 누적에 어떤 효과가 있는지 확인해보자.[4]

---

**3** 다니엘 자비나시(Daniel Sabinasz)가 블로그(http://www.deepideas.net)에서 소개한 방법도 있다. 그가 소개한 방법은 연산 순서를 그래프로 나타내고, 역방향 계산 중 이 그래프에 너비 우선 탐색(breadth-first search)을 수행하며 기울기를 올바른 순서대로 계산하는 방법으로 텐서플로와 유사한 프레임워크를 만드는 방법이다. 이 방법이 소개된 블로그 포스트 역시 명료하게 잘 쓰였다.

**4** 자동 미분 구현에 대한 자세한 내용은 앤드루 트라스크(Andrew Trask)의 『그로킹 딥러닝』(한빛미디어, 2019)을 참고하자.

## 6.2.1 기울기 누적 코드 작성하기

기울기를 자동으로 추적하려면 데이터에 기본 연산을 수행하는 파이썬 메서드를 오버라이딩 overriding해야 한다. 파이썬에서는 +와 - 연산자를 사용할 때 내부에서 __add__와 __sub__ 메서드가 호출된다. 예를 들어 + 연산자가 동작하는 과정은 다음과 같다.

```python
a = array([3,3])
print("Addition using '__add__':", a.__add__(4))
print("Addition using '+':", a + 4)
```

```
Addition using '__add__': [7 7]
Addition using '+': [7 7]
```

이런 성질을 이용해 일반적인 파이썬 숫자 타입(float와 int)을 감싸는 클래스를 구현하고 add나 mul 메서드를 오버라이딩한다.

```python
Numberable = Union[float, int]

def ensure_number(num: Numberable) -> NumberWithGrad:
    if isinstance(num, NumberWithGrad):
        return num
    else:
        return NumberWithGrad(num)

class NumberWithGrad(object):

    def __init__(self,
                 num: Numberable,
                 depends_on: List[Numberable] = None,
                 creation_op: str = ''):
        self.num = num
        self.grad = None
        self.depends_on = depends_on or []
        self.creation_op = creation_op

    def __add__(self,
                other: Numberable) -> NumberWithGrad:
        return NumberWithGrad(self.num + ensure_number(other).num,
                              depends_on = [self, ensure_number(other)],
                              creation_op = 'add')
```

```python
def __mul__(self,
            other: Numberable = None) -> NumberWithGrad:

    return NumberWithGrad(self.num * ensure_number(other).num,
                          depends_on = [self, ensure_number(other)],
                          creation_op = 'mul')

def backward(self, backward_grad: Numberable = None) -> None:
    if backward_grad is None: # backward가 처음 호출됨
        self.grad = 1
    else:
        # 이 부분에서 기울기가 누적됨
        # 기울기 정보가 아직 없다면 backward_grad로 설정
        if self.grad is None:
            self.grad = backward_grad
        # 기울기 정보가 있다면 기존 기울깃값에 backward_grad를 더함
        else:
            self.grad += backward_grad

    if self.creation_op == "add":
        # self.grad를 역방향으로 전달함
        # 둘 중 어느 요소를 증가시켜도 출력이 같은 값만큼 증가함
        self.depends_on[0].backward(self.grad)
        self.depends_on[1].backward(self.grad)

    if self.creation_op == "mul":

        # 첫 번째 요소에 대한 미분 계산
        new = self.depends_on[1] * self.grad
        # 이 요소에 대한 미분을 역방향으로 전달
        self.depends_on[0].backward(new.num)

        # 두 번째 요소에 대한 미분 계산
        new = self.depends_on[0] * self.grad
        # 이 요소에 대한 미분을 역방향으로 전달
        self.depends_on[1].backward(new.num)
```

코드가 길지만 우선 NumberWithGrad 클래스부터 살펴보자. 이 클래스의 목적은 간단한 연산을 구현하고 자동으로 기울기를 계산하는 것이다. 예를 들어 다음과 같은 코드를 작성했다고 하자.

```
a = NumberWithGrad(3)

b = a * 4
c = b + 5
```

이때 a를 $\epsilon$만큼 증가시킨다면 c의 값은 얼마나 증가할까? c도 $4 \times \epsilon$만큼 증가할거라 쉽게 예상할 수 있다. 실제로 위에서 구현한 클래스를 다음과 같이 이용하면,

```
c.backward()
```

`Operation` 객체의 리스트를 순회하지 않고도 다음과 같이 기울기를 구할 수 있다.

```
print(a.grad)
```

```
4
```

이게 어떻게 가능할까? 이 클래스의 구현에 바탕이 된 인사이트는 `NumberWithGrad` 객체에 + 나 * 연산을 수행할 때마다 새로운 `NumberWithGrad` 객체를 만들고, 원래의 `NumberWithGrad` 객체를 디펜던시dependency로 갖게 하는 것이다. 그리고 이전 c에서처럼 어떤 `NumberWithGrad` 객체에서 `backward` 메서드가 호출되면, c가 만들어지기까지 관여했던 모든 `NumberWithGrad` 객체에서 모든 기울기가 자동으로 계산된다. 실제로 확인해보면 a뿐만 아니라 b의 기울기도 계산되어 있다.

```
print(b.grad)
```

```
1
```

이 방법은 `NumberWithGrad` 객체에 기울기를 누적시키고, 이후 계산에서 이 값을 재사용하며 정확한 기울깃값을 유지한다는 장점이 있다. 같은 예제로 연산을 여러 차례 거친 `NumberWith Grad` 객체가 어떻게 동작하는지 자세히 살펴보자.

## 자동 미분 수행 과정

다음은 a가 여러 번 재사용된 연산 과정이다.

```
a = NumberWithGrad(3)

b = a * 4
c = b + 3
d = c * (a + 2)
```

위 연산을 직접 계산하면 $d = 75$가 된다. 하지만 여기서 $a$를 1단위 증가시켰을 때 $d$의 값이 얼마나 증가하는지가 가장 중요하다. 이 값은 수학적으로 다음과 같이 구할 수 있다.

$$d = (4a+3) \times (a+2) = 4a^2 + 11a + 6$$

미적분의 멱의 법칙power rule을 이용하면 도함수는 다음과 같다.

$$\frac{\partial d}{\partial a} = 8a + 11$$

$a = 3$일 때, 미분은 $8 \times 3 + 11 = 35$가 된다. 이 값을 실제로 계산해보자.

```
def forward(num: int):
    b = num * 4
    c = b + 3
    return c * (num + 2)

print(round(forward(3.01) - forward(2.99)) / 0.02), 3)
```

```
35.0
```

자동 미분 프레임워크를 이용해도 같은 결과가 나오는지 확인해보자.

```
a = NumberWithGrad(3)

b = a * 4
c = b + 3
```

```
d = (a + 2)
e = c * d
e.backward()

print(a.grad)
```

## 자동 미분의 원리

자동 미분의 목적은 연산 대신 숫사, ndarray, Tensor 등 **데이터 객체 자신**이 해석의 대상이 되는 것이다.

모든 자동 미분 기법의 공통적인 특징은 다음과 같다.

- 연산 대상이 되는 실제 데이터를 감싼 래퍼 클래스를 만든다. 우리가 만든 프레임워크에서는 float와 int를 감싸는 NumberWithGrad 클래스를 만들었다. 파이토치에도 비슷한 역할을 하는 Tensor 클래스가 있다.

- 덧셈, 곱셈, 행렬곱 등의 연산이 래퍼 클래스의 객체를 반환하도록 재정의한다. 앞서 본 예제에서도 NumberWithGrad 객체끼리의 연산이나 NumberWithGrad와 float, int의 연산 모두 NumberWithGrad 객체를 반환하도록 연산을 재정의했다.

- NumberWithGrad 클래스는 순방향 계산 결과에 따라 기울기 계산에 필요한 정보를 포함해야 한다. 앞 예제에서는 인스턴스 변수 creation_op에 해당 객체가 생성된 연산 정보를 담았다.

- 역방향 계산 과정에서 기울기는 기반 데이터 타입으로 전달된다. 이 예제에서는 기울기가 NumberWithGrad 타입이 아니라 float와 int 타입이다.

- 이번 절 처음에서 언급했듯이 자동 미분으로 순방향 계산 과정의 중간 결과를 재사용할 수 있다. 앞 예제에서도 a를 문제없이 두 번 사용했다. 다음 코드가 그 핵심 원리다.

```
if self.grad is None:
    self.grad = backward_grad
else:
    self.grad += backward_grad
```

- backward_grad로 기울기를 처음 전달받으면 이 값으로 저장된 기울깃값을 초기화하고, 기울기를 전달받은 적이 있다면 기존 값에 전달받은 값을 더한다. NumberWithGrad 객체는 모델 안에서 재사용된 값의 기울기를 누적한다.

여기서 다룰 자동 미분에 대한 내용은 이것이 전부다. 이제 원래 주제였던 모델 구조로 돌아가자.


# 6.3 순환 신경망이 필요한 이유

이 장 서두에서 밝혔듯이 순환 신경망은 순서를 가진 순차 데이터를 다루는 데 특화된 신경망이다. 지금까지는 하나의 관찰이 n개의 특징으로 구성된 단일 벡터였으나, 순차 데이터는 t시간 동안의 n개의 특징이 이루는 2차원 배열이 하나의 관찰이 된다. [그림 6-2]에 이를 나타냈다.

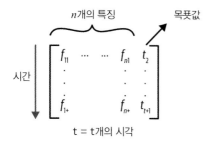

**그림 6-2** 순차 데이터: 각 시각마다 n개의 특징값을 갖는다.

앞으로 몇 개 절에 걸쳐 순환 신경망이 순차 데이터를 어떻게 다루는지 살펴보기 전에 순환 신경망이 필요한 이유를 먼저 알아보자. 순차 데이터에 일반적인 순방향 신경망feedforward neural network을 사용하려면 어떻게 해야 할까? 먼저 각 시각을 독립적인 특징의 집합으로 나타내는 방법을 생각해볼 수 있다. 예를 들어 t = 1의 특징과 t = 2의 특징을 모아 하나의 관찰로 삼고, 다음 관찰은 t = 2와 t = 3의 특징을 모은 것으로 관찰하는 방법이다. 만약 두 개 이상의 시각에 걸친 데이터를 이용해 예측을 내리고 싶다면, t = 1과 t = 2의 특징으로 t = 3의 목푯값을 예측하고, t = 2와 t = 3의 특징으로 t = 4의 목푯값을 예측하는 것이다.

그러나 각 시각을 독립적으로 간주하면 데이터의 순서가 무시된다. 데이터에 순서가 있다는 성질을 이용해 더 나은 예측을 내리고 싶다면 어떻게 해야 할까? 해결책은 다음과 같다.

1. 시각 t = 1의 특징을 이용해 시각 t = 1의 목푯값을 예측한다.

2. 시각 t = 2의 특징과 t = 1의 특징, t = 1의 목푯값을 이용해 시각 t = 2의 목푯값을 예측한다.

3. 시각 t = 3까지 누적된 정보(t = 1, t = 2의 정보 포함)를 이용해 시각 t = 3의 목푯값을 예측한다.

4. 같은 방식으로 현재까지 누적된 이전 시각의 정보를 이용해 다음 시각의 목푯값을 예측한다.

이 방법을 사용하려면 신경망에 데이터를 한 시각 분량씩 순서대로 입력해야 한다. 그리고 이전에 본 데이터의 정보를 한 시각 분량씩 신경망에 누적해야 한다. 지금부터는 순환 신경망이 어떻게 정보를 누적하는지 알아보자. 순환 신경망의 다양한 변종도 소개하는데, 이들의 공통점은 데이터를 순차적으로 처리한다는 것이다. 주로 데이터를 순차적으로 처리하는 구조를 설명하며 마지막에 순환 신경망의 변종 간 차이점도 설명한다.

## 6.4 순환 신경망이란

우선 지금까지 배웠던 순방향 신경망에서 데이터가 어떤 방식으로 흘러가는지 높은 추상 수준에서 다시 훑어보자. 순방향 신경망에서는 일련의 층을 통과하며 데이터가 흘러간다. 각 층의 출력은 해당 층에서 입력된 단일 관찰을 나타낸 '표현'이다. 두 번째 층의 표현은 최초 특징을 조합한 특징으로 구성되며, 세 번째 층의 표현은 이 표현을 다시 조합한 '특징의 특징'으로 구성된다. 순방향 계산이 한 번 끝나면 신경망에는 각 층마다 원래 관찰의 표현이 남는다. 이를 [그림 6-3]에 나타냈다.

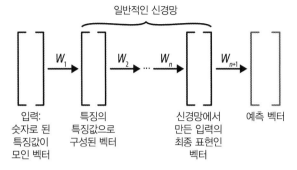

일반적인 신경망

입력:
숫자로 된
특징값이
모인 벡터

특징의
특징값으로
구성된 벡터

신경망에서
만든 입력의
최종 표현인
벡터

예측 벡터

**그림 6-3** 일반적인 순방향 신경망은 입력을 다음 층으로 전달하면서 층마다 서로 다른 표현으로 변환한다.

그러나 그다음 관찰이 입력되면 이 표현은 폐기된다. 순환 신경망과 모든 변종 신경망의 핵심적인 변화는 **이 표현을 신경망의 다음 입력과 함께 신경망에 다시 입력한다**는 점이다. 더 구체적으로 설명하면 다음과 같다.

1. 시각 t = 1에 첫 번째 시각의 관찰이 신경망에 입력된다(이때의 표현은 무작위다). 그리고 t = 1의 예측 결과가 출력되면, 각 층에 표현이 남는다.

2. 그다음 시각 t = 2에는 각 층에 시각 t = 1의 표현(다시 설명하지만 이 표현은 각 층의 출력을 말한다)이 남은 상태에서 두 번째 시각 t = 2의 관찰이 신경망에 입력된다. 그리고 새로 입력된 관찰과 표현을 모종의 방법(순환 신경망의 각 변종은 결합 방법에 차이가 있다)으로 결합한다. 이 두 가지 정보를 사용해 시각 t = 2의 예측을 계산하고 각 층의 표현을 수정한다. 이 표현은 t = 1과 t = 2의 입력으로 결정된 값이 된다.

3. 시각 t = 3에도 시각 t = 1과 t = 2의 관찰로 결정된 표현이 남아 있는 상태에서 시각 t = 3의 관찰이 신경망에 입력된다. 다시 이 두 가지 정보로 시각 t = 3의 예측이 계산되고, 이 과정에서 수정된 표현은 시각 1–3의 정보에서 결정된 것이다.

이 과정을 [그림 6-4]에 나타냈다.

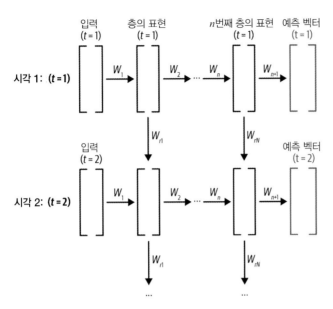

시각 1: (t = 1)

입력
(t = 1)

층의 표현
(t = 1)

$n$번째 층의 표현
(t = 1)

예측 벡터
(t = 1)

$W_1$  $W_2$  $\cdots$  $W_n$  $W_{n+1}$

$W_{r1}$  $W_{rN}$

시각 2: (t = 2)

입력
(t = 2)

예측 벡터
(t = 2)

$W_1$  $W_2$  $\cdots$  $W_n$  $W_{n+1}$

$W_{r1}$  $W_{rN}$

...  ...

**그림 6-4** 순환 신경망에서 각 층의 표현이 다음 시각으로 전달된다.

결과적으로 각 층의 표현은 새로운 관찰이 입력될 때마다 수정되며 '영구적으로' 유지되는 효과
가 생긴다. 그리고 이 점이 바로 순환 신경망이 기존의 연산 중심 프레임워크에 적합하지 않은
이유다. 순차 데이터에 한 번의 예측을 내리려고만 해도 각 층의 상태를 나타내는 ndarray 객
체가 지속적으로 수정되며 여러 번 재사용되기 때문이다. 기존의 프레임워크는 더 이상 사용할
수 없으니 다시 제1법칙부터 출발해 순환 신경망을 만드는 클래스를 설계해야 한다.

## 6.4.1 순환 신경망 구현을 위한 첫 번째 클래스: RNNLayer

RNN이 어떻게 동작하는지 파악한 바, 연속열을 한 시각마다 한 요소씩 앞으로 전달해주는
RNNLayer 클래스가 필요하다는 것을 알았다. 그럼 RNNLayer가 구체적으로 어떻게 동작해
야 하는지 생각해보자. 이 장 앞에서 설명했듯이 RNN은 각각 (sequence_length, num_
features)에 해당하는 2차원 형태의 관찰로 구성된 데이터를 다룬다. 그리고 배치 단위로 전
달하는 것이 효율적이므로 RNNLayer가 입력받는 데이터는 모양이 (batch_size, sequence_
length, num_feature)인 3차원 ndarray 객체 형태여야 한다. 하지만 3차원 ndarray 객체
에서 연속열의 한 요소씩 입력하는 처리를 어떻게 해야 할까? 다음과 같은 방법을 사용하면 된

다.

1. data[:, 0, :]로 시작하는 두 번째 축에 늘어선 2차원 배열을 하나 선택한다. 이렇게 선택된 배열의 모양은 (batch_size, num_features)가 된다.

2. RNNLayer 객체의 '내부 상태'를 (batch_size, hidden_size) 모양으로 초기화한다. 이 상태는 연속열이 한 요소씩 입력되는 과정에서 지속적으로 수정된다. 그러므로 이 ndarray 객체는 이 층이 현재 시각까지 입력받은 데이터에 대한 '누적된 정보'를 나타낸다.

3. 1과 2에 나온 2개의 ndarray 객체로 첫 번째 시각에 대한 순방향 계산을 수행한다. 우리가 만들 RNNLayer는 일반적인 Dense층처럼 입력과 출력의 모양이 다르게 설계된다. 따라서 출력의 모양은 (batch_size, num_outputs)가 된다. 관찰을 하나씩 입력하며 신경망 안에 들어 있는 표현을 수정한다. 이때 RNNLayer도 각 시각마다 (batch_size, hidden_size) 모양의 ndarray 객체를 출력한다.

4. 데이터의 두 번째 축에서 그다음 2차원 배열(data[:, 1, :])을 선택한다.

5. 첫 번째 시각에서 출력된 표현과 데이터로 두 번째 시각의 순방향 계산을 수행하고 그 결과로 (batch_size, num_outputs) 모양의 출력을 내놓는다. 또한 (batch_size, hidden_size) 모양의 표현도 수정된다.

6. sequence_length번 동안 이 과정을 반복한다. 그다음 출력값을 모아 (batch_size, sequence_length, num_outputs) 모양으로 합친다.

이제 RNNLayer가 어떤 일을 해야 하는지 감이 오는가? 코드를 작성하면 더 깊이 이해할 수 있다. 그리고 위 내용을 통해 각 시각마다 연속열의 요소를 입력받고 내부 상태를 수정하는 역할을 맡을 클래스가 필요하다는 것도 알게 되었다. 이 역할은 다음으로 구현할 RNNNode 클래스가 맡는다.

## 6.4.2 순환 신경망 구현을 위한 두 번째 클래스: RNNNode

앞의 동작 내용에 따르면 RNNNode 클래스는 다음과 같은 입출력을 갖는 forward 메서드를 갖춰야 한다.

- 입력: 2개의 ndarray 객체
  - 모양이 [batch_size, num_features]인 신경망의 입력
  - 모양이 [batch_size, hidden_size]인 해당 시각의 표현

- 출력: 2개의 ndarray 객체
  - 모양이 [batch_size, num_outputs]인 해당 시각의 출력
  - 모양이 [batch_size, hidden_size]인 해당 시각에 수정된 표현

그다음에는 이렇게 구현한 RNNLayer와 RNNNode 클래스를 결합할 차례다.


## 6.4.3 두 클래스 결합하기

RNNLayer 객체는 RNNNode 객체의 리스트를 내부에 포함하며 다음과 같은 입출력을 갖는 forward 메서드를 갖춰야 한다.

- 입력: 모양이 [batch_size, sequence_length, num_features]인 관찰의 연속열로 구성된 배치
- 출력: 모양이 [batch_size, sequence_length, num_outputs]인 층의 출력

[그림 6-5]에 데이터가 각각 5개의 RNNNode를 갖는 두 RNNLayer를 통과하는 과정을 나타냈다. 매 시각마다 feature_size 차원의 입력으로 각 층의 첫 번째 RNNNode 객체부터 순방향 계산이 수행되고, 그 결과로 output_size 차원으로 해당 시각의 예측 결과가 출력된다. 또한 각 RNNNode 객체는 '내부 상태'를 같은 층에 포함된 자신의 다음 RNNNode 객체로 전달한다. 5 시각이 지나 데이터가 모든 층을 통과하고 나면, 모양이 (5, output_size)인 최종 예측 결과를 얻는다. 여기서 output_size는 목푯값과 같은 차원을 가져야 한다. 이 예측값을 목푯값과 비교해 계산된 손실의 기울기로부터 역방향 계산이 시작된다. [그림 6-5]는 데이터가 5×2개의 RNNNode(1부터 10까지)를 통과하는 이 과정을 정리한 것이다.

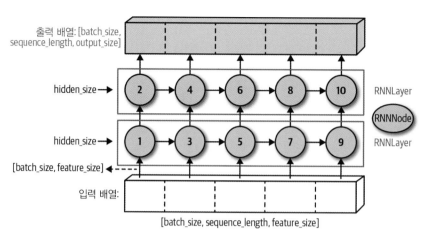

**그림 6-5** 길이가 5인 연속열을 처리할 수 있으며 층이 2개인 RNN에서 데이터가 흐르는 과정

데이터는 [그림 6-6]과 같은 방식으로도 흐를 수 있다. 어떤 순서가 됐든 다음과 같은 과정은 공통이다.

- 같은 시각에 주어진 데이터는 앞 층에서 먼저 처리된다. 예를 들면 [그림 6-5]에서 2보다 1이 먼저 처리되며, 4보다 3이 먼저 처리되어야 한다.
- 마찬가지로 각 층 안에서도 처리 순서는 시간 순서를 따른다. [그림 6-5]를 예로 들면 4보다 2가, 3보다 1이 먼저 처리되어야 한다.
- 마지막 층의 출력은 각 관찰마다 feature_size 차원의 출력을 내놓는다.

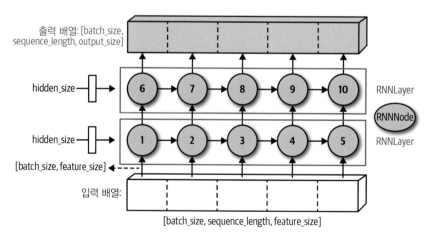

**그림 6-6** 같은 RNN에서 다른 순서로 데이터가 흐르는 과정

이것으로 RNN의 순방향 계산 과정을 모두 설명했다. 다음은 역방향 계산 과정을 알아보자.

### 6.4.4 역방향 계산

순환 신경망의 역전파 알고리즘은 흔히 **BPTT**<sup>backpropagation through time</sup>라는 별도의 알고리즘으로 취급된다. 이 명칭이 틀린 것은 아니지만, 알고리즘의 실제 내용보다 더 어렵게 느껴지는 효과가 있다. 순방향 계산 과정에서 데이터가 흐르는 방식을 잘 기억하면, 같은 방식으로 역방향 계산 과정도 설명할 수 있다. 입력이 흘렀던 방식의 정확히 반대 방향으로 기울기를 전달하면 된다. 일반적인 순방향 신경망과 다를 것이 없다.

[그림 6-5]와 [그림 6-6]에 나온 순방향 계산 과정은 다음과 같다.

1. 각 모양이 (feature_size, sequence_length)인 관찰로 구성된 배치로 시작한다.
2. 이 입력을 sequence_length개의 요소로 분할한 다음, 한 번에 하나씩 신경망에 입력한다.
3. 각 요소가 모든 층을 통과하면 output_size 차원의 출력으로 변환된다.
4. 이와 같은 시점에 층의 내부 상태가 다음 시각의 입력으로 전달된다.
5. 1~4의 과정을 sequence_length시각 동안 반복하면 전체 (output_size, sequence_length) 크기의 출력이 나온다.

역전파 과정은 같은 과정을 반대로 수행한다.

1. 모양이 [output_size, sequence_length]인 기울기로 시작한다. 이 기울기는 출력(크기가 [output_size, sequence_length])의 각 요소가 해당 배치의 손실값에 미친 영향을 의미한다.
2. 기울기를 sequence_length개의 요소로 분할한 다음, 한 번에 하나씩 신경망의 출력층에 입력하여 층을 거슬러 올라간다.
3. 각 요소의 기울기를 모든 층에 통과시킨다.
4. 마찬가지로 각 층은 **해당 시각의 내부 상태에 대한 손실의 기울기**를 자신의 이전 시각의 계산으로 전달한다.
5. 1~4의 과정을 sequence_length시각 동안 반복해서 신경망 맨 앞까지 기울기를 전달한다. 순방향 신경망처럼 이 과정에서 각 가중치에 대한 손실의 기울기가 계산된다.

[그림 6-7]에 순환 신경망의 역방향 계산 중 데이터의 흐름을 나타냈다. 이 그림에서 순방향 계산과 역방향 계산의 유사성이 드러난다. [그림 6-5]와 비교해보면 계산 순서를 나타내는 숫자는 변하지 않고 화살표의 방향만 바뀐 것을 알 수 있다.

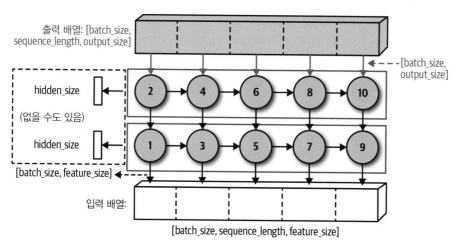

**그림 6-7** 역방향 계산은 데이터의 흐름이 순방향 계산과 반대 방향이다.

이 설명에서 알 수 있는 것은 RNNLayer의 순방향, 역방향 계산도 추상적으로 보면 일반적인 신경망의 순방향, 역방향 계산과 매우 유사하다. 일반적인 순방향 신경망과 순환 신경망 모두 순방향 계산에서는 특정한 모양의 ndarray를 입력받아 다른 모양의 ndarray를 출력한다. 그리고 역방향 계산에서는 반대로 출력과 같은 모양의 ndarray를 입력받고 입력과 같은 모양의 입력 기울기를 내놓는다. 가장 중요한 차이점은 RNNLayer와 일반적인 층 클래스에서 가중치의 기울기를 다루는 방법에 있다. 구현하기 전에 차이점을 먼저 알아보자.

## RNN의 가중치 기울기 누적

순환 신경망도 일반적인 신경망처럼 각 층에 **한 벌씩의 가중치**가 있다. 이 의미는 가중치가 이 층의 모든 sequence_length개 시각의 출력에 영향을 미친다는 점이다. 그러므로 역전파 계산 과정에는 한 벌의 가중치가 sequence_length번 기울기를 전달받는다. [그림 6-7]의 역전파 계산 과정을 보면 1번 원에서 2번째 층이 마지막 시각에 대한 기울기를 받으면 3번 원에서는 끝에서 두 번째 시각의 기울기를 받는다. 두 기울기 모두 같은 가중치에 대한 것이다. 그러므로 역전파 계산 중에는 연속된 각 시각의 기울기를 누적해야 한다. 다시 말해 가중치는 그대로 유지하면서 기울기를 다음과 같이 합해간다.

가중치_기울기 += 각_시각의_기울기

이 과정은 가중치 기울기를 param_grad 변수에 저장하기만 하면 됐던 Dense층이나 Conv2D 층에서는 찾아볼 수 없다. RNN의 동작 원리와 구현에 필요한 클래스를 모두 설계했다. 이제 세부사항을 살펴보자.

## 6.5 RNN 코드

RNN을 구현하는 방법부터 살펴보자. 이 방법도 지금까지 일반적인 순방향 신경망을 구현했던 방법과 크게 다르지 않다.

1. RNN에서도 데이터는 각 층을 통과해야 한다. 각 층은 순방향 계산 과정에서 출력을 다음 층으로 전달하고, 역방향 계산 과정에서는 기울기를 이전 층으로 전달한다. 그러므로 이전의 NeuralNetwork 클래스와 같은 역할을 맡은 클래스는 layers라는 이름의 RNNLayer 객체의 리스트를 통해 다음과 같은 코드로 순방향 계산을 구현한다.

```
def forward(self, x_batch: ndarray) -> ndarray:

    assert_dim(ndarray, 3)

    x_out = x_batch
    for layer in self.layers:
        x_out = layer.forward(x_out)

    return x_out
```

2. 손실을 계산하는 과정은 전과 같다. 신경망의 마지막 층에서 출력된 ndarray 객체의 값을 y_batch 의 목푯값과 비교한 다음, 이를 바탕으로 손실값을 계산한다. 그리고 입력에 대한 손실의 기울기를 계산하는데, 이 기울기는 출력과 모양이 같은 ndarray다. 이러려면 소프트맥스 함수가 [batch_size, sequence_length, feature_size] 모양의 ndarray를 다룰 수 있도록 수정해야 하는데, 그 내용은 나중에 다룬다.

3. Trainer 클래스는 그대로 유지된다. 학습 데이터를 순회하며 입력 데이터와 출력 데이터의 배치를 선택하고 순서대로 모델에 배치를 입력해 손실값을 계산한 다음, 이 값을 통해 학습이 잘 진행되는지 확인하고 가중치를 수정한다.

4. Optimizer 클래스도 그대로 유지된다. 매 시각마다 params와 param_grads에서 필요한 값을 찾는 방법이 달라지겠지만, '수정 규칙'(_update_rule 메서드에 표현된)은 그대로 사용한다.

정말 흥미로운 부분은 층을 구현하는 부분부터다.

## 6.5.1 RNNLayer 클래스

현재 구현된 코드에서는 신경망의 층을 나타내는 Layer의 구상 클래스에 연산에 해당하는 Operation의 구상 클래스 객체의 리스트를 만들어 이 연산으로 순방향 계산과 역방향 계산을 수행했다. RNNLayer는 이와 전혀 다른 방식으로 구현된다. 이 층은 새로운 데이터가 끊임없이 입력되며 이 정보를 반영해 지속적으로 매 시각마다 수정되는 '내부 상태'를 유지해야 한다. 어떻게 하면 이를 구현할 수 있을까? [그림 6-5]와 [그림 6-6]을 힌트로 삼으면 RNNLayer는 RNNNode 객체의 리스트를 속성으로 가지며, 이 RNNNode 객체를 입력받은 연속열의 요소가 하나씩 차례대로 통과한다. 따라서 RNNNode는 연속열의 요소와 자신을 포함하는 층의 내부 상태를 입력받는다. 그리고 현재 시각에 대한 해당 층의 출력을 내보내고 내부 상태를 수정한다.

더 명확한 이해를 위해 코드를 확인할 차례다. RNNLayer 객체가 어떻게 초기화되고, 순방향 계산과 역방향 계산은 어떻게 수행되는지 차근차근 살펴보자.

### 초기화하기

RNNLayer 객체는 초기화를 위해 다음과 같은 정보를 받는다.

- int 타입 hidden_size
- int 타입 output_size

- ndarray 타입 start_H(모양은 (1, hidden_size)), 이 층의 내부 상태가 저장된다.

또한 일반적인 순방향 신경망과 마찬가지로 층을 초기화할 때 self.first = True 플래그를 설정한다. 이 플래그가 참이면 forward 메서드가 데이터로 전달받은 ndarray 객체를 _init_params 메서드에 전달해 파라미터를 초기화한 다음, 플래그를 거짓(self.first = False)으로 설정한다.

층을 초기화하고 나면 순방향 계산을 할 준비가 끝난다.

## forward 메서드

forward 메서드의 대부분은 모양이 (batch_size, sequence_length, feature_size)인 ndarray 객체 x_seq_in을 입력받고 이 데이터를 RNNNode 객체들에 순서대로 통과시키는 코드다. 다음 코드에서 self.nodes는 이 층이 가진 RNNNode 객체의 리스트이며, H_in은 이 층의 내부 상태다.

```
sequence_length = x_seq_in.shape[1]

x_seq_out = np.zeros((batch_size, sequence_length, self.output_size))

for t in range(sequence_length):

    x_in = x_seq_in[:, t, :]

    y_out, H_in = self.nodes[t].forward(x_in, H_in, self.params)

    x_seq_out[:, t, :] = y_out
```

RNNLayer의 내부 상태 H_in은 일반적으로 하나의 벡터로 표현된다. 그러나 RNNNode의 연산을 수행하려면 내부 상태가 (batch_size, hidden_size) 모양의 ndarray여야 한다. 그러므로 순방향 계산을 시작하기 전에 다음과 같이 내부 상태를 복사한다.

```
batch_size = x_seq_in.shape[0]

H_in = np.copy(self.start_H)

H_in = np.repeat(H_in, batch_size, axis=0)
```

순방향 계산이 끝난 후에는 각 관찰에 대해 계산된 내부 상태를 평균 내고, 이를 층의 새로운 내부 상태로 삼는다.

```
self.start_H = H_in.mean(axis=0, keepdims=True)
```

위 코드에서 RNNNode의 forward 메서드가 다음과 같은 모양의 배열 2개를 입력받는다는 것을 알게 되었다.

- (batch_size, feature_size)
- (batch_size, hidden_size)

메서드가 반환하는 배열의 모양은 다음과 같다.

- (batch_size, output_size)
- (batch_size, hidden_size)

다음 절에서는 RNNNode와 그 변종을 다룬다. 그 전에 RNNLayer 클래스의 역방향 계산 과정을 살펴보자.

## backward 메서드

forward 메서드는 x_seq_out을 반환하므로 backward 메서드는 x_seq_out과 모양이 같은 기울기인 x_seq_out_grad를 인자로 받는다. forward 메서드와는 반대 방향으로 이 기울기를 RNNNode 객체에 통과시킨다. 그리고 그 결과로 모양이 (batch_size, sequence_length, self.feature_size)인 배열 x_seq_in_grad를 전체 층에 대한 기울기로 반환한다.

```
h_in_grad = np.zeros((batch_size, self.hidden_size))

sequence_length = x_seq_out_grad.shape[1]

x_seq_in_grad = np.zeros((batch_size, sequence_length, self.feature_size))

for t in reversed(range(sequence_length)):

    x_out_grad = x_seq_out_grad[:, t, :]

    grad_out, h_in_grad = \
```

```
        self.nodes[t].backward(x_out_grad, h_in_grad, self.params)

        x_seq_in_grad[:, t, :] = grad_out
```

위 코드로 볼 때, RNNNode 클래스에도 backward 메서드가 있어야 한다. 이 메서드는 forward 와 반대로 동작하므로 인자와 반환값의 모양이 다음과 같이 서로 바뀐다.

- (batch_size, output_size)
- (batch_size, hidden_size)

반환값의 모양은 다음과 같다.

- (batch_size, feature_size)
- (batch_size, hidden_size)

이것으로 RNNLayer 구현이 끝났다. 이제 실제 계산을 담당하며 순환 신경망의 핵심이 되는 RNNNode 클래스 구현이 남았다. 그러나 그 전에 RNNNode의 정확한 역할과 변종을 먼저 알아 보자.

## 6.5.2 RNNNode 클래스의 공통 요소

일반적으로 RNN을 다룰 때, RNNNode 클래스가 처리하는 내용을 가장 먼저 설명한다. 그러 나 이 책에서는 이 내용을 가장 마지막에 다룬다. RNN을 이해하는 데 가장 중요한 내용은 지 금까지 우리가 살펴본 다이어그램과 코드에 들어 있다. 여기서 언급하는 중요한 내용이란 데이 터의 구조와 시각에 따라 데이터와 층의 내부 상태가 변화하며 층과 층 사이에 전달하는 패턴 을 말한다. RNNNode 클래스를 구현하는 방법, 다시 말해 시각 t에 데이터가 실제로 처리되고 층의 내부 상태가 수정되는 구체적인 과정에는 방법이 여러 가지가 있다. 그중에는 흔히 **바닐 라 RNN**vanilla RNN이라고 부르는 기본적인 RNN을 구현하는 방법도 있는가 하면 **게이트 순환 유 닛**gated recurrent unit (GRU) 등 바닐라 RNN과 다른 RNNNode의 변종을 구현하는 방법도 있다. 그 러나 여기서 중요한 것은 모든 RNN이 공통으로 갖는 층의 구조를 이해하는 것이다. 이를테면 RNN의 모든 층은 순방향으로 데이터가 흘러가는 패턴이 동일하며, 매 시각마다 내부 상태를 수정한다. 차이점은 '노드'가 동작하는 내부의 세부 사항에 국한된다.

RNNLayer 대신 GRULayer를 구현하면 다음 코드를 순방향 계산의 핵심 부분에 그대로 사용할 수 있다.

```
sequence_length = x_seq_in.shape[1]

x_seq_out = np.zeros((batch_size, sequence_length, self.output_size))

for t in range(sequence_length):

    x_in = x_seq_in[:, t, :]

    y_out, H_in = self.nodes[t].forward(x_in, H_in, self.params)

    x_seq_out[:, t, :] = y_out
```

구현상 차이점은 단지 self.nodes 안에 든 '노드'들이 RNNNode가 아닌 GRUNode 객체라는 점이다. backward 메서드의 코드도 동일하다.

RNN의 변종 중 가장 유명한 **LSTM**<sup>long short-term memory</sup> 역시 마찬가지다. 바닐라 RNN과 LSTM의 차이점은 LSTMLayer 객체가 지속적으로 기억하고 입력되는 데이터에 따라 수정하는 값이 기존의 '내부 상태'만 있던 것에서 '셀 상태<sup>cell state</sup>'까지 한 가지 추가된다는 점이다. 이 차이점 때문에 LSTMLayer는 RNNLayer와 구현 코드가 약간 다르다. 이를테면 LSTMLayer는 시간의 흐름에 따른 층의 상태를 저장하는 데 다음과 같은 2개의 ndarray 객체를 사용한다.

- ndarray 타입 start_H(모양은 (1, hidden_size)), 층의 내부 상태를 나타냄
- ndarray 타입 start_C(모양은 (1, cell_size)), 층의 셀 상태를 나타냄

그러므로 LSTMNode 객체도 내부 상태와 셀 상태를 모두 입력으로 받는다. 따라서 순방향 계산 코드는 다음과 같다.

```
y_out, H_in, C_in = self.nodes[t].forward(x_in, H_in, C_in self.params)
```

역방향 계산 코드는 다음과 같다.

```
grad_out, h_in_grad, c_in_grad = \
    self.nodes[t].backward(x_out_grad, h_in_grad, c_in_grad, self.params)
```

여기서 언급한 세 가지 이외에 다양한 변종이 더 있다. 내부 상태 외에 셀 상태가 추가되는 '엿보기 구멍 연결peephole connections'을 가진 LSTM도 있고, 그냥 내부 상태만 갖는 변종도 있다.[5] 엿보기 구멍 연결을 가진 LSTMPeepholeConnectionNode 클래스는 우리가 처음 구현한 RNNLayer 클래스에 그대로 적용이 가능하므로 forward와 backward 메서드의 구현 부분도 변함이 없다. 데이터가 순방향 계산 단계의 층과 시간에 따라 흐른다는 점, 역방향 계산 단계에선 층과 시간을 거슬러 올라간다는 점이 RNN이 갖는 기본 구조이자 특징이다. 바닐라 RNN과 LSTM 기반 RNN은 성능에는 상당한 차이가 있지만 구조적인 차이는 그리 크지 않다. 그럼 이어서 RNNNode 클래스의 코드를 살펴보자.

## 6.5.3 바닐라 RNNNode 클래스

RNN은 순차 데이터의 요소를 한 번에 1개씩 입력받는다. 예를 들어 석유 가격을 예측한다면 RNN은 예측에 필요한 특징 정보를 입력받는다. 이와 별도로 RNN은 그때까지 과거에 입력된 정보가 누적된 내부 상태를 갖는다. RNN이 하는 일은 새로 입력된 현재 시각의 특징과 지금까지 입력받은 정보의 누적, 이 두 가지 데이터를 결합해서 현재 시각의 목푯값을 예측함과 동시에 누적된 정보를 최신 상태로 수정하는 것이다.

이를 위해 RNN을 어떻게 구현해야 하는가에 대한 힌트를 일반적인 신경망에서 얻을 수 있다. 순방향 신경망의 각 층은 이전 층에서 '학습된 특징'을 전달받는다. 학습된 특징이란 최초의 특징 중 유용했던 것들의 조합이다. 층에 입력된 특징은 가중치 행렬과 곱해져서 다시 새로운 특징을 조합한다. 그리고 그 결괏값을 안정화하고 정규화하기 위해 '편향'을 더한 다음, 활성화 함수에 통과시킨다.

RNN에서 최신 정보로 수정된 내부 상태의 값은 입력과 이전 내부 상탯값의 조합이다. 순방향 신경망에서 새로운 특징을 조합하는 과정과 같다면 계산 과정은 다음과 같다.

1. 먼저 입력과 내부 상탯값을 연결한다. 그다음 이 값과 가중치 행렬을 곱하고, 편향을 더한 다음, 활성화 함수 Tanh을 거친다. 그리고 결괏값을 새로운 내부 상태로 삼는다.
2. 그다음에는 새로 수정된 내부 상태를 가중치와 곱해 우리가 원하는 출력의 모양으로 만든다. 예를 들어 매 시각마다 단일한 연속값으로 된 예측값을 원한다면 (hidden_size, 1) 모양의 가중치 행렬을 곱하면 된다.

---

**5** LSTM의 변종에 대한 더 자세한 내용은 위키백과를 참고하자(https://oreil.ly/2TysrXj).

그 결과 내부 상태는 입력과 이전 시각의 내부 상태로부터 결정되며, 출력은 새로운 내부 상태가 전결합층을 거친 결과가 된다. 이 과정을 구현해보자.

## 순방향 계산

다음 코드는 위에서 설명한 과정을 구현한 코드다. 뒤에서 볼 GRU와 LSTM 구현과 1장의 초기 구현에서도 마찬가지지만, 순방향 계산의 모든 중간 결과는 인스턴스 변수에 저장되었다가 역방향 계산에 다시 사용된다.

```python
def forward(self,
            x_in: ndarray,
            H_in: ndarray,
            params_dict: Dict[str, Dict[str, ndarray]]
            ) -> Tuple[ndarray]:
    '''
    param x: 모양이 (batch_size, vocab_size)인 넘파이 배열
    param H_prev: 모양이 (batch_size, hidden_size)인 넘파이 배열
    return self.x_out: 모양이 (batch_size, vocab_size)인 넘파이 배열
    return self.H: 모양이 (batch_size, hidden_size)인 넘파이 배열
    '''
    self.X_in = x_in
    self.H_in = H_in

    self.Z = np.column_stack((x_in, H_in))

    self.H_int = np.dot(self.Z, params_dict['W_f']['value']) \
                            + params_dict['B_f']['value']

    self.H_out = tanh(self.H_int)

    self.X_out = np.dot(self.H_out, params_dict['W_v']['value']) \
                            + params_dict['B_v']['value']

    return self.X_out, self.H_out
```

또 한 가지 주의할 점은 여기서는 ParamOperation 클래스가 사용되지 않는다는 것이다. 그러므로 파라미터를 다른 방법으로 저장해야 한다. 이번에는 딕셔너리 params_dict에 파라미터를 저장한다. 파라미터가 저장된 딕셔너리는 각각 2개의 키 value와 deriv를 갖는다. 키 value와 연결된 값은 실제 파라미터이고, deriv와 연결된 값은 그에 대한 기울깃값이다. 지금 구현한 순방향 계산은 value만 사용한다.

## 역방향 계산

RNNNode의 역방향 계산 과정을 간단히 말하면, RNNNode의 출력에 대한 손실의 기울기가 주어졌을 때 이 기울기에 따라 입력에 대한 손실의 기울기를 계산하는 과정이다. 이 기울기를 계산하는 과정은 1장, 2장의 내용과 비슷하다. RNNNode는 일련의 연산으로 나타낼 수 있으므로 입력에 대한 각 연산의 도함숫값을 구한 뒤, 도함숫값을 순서대로 곱해 (이때 행렬곱을 제대로 계산해야 한다) 각 입력에 대한 손실의 기울기를 나타내는 ndarray를 구한다. 다음은 이 과정을 구현한 코드다.

```python
def backward(self,
             X_out_grad: ndarray,
             H_out_grad: ndarray,
             params_dict: Dict[str, Dict[str, ndarray]]) -> Tuple[ndarray]:
    '''
    param x_out_grad: 모양이 (batch_size, vocab_size)인 넘파이 배열
    param h_out_grad: 모양이 (batch_size, hidden_size)인 넘파이 배열
    param RNN_Params: RNN_Params 객체
    return x_in_grad: 모양이 (batch_size, vocab_size)인 넘파이 배열
    return h_in_grad: 모양이 (batch_size, hidden_size)인 넘파이 배열
    '''

    assert_same_shape(X_out_grad, self.X_out)
    assert_same_shape(H_out_grad, self.H_out)

    params_dict['B_v']['deriv'] += X_out_grad.sum(axis=0)
    params_dict['W_v']['deriv'] += np.dot(self.H_out.T, X_out_grad)

    dh = np.dot(X_out_grad, params_dict['W_v']['value'].T)
    dh += H_out_grad

    dH_int = dh * dtanh(self.H_int)

    params_dict['B_f']['deriv'] += dH_int.sum(axis=0)
    params_dict['W_f']['deriv'] += np.dot(self.Z.T, dH_int)

    dz = np.dot(dH_int, params_dict['W_f']['value'].T)

    X_in_grad = dz[:, :self.X_in.shape[1]]
    H_in_grad = dz[:, self.X_in.shape[1]:]

    assert_same_shape(X_out_grad, self.X_out)
```

```
    assert_same_shape(H_out_grad, self.H_out)

    return X_in_grad, H_in_grad
```

앞서 사용했던 Operation 클래스에서처럼 backward 메서드의 인자는 forward 메서드의 반환값과 모양이 일치해야 한다. 반대로 forward 메서드의 인자도 마찬가지로 backward 메서드의 반환값과 모양이 일치해야 한다.

## 6.5.4 바닐라 RNNNode 클래스의 한계

다시 밝히지만 RNN의 목적은 연속열로 된 데이터에 잠재된 의존관계를 모델링하는 것이다. 석유 가격의 변동을 예측하기 위해서는 최근 시각에 대한 특징값의 연속열을 보고 다음 시각의 석유 가격을 예측해야 한다. 그런데 '최근'이란 어느 정도의 기간을 말하는 것일까? 내일의 석유 가격을 예측하려면, 어제(1시각 전)의 데이터가 가장 중요하고 그 전날의 데이터는 덜 중요하며 또 그 전날의 데이터는 그보다 덜 중요하다. 이런 식으로 시간을 거슬러 올라갈수록 그 시점의 데이터의 중요성은 일반적으로 감소한다.

대부분의 실전 문제에서 오래된 데이터의 중요성이 낮아지는 것은 사실이지만, 그래도 매우 긴 기간에 걸친 의존관계를 학습해야 하는 분야가 있다. **언어 모델링**language modeling이 그 전형적인 예다. 언어 모델링이란 매우 긴 길이의 텍스트의 다음에 나올 문자, 단어, 문장, 문단 등을 예측하는 것이다(언어 모델링은 매우 일반적인 주제이므로 이 장에서 별도 내용으로 다룬다). 보통 RNN으로는 언어 모델링에 필요한 긴 기간에 걸친 의존관계 학습이 어렵다. RNN의 자세한 동작 내용을 보면 그 이유를 알 수 있다. RNN의 층이 갖는 내부 상태는 매 시각마다 **같은 가중치 행렬**이 곱해진다. 어떤 수에 같은 수 x를 계속 반복해서 곱하면 어떻게 될까? x < 1이면 그 곱은 0에 가까워지고, x > 1이면 무한히 커진다. 같은 현상이 RNN에도 일어난다. 오랜 기간에 걸쳐 내부 상태에 같은 가중치가 계속 곱해지면, 이 가중치에 대한 기울기 역시 매우 작아지거나 커진다. 그중 전자를 **기울기 소실 문제**vanishing gradient 라고 하며, 후자는 **기울기 폭발 문제**exploding gradient problem라고 한다. 이 두 가지 현상 모두 RNN이 언어 모델링을 학습하는 데 필요한 매우 긴 기간(약 50~100시각)에 걸친 의존관계 학습을 어렵게 만든다. 다음에 살펴볼 RNN의 변종 구조 두 가지는 이러한 문제를 완화한다.

## 6.5.5 GRUNode

일반적인 RNN은 내부 상태와 입력을 결합한 다음 예측을 내리기 위해 입력과 내부 상태 중 어떤 정보를 더 중시할 것인가를 가중치를 통해 결정한다. RNN의 보다 발전된 변종은 좀 더 긴 기간에 걸친 의존관계를 모델링하기 위한 목적으로 고안되었다. 이러한 장기간에 걸친 의존관계의 예로 언어 데이터를 들 수 있는데, 이 의존관계에서 **현재 내부 상태를 '잊어야' 하는 정보**를 얻을 수도 있다. 예를 들어 마침표(.)와 쌍점(:)을 생각해보자. 언어 모델이 이 문자를 입력받으면 이전에 입력받은 정보는 잊고 이어지는 문자열에 대한 새로운 패턴을 모델링해야 한다는 판단을 내릴 수 있다.

이런 점이 개선된 RNN으로 **게이트 순환 유닛**(GRU)을 들 수 있다. 게이트 순환 유닛은 이전 시각의 내부 상태가 하나 이상의 '게이트'를 거쳐 전달되기 때문에 붙은 이름이다.

1. 첫 번째 게이트는 평범한 RNN에서 사용하는 연산과 비슷하다. 입력과 내부 상태를 서로 접합한 다음, 가중치 행렬을 곱한다. 그리고 sigmoid 함수에 통과시킨다. 이렇게 출력된 값을 '수정' 게이트라고 한다.

2. 두 번째 게이트는 '리셋' 게이트다. 이번에도 입력과 내부 상태를 서로 접합한 다음, 가중치 행렬을 곱하고 sigmoid 함수에 통과시킨다. 여기서 그치지 않고 **이전 시각의 내부 상태를 곱한다.** 신경망은 이 과정을 통해 입력된 정보를 보고, 내부 상태에서 **잊어야 하는 정보를** 학습한다.

3. 두 번째 게이트의 출력을 다시 다른 행렬과 곱한 다음 Tanh 함수에 통과시킨다. 이 결과는 새로운 내부 상태의 '후보'로 쓰인다.

4. 마지막으로 새로운 내부 상태의 후보와 수정 게이트값의 곱을 기존 내부 상탯값과 (수정 게이트값 − 1)의 곱에 더해 새로운 내부 상탯값으로 삼는다.

> **NOTE_** 이번 장에서는 RNN의 두 가지 변종 GRU와 LSTM을 다룬다. LSTM이 훨씬 일찍 고안되어 널리 쓰이지만, GRU는 LSTM의 간략화 버전이다. 따라서 '게이트'를 통해 신경망이 입력에 따라 내부 상태를 어떻게 '리셋'해야 하는지 학습하는 과정을 이해하는 데 GRU가 더 적합하므로 GRU를 먼저 다룬다.

### 다이어그램

[그림 6-8]은 논리적인 게이트의 배열로 **GRUNode**를 나타낸 것이다. 각 게이트는 밀집층에 사용되는 연산(가중치를 곱하고 편향을 더한 다음, 활성화 함수를 거치는)을 포함한다. 여기에 사용하는 활성화 함수는 결괏값이 0~1의 범위여야 하면 sigmoid를 사용하고, −1~1의 범위

여야 하면 Tanh을 사용한다. 이 계산의 중간 과정에 해당하는 **ndarray** 객체의 이름도 그림에 표시했다.

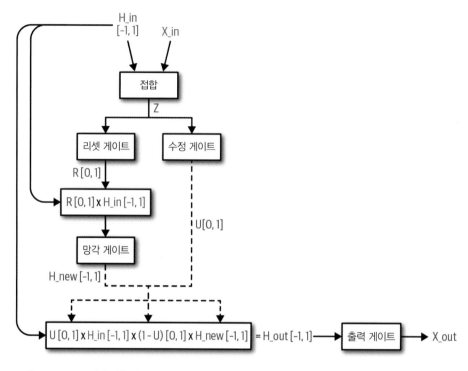

**그림 6-8** **GRUNode**의 순방향 계산 과정. 데이터가 게이트를 거쳐 **X_out**과 **H_out**으로 출력된다.

그림에는 표현하지 않았지만 모든 가중치는 게이트 안에 포함된다. 이 구조에서 오차를 역전파하려면 구조를 온전히 연산의 연속열로 나타내야 한다. 그리고 입력에 대한 각 연산의 도함숫값을 계산한 후 이를 순서대로 곱한다. 그림에는 명시적으로 표현하지 않고 (사실은 세 가지 연산이 결합된) 각 게이트를 하나의 상자로 나타냈는데, 세 가지 연산의 역전파 계산 과정은 이미 이해하고 있으므로 앞으로 순환 신경망에 대한 설명에서는 '게이트'로만 표현한다.

[그림 6-9]는 게이트를 사용해 나타낸 **RNNNode**다.

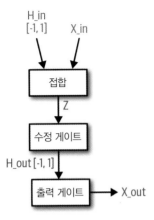

**그림 6-9** **RNNNode**의 순방향 계산 과정. 데이터가 2개의 게이트를 거쳐 **X_out**과 **H_out**으로 출력된다.

앞서 설명한 **RNNNode**의 연산 과정을 입력과 내부 상태가 두 개의 게이트를 거치는 것으로 나타낼 수 있다.

## 코드

다음은 앞서 설명한 **GRUNode**의 순방향 계산을 구현한 코드다.

```python
def forward(self,
            X_in: ndarray,
            H_in: ndarray,
            params_dict: Dict[str, Dict[str, ndarray]]) -> Tuple[ndarray]:
    '''
    param X_in: 모양이 (batch_size, vocab_size)인 넘파이 배열
    param H_in: 모양이 (batch_size, hidden_size)인 넘파이 배열
    return self.X_out: 모양이 (batch_size, vocab_size)인 넘파이 배열
    return self.H_out: 모양이 (batch_size, hidden_size)인 넘파이 배열
    '''
    self.X_in = X_in
    self.H_in = H_in

    # reset gate
    self.X_r = np.dot(X_in, params_dict['W_xr']['value'])
    self.H_r = np.dot(H_in, params_dict['W_hr']['value'])

    # update gate
    self.X_u = np.dot(X_in, params_dict['W_xu']['value'])
```

```
    self.H_u = np.dot(H_in, params_dict['W_hu']['value'])

    # gates
    self.r_int = self.X_r + self.H_r + params_dict['B_r']['value']
    self.r = sigmoid(self.r_int)

    self.u_int = self.X_r + self.H_r + params_dict['B_u']['value']
    self.u = sigmoid(self.u_int)

    # new state
    self.h_reset = self.r * H_in
    self.X_h = np.dot(X_in, params_dict['W_xh']['value'])
    self.H_h = np.dot(self.h_reset, params_dict['W_hh']['value'])
    self.h_bar_int = self.X_h + self.H_h + params_dict['B_h']['value']
    self.h_bar = np.tanh(self.h_bar_int)

    self.H_out = self.u * self.H_in + (1 - self.u) * self.h_bar

    self.X_out = (
np.dot(self.H_out, params_dict['W_v']['value']) \
+ params_dict['B_v']['value']
)

    return self.X_out, self.H_out
```

X_in과 H_in을 명시적으로 접합하지 않은 것에 주의하자. 두 값이 항상 접합되어 사용되는 RNNNode와 달리, GRUNode에서는 두 값을 따로따로 사용한다. 실제로 self.h_reset = self. r * H_in을 보면 H_in을 따로 사용한다.

backward 메서드는 깃허브[6]에서 볼 수 있다. 지금까지와 마찬가지로 각 연산의 도함수를 구하고 입력에 대한 도함숫값을 차례대로 곱하는 역방향 계산이 구현되어 있다.

---

6  https://github.com/flourscent/DLFS_code/blob/master/06_rnns/RNN_DLFS.ipynb

## 6.5.6 LSTMNode

LSTM은 RNN의 변종 중에서도 가장 잘 알려진 변종이다. 그 이유 중 하나는 최근 몇 년간 연구가 급진전한 그 외 변종(GRU는 2014년에 제안됨)과 달리, LSTM은 딥러닝 연구의 매우 초기(1997년[7]부터)에 제안되었기 때문이다.

GRU와 마찬가지로 LSTM 역시 입력에 따라 내부 상태를 '리셋'하거나 '잊을' 수 있는 RNN을 만들기 위해 고안된 것이다. GRU가 이를 구현하는 방법은 다음과 같다. GRU는 입력과 내부 상태를 여러 개의 게이트를 거치게 하며 새로운 내부 상탯값의 후보(self.h_bar는 self.r로부터 계산된다)를 계산한 다음, 내부 상탯값의 후보와 가중평균을 새로운 내부 상탯값으로 삼는다. 이때 이 가중평균의 가중치는 수정 게이트가 제어한다.

```
self.H_out = self.u * self.H_in + (1 - self.u) * self.h_bar
```

이와 달리 LSTM은 내부 상태 중 **'잊어야 할' 정보를 결정하기 위해 별도의 '상태' 벡터와 '셀 상태'를 사용한다.** 그리고 '셀 상태' 중 잊거나 수정할 정보의 양을 결정하는 두 개의 게이트가 있고, 최종 결정된 셀 상태로부터 내부 상태를 수정할 정보의 양을 결정하는 네 번째 게이트가 있다.[8]

### 다이어그램

[그림 6-10]은 연산을 게이트로 나타낸 LSTM의 구조다.

---

**7** LSTM을 최초 제안한 호흐라이터(Hochreiter)와 슈미트후버(Schmidhuber)의 1997년 논문 「Long Short-Term Memory」(https://oreil.ly/2YYZvwT)를 참고하자.

**8** 최소한 표준 LSTM은 그렇다. 앞서 언급된 '엿보기 구멍 연결이 있는 LSTM' 등의 변종은 게이트의 구성이 조금 다르다.

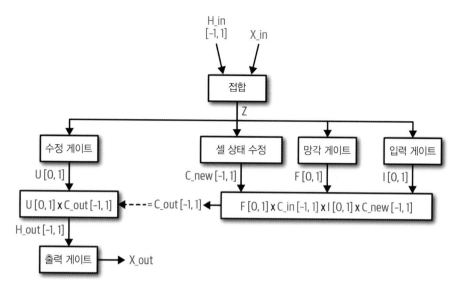

**그림 6-10** LSTM의 순방향 계산 과정. 데이터는 여러 개의 게이트를 지나며 수정된 셀 상태 **C_out**과 수정된 내부 상태 **H_out** 그리고 **X_out**으로 출력된다.

## 코드

GRUNode 클래스와 마찬가지로 깃허브[9]에서 backward 메서드가 포함된 LSTMNode의 전체 코드와 LSTMLayer 객체에 사용되는 예제 코드를 제공한다. 여기에는 forward 메서드만 싣는다.

```
def forward(self,
    X_in: ndarray,
    H_in: ndarray,
    C_in: ndarray,
    params_dict: Dict[str, Dict[str, ndarray]]):
    '''
    param X_in: 모양이 (batch_size, vocab_size)인 넘파이 배열
    param H_in: 모양이 (batch_size, hidden_size)인 넘파이 배열
    param C_in: 모양이 (batch_size, hidden_size)인 넘파이 배열
    return self.X_out: 모양이 (batch_size, output_size)인 넘파이 배열
    return self.H: 모양이 (batch_size, hidden_size)인 넘파이 배열
    return self.C: 모양이 (batch_size, hidden_size)인 넘파이 배열
    '''
```

----

**9** *https://github.com/flourscent/DLFS_code/blob/master/06_rnns/RNN_DLFS.ipynb*

```python
        self.X_in = X_in
        self.C_in = C_in

        self.Z = np.column_stack((X_in, H_in))
        self.f_int = (
          np.dot(self.Z, params_dict['W_f']['value']) \
          + params_dict['B_f']['value']
          )
        self.f = sigmoid(self.f_int)

        self.i_int = (
          np.dot(self.Z, params_dict['W_i']['value']) \
          + params_dict['B_i']['value']
          )
        self.i = sigmoid(self.i_int)

        self.C_bar_int = (
          np.dot(self.Z, params_dict['W_c']['value']) \
          + params_dict['B_c']['value']
          )
        self.C_bar = tanh(self.C_bar_int)
        self.C_out = self.f * C_in + self.i * self.C_bar

        self.o_int = (
          np.dot(self.Z, params_dict['W_o']['value']) \
          + params_dict['B_o']['value']
          )
        self.o = sigmoid(self.o_int)
        self.H_out = self.o * tanh(self.C_out)

        self.X_out = (
          np.dot(self.H_out, params_dict['W_v']['value']) \
          + params_dict['B_v']['value']
          )

        return self.X_out, self.H_out, self.C_out
```

이것으로 RNN 프레임워크를 완성했다. 마지막으로 다룰 주제는 텍스트 데이터를 RNN에 입력 가능한 형태로 가공하는 방법이다.

## 6.5.7 RNN 기반 문자 수준 언어 모델의 데이터 표현 방법

언어 모델링은 RNN이 가장 많이 응용되는 분야다. 문자열을 RNN이 언어 모델을 학습할 수 있는 학습 데이터로 변환하려면 어떻게 해야 할까? 가장 간단한 방법은 **원-핫 인코딩**이다. 이 방법을 사용하기 위해서 먼저 각 문자를 전체 문자 가짓수 혹은 학습 대상 말뭉치corpus에 포함된 문자의 가짓수(이 가짓수는 사전에 조사한 후 신경망의 하이퍼파라미터로 직접 설정된다)와 같은 차원을 갖는 벡터로 나타내야 한다. 그리고 해당 문자와 대응하는 한 요소만 1이고 나머지 요소는 0인 벡터로 각 문자를 나타낸다. 그다음 각 문자를 나타내는 벡터를 모두 접합하면 전체 문자열을 나타낼 수 있다.

다음은 네 가지 글자 a, b, c, d가 사용된 문자열을 원-핫 인코딩으로 변환한 예다. 알파벳 순서로 나열했으나 이 순서는 임의로 정한 것이다.

$$
abcdb \rightarrow \left[ \begin{bmatrix} 1 \\ 0 \\ 0 \\ 0 \end{bmatrix} \begin{bmatrix} 0 \\ 1 \\ 0 \\ 0 \end{bmatrix} \begin{bmatrix} 0 \\ 0 \\ 1 \\ 0 \end{bmatrix} \begin{bmatrix} 0 \\ 0 \\ 0 \\ 1 \end{bmatrix} \begin{bmatrix} 0 \\ 1 \\ 0 \\ 0 \end{bmatrix} \right] = \begin{bmatrix} 1 & 0 & 0 & 0 & 0 \\ 0 & 1 & 0 & 0 & 1 \\ 0 & 0 & 1 & 0 & 0 \\ 0 & 0 & 0 & 1 & 0 \end{bmatrix}
$$

이 2차원 배열은 모양이 (`sequence_length`, `num_feature`)인 하나의 관찰에 해당한다. 그리고 이 관찰이 모여 배치를 이룬다. 학습할 텍스트가 길이가 6인 문자열 'abcdba'이고, 길이가 5인 연속열을 학습시킬 계획이라면, 첫 번째 연속열은 앞서 본 배열과 같고, 두 번째 연속열은 다음과 같다.

$$
bcdba \rightarrow \left[ \begin{bmatrix} 0 \\ 1 \\ 0 \\ 0 \end{bmatrix} \begin{bmatrix} 0 \\ 0 \\ 1 \\ 0 \end{bmatrix} \begin{bmatrix} 0 \\ 0 \\ 0 \\ 1 \end{bmatrix} \begin{bmatrix} 0 \\ 1 \\ 0 \\ 0 \end{bmatrix} \begin{bmatrix} 1 \\ 0 \\ 0 \\ 0 \end{bmatrix} \right] = \begin{bmatrix} 0 & 0 & 0 & 0 & 1 \\ 1 & 0 & 0 & 1 & 0 \\ 0 & 1 & 0 & 0 & 0 \\ 0 & 0 & 1 & 0 & 0 \end{bmatrix}
$$

그다음 이 두 배열을 접합해 모양을 (`batch_size`, `sequence_length`, `vocab_size`) = (2, 5, 4)로 만든다. 이 방법을 반복하면 전체 텍스트를 RNN에 입력할 수 있는 순차의 배치로 변환할 수 있다.

깃허브에서 6장의 예제 코드 노트북[10]을 보면 **RNNTrainer** 클래스에 원문 텍스트를 위 방식으로 전처리하고 배치 형태로 RNN에 입력하는 과정이 구현되어 있다.

## 6.5.8 기타 언어 모델링 문제

이 장에서 직접 강조한 적은 없지만, 앞에 나온 코드를 보면 모든 **RNNNode**와 변종의 구현은 **RNNLayer**에서 입력의 특징과 다른 수의 특징을 출력하도록 되어 있다. 모든 **RNNNode** 변종의 마지막 단계는 최종 내부 상태를 params_dict[$W\_v$];에 저장된 가중치 행렬로 곱하는 것이다. 이 가중치 행렬의 두 번째 차원이 해당 층의 출력 차원을 결정한다. 이 방법으로 각 층의 output_size 인자만 변경하면 똑같은 구조에서 다른 언어 모델링 문제를 풀 수 있다.

예를 들면 앞서 본 언어 모델은 '다음에 나올 글자'를 예측하는 모델이었다. 이 모델의 출력값의 차원은 문자의 가짓수와 같다(output_size = vocab_size). 그러나 감정 분석 문제에서는 연속열을 입력하면 0과 1(긍정/부정)과 같은 레이블을 출력해야 한다. 또한 출력값의 차원뿐만 아니라 목푯값과 출력값 비교도 해야 한다. 이 과정을 그림으로 나타내면 [그림 6-11]과 같다.

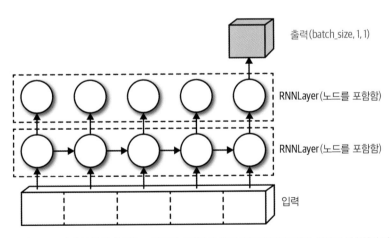

**그림 6-11** 감정 분석 문제에서는 RNN의 출력값과 실제 목푯값을 비교해야 하므로 연속열의 마지막 요소에 대해서만 기울기를 알 수 있다. 오차 역전파는 그대로 수행하지만, 마지막 노드 외의 노드는 단순히 0으로만 이뤄진 X_grad_out 을 전달받는다.

---

[10] *https://github.com/flourscent/DLFS_code/blob/master/06_rnns/RNN_DLFS.ipynb*

그 덕분에 다른 언어 모델 문제를 푸는 데 이 프레임워크를 무리 없이 사용할 수 있다. 데이터가 순차 데이터이고 신경망에 한 요소씩 입력하기만 하면 이 프레임워크로 어떤 모델링 문제라도 해결할 수 있다.

마지막으로 RNN에서 잘 다루지 않는 주제를 한 가지 살펴본다. RNN은 서로 다른 종류의 층인 GRULayer, LSTMLayer를 비롯해 그 외 변종까지 함께 조합해서 사용할 수 있다.

## 6.5.9 RNNLayer의 서로 다른 변종 조합하기

서로 다른 종류의 RNNLayer를 함께 사용하는 방법은 간단하다. 각 층은 모양이 (batch_size, sequence_length, output_size)인 ndarray 객체를 출력하는데, 이 객체를 그대로 다음 층에 입력하면 된다. 입력 배열의 모양을 맞춰야 했던 밀집층과는 달리 RNNLayer는 그럴 필요가 없다. 최초로 입력되는 ndarray 객체의 모양에 맞춰 가중치를 초기화하면 된다. 이를 위해 RNNModel 객체는 다음과 같은 인스턴스 변수 self.layers를 설정한다

```
[RNNLayer(hidden_size=256, output_size=128),
 RNNLayer(hidden_size=256, output_size=62)]
```

전결합 신경망에서는 마지막 층 출력의 차원만 맞추면 됐다. 예를 들어 문자 가짓수가 62인 경우 다음 문자를 예측하는 문제라면 전결합 신경망으로 MNIST 문제를 풀 때 출력층의 차원을 10으로 맞춘 것과 똑같이 하면 된다.

RNN을 다루면서 잘 언급되지 않는 내용은 지금까지 살펴본 모든 종류의 RNNLayer의 구조가 동일하다. 입력은 feature_size차원의 요소를 갖는 연속열이고, 출력은 output_size차원의 요소를 갖는 연속열이다. 이 덕분에 서로 다른 RNNLayer를 섞어 사용할 수 있다. 예를 들어 이 책의 깃허브[11]에는 다음과 같이 층(self.layers)을 설정한 RNN 모델을 학습하는 예제 코드가 있다.

```
[GRULayer(hidden_size=256, output_size=128),
 LSTMLayer(hidden_size=256, output_size=62)]
```

---

[11] https://github.com/flourscent/DLFS_code/blob/master/06_rnns/RNN_DLFS.ipynb

이 코드는 첫 번째 층이 **GRUNode**를 통해 순방향 계산을 마치면 (batch_size, sequence_length, 128) 모양의 ndarray 배열이 다음 층으로 전달되고, 다시 이 층에서는 **LSTMNode**로 순방향 계산이 진행된다.

## 6.5.10 모든 구성요소 결합하기

RNN의 효과를 보여주는 고전적인 문제로 특정한 문체로 텍스트를 생성하는 언어 모델 학습이 있다. 이 책의 깃허브에서 실제 동작하는 예제 코드를 볼 수 있다. 이 코드는 우리가 이번 장에서 설계한 프레임워크를 사용해 셰익스피어의 문체로 텍스트를 생성하는 모델을 학습한다. 이 코드 중 책에서 소개하지 않은 유일한 구성 요소는 **RNNTrainer** 클래스로, 학습 데이터를 전처리하고 순차적으로 모델에 입력한다. 이전에 사용했던 **Trainer** 클래스와 이 클래스의 차이점은 입력할 배치를 선택하고 난 다음(이 시점까지는 데이터가 문자열 형태다), 데이터를 전처리하고 원-핫 인코딩을 거쳐 벡터를 접합해 모양이 (sequence_length, vocab_size)인 ndarray 객체로 변환하는 과정이 추가된 것이다. RNN에 실제로 입력되는 배치는 다시 이 ndarray 객체를 접합해 만든다. 따라서 배치의 모양은 (sequence_length, vocab_size, batch_size)가 된다.

데이터 전처리와 모델 정의가 끝난 뒤의 RNN 학습 과정은 여느 신경망의 학습 과정과 다르지 않다. 배치를 반복해서 입력하고, 모델의 예측값과 목푯값을 비교해서 손실을 계산한 다음, 손실값을 신경망에 역전파해서 모델의 가중치를 수정한다.

## 6.6 마치며

이번 장에서는 순환 신경망에 대해 알아보았다. 순환 신경망은 순차 데이터를 처리하는 데 특화된 신경망 구조다. 순환 신경망의 층 구조가 어떤 식으로 순방향 계산을 수행하고 층의 내부 상태(LSTM은 셀 상태까지 포함)를 수정해나가는 과정을 알아보았다. 그리고 RNN의 변종인 GRU와 LSTM도 배웠다. 이 변종은 데이터가 흐르는 경로에 일련의 게이트가 배치되었다는 점이 일반적인 RNN과 다르지만, 순차 데이터를 처리하는 기본 과정은 같으며 일부 세부적인 연산에만 차이가 있다는 것도 살펴보았다.

이 장의 내용이 다양한 얼굴을 가진 순환 신경망을 이해하는 데 도움이 되었길 바란다. 7장에서는 실용적인 딥러닝을 다루며 이 책을 마무리한다. 지금까지 배운 모든 요소를 고성능 자동 미분 기반 딥러닝 프레임워크인 파이토치를 사용해 구현해보자. 그럼 다음 장에서 만나자.

# CHAPTER 7

# 파이토치

앞서 5장과 6장에서 합성곱 신경망과 순환 신경망의 동작 원리를 배우고 직접 구현했다. 그러나 동작 원리 이해도 중요하지만, 동작 원리에 대한 지식만으로는 실제 문제를 해결하기에는 부족하다. 딥러닝으로 실제 문제를 해결하려면 고성능 구현이 가능한 라이브러리를 사용해야 한다. 라이브러리를 이용한 딥러닝 구현은 훨씬 두꺼운 책으로 쓸 수 있을 만큼 큰 주제이므로 여기서는 마지막 한 장을 할애해 자동 미분 기반 신경망 프레임워크로 인기가 높은 **파이토치**를 소개한다.

이 책의 남은 부분에서는 Layer, Trainer 등의 클래스를 구현하며 머릿속에 있는 신경망 멘탈 모델을 그대로 코드로 옮겨본다. 이 과정에서 일반적인 파이토치 구현 사례를 소개하기보다, 파이토치의 설계 철학과 구현 사례를 잘 드러내는 예제 코드에 대한 링크[1]를 제공하는 것으로 갈음하고자 한다. 그 전에 먼저 파이토치의 핵심이자 깔끔한 신경망 구현을 가능하게 하는 기능인 자동 미분을 제공하는 데이터 타입인 **텐서**tensor를 살펴보자.

## 7.1 텐서

지난 6장에서 적용된 연산 이력을 관리하는 방법으로 기울기 누적을 구현한 NumberWithGrad

---

1  *https://github.com/flourscent/DLFS_code/blob/master/07_PyTorch/Code.ipynb*

클래스를 만들어보았다. 이 클래스는 다음과 같이 사용한다.

```
a = NumberWithGrad(3)

b = a * 4
c = b + 3
d = (a + 2)
e = c * d
e.backward()
```

a.grad의 값이 35가 되는데, 실제로 a에 대한 e의 편미분값은 35다.

파이토치의 Tensor 클래스는 마찬가지로 기울기 누적을 구현한 배열 클래스로 NumberWith Grad 클래스의 배열 버전이라고 볼 수 있다. 앞의 예제를 파이토치 Tensor 클래스를 사용해 구현해보자. 먼저 Tensor 클래스를 직접 초기화한다.

```
a = torch.tensor([[3., 3.,],
                  [3., 3.]], requires_grad=True)
```

다음 내용을 유의하며 살펴보자.

1. torch.tensor의 생성자에 데이터를 인자로 직접 전달해 Tensor 객체를 초기화할 수 있다. ndarray 객체를 생성하는 방법과 같다.

2. 이때 requires_grad=True 인자를 함께 설정해 기울기를 누적하도록 설정한다.

여기까지 진행하면 NumberWithGrad와 같은 방법을 사용할 수 있다.

```
b = a * 4
c = b + 3
d = (a + 2)
e = c * d
e_sum = e.sum()
e_sum.backward()
```

NumberWithGrad 클래스 예제와 비교하면 backward 메서드를 호출하기 전에 e.sum()을 호출하는 한 단계가 더 있다는 걸 알 수 있다. 그 이유는 1장에서 설명했듯이 단일값이 아닌 '어떤 배열의 편미분'을 구할 수 없기 때문이다. 하지만 a의 각 요소에 대한 e_sum의 편미분은 계산

가능하다. 실행 결과를 봐도 앞서 구현한 코드와 값이 일치한다.

```
print(a.grad)
```

```
tensor([[35., 35.],
        [35., 35.]], dtype=torch.float64)
```

파이토치의 이런 기능 덕분에 순방향 계산과 손실 계산 과정만 정의하고, 손실값의 객체에서 backward 메서드만 호출하면 각 파라미터에 대한 손실의 편미분이 계산된다. 특히 (우리가 설계한 연산 중심 프레임워크의 한계였던) 같은 값이 순방향 계산에 여러 번 사용되는 경우에도 예제처럼 출력값 객체에서 backward 메서드만 호출하면 정상적으로 기울기가 계산된다.

다음 절에서는 파이토치의 데이터 타입을 이용해 지금까지 살펴본 학습 프레임워크를 구현하는 과정을 살펴본다.

## 7.2 파이토치로 딥러닝 구현하기

딥러닝 모델로 학습을 진행하려면 크게 다음과 같은 구성 요소가 필요하다.

- 각종 Layer 객체를 포함하는 Model 객체
- 최적화를 담당하는 Optimizer 객체
- 손실 계산을 담당하는 Loss 객체
- 학습을 실제로 진행하는 Trainer 객체

파이토치를 사용하면 Optimizer와 Loss를 한 줄로 정의할 수 있다. Model과 Layer도 직관적으로 구현 가능하다. 그럼 순서대로 하나씩 살펴보자.

## 7.2.1 구성 요소: Model, Layer, Optimizer, Loss 클래스

파이토치의 핵심적인 기능은 기울기 역전파와 파라미터 저장을 자동으로 수행하는 이미 구현된 객체를 엮어 쉽게 모델과 층을 정의하는 것이다. 이들 객체는 모두 `torch.nn.Module` 클래스를 상속받은 하위 클래스다. 앞으로 이 구성 요소를 엮어 모델을 구성하는 방법을 알아보자. 먼저 **PyTorchLayer** 클래스 코드를 살펴보자.

```
from torch import nn, Tensor

class PyTorchLayer(nn.Module):

    def __init__(self) -> None:
        super().__init__()

    def forward(self, x: Tensor,
                inference: bool = False) -> Tensor:
        raise NotImplementedError()
```

모델 역할을 하는 **PyTorchModel** 코드는 다음과 같다.

```
class PyTorchModel(nn.Module):

    def __init__(self) -> None:
        super().__init__()

    def forward(self, x: Tensor,
                inference: bool = False) -> Tensor:
        raise NotImplementedError()
```

알기 쉽게 설명하면, `__init__`과 `forward` 메서드만 구현하면 **PyTorchLayer**와 **PyTorch Model**을 구현하는 구상 클래스를 만들 수 있다.[2]

--------

2 이렇게 Model이나 Layer를 구현하는 방법은 일반적이지도 않고 권장하지도 않는다. 단지 지금까지 우리가 구현에 사용한 방법과 가장 비슷하기 때문에 예로 들었다. 파이토치로 신경망을 구현하는 보다 일반적인 방법은 파이토치 공식 문서의 튜토리얼(*https://Oreil.ly/SKB_V*)을 참고하자.

## 추론 모드 플래그

4장에서 배웠듯이 드롭아웃을 적용하려면 현재 모델이 학습 모드인지 추론 모드인지에 따라 동작 내용을 변경할 수 있어야 한다. 파이토치에서는 모델이나 층(nn.Module의 하위 클래스는 모두 해당한다)에 m.eval 메서드를 호출해 모델이나 층의 상태를 학습 모드(기본 상태)에서 추론 모드로 변경할 수 있다. 또한 apply 함수로 깔끔하게 자신이 포함하는 모든 구성 요소의 모드를 변경하는 방법도 제공한다. 예를 들어 아래와 같은 함수를 정의하고

```python
def inference_mode(m: nn.Module):
    m.eval()
```

PyTorchModel 혹은 PyTorchLayer의 구상 클래스에 정의된 forward 메서드에 다음과 같은 코드를 추가하면 된다.

```python
if inference:
    self.apply(inference_mode)
```

그럼 본격적인 파이토치 사용법을 알아보자.


## 7.2.2 신경망 구현하기: DenseLayer 클래스

이제 우리가 알고 있는 신경망의 층을 파이토치로 구현하기 위해 필요한 내용 중 파이토치 연산을 제외하고 모두 알아보았다. 밀집층 DenseLayer의 코드는 다음과 같다.

```python
class DenseLayer(PyTorchLayer):
    def __init__(self,
                 input_size: int,
                 neurons: int,
                 dropout: float = 1.0,
                 activation: nn.Module = None) -> None:
        super().__init__()
        self.linear = nn.Linear(input_size, neurons)
        self.activation = activation
        if dropout < 1.0:
            self.dropout = nn.Dropout(1 - dropout)
```

```
    def forward(self, x: Tensor,
                inference: bool = False) -> Tensor:
        if inference:
            self.apply(inference_mode)

        x = self.linear(x) # 가중치를 곱하고 편향을 더함
        if self.activation:
            x = self.activation(x)
        if hasattr(self, "dropout"):
            x = self.dropout(x)

        return x
```

여기서 파이토치 연산인 nn.Linear를 처음 사용했는데, 역전파를 자동으로 처리한다는 것을 알 수 있다. 이 객체는 순방향 계산과 역방향 계산을 한꺼번에 처리한다. 모든 파이토치 연산은 nn.Module을 상속하므로 일반적인 수학 함수처럼 사용하면 된다. 위의 코드를 예로 들면 self.linear.forward(x)로 순방향 계산을 따로 수행하지 않고 self.linear(x)를 사용했다. 이는 앞으로 확인하겠지만 DenseLayer층 자체에도 적용된다.


## 7.2.3 주택 가격 예측 모델 작성하기

조금 전 구현한 밀집층으로 2장과 3장에서 구현했던 주택 가격 예측 모델을 파이토치로 구현해보자. 이 모델은 sigmoid 활성화 함수가 적용된 은닉층이 한 층인 모델이었다. 3장에서는 Layer 객체가 두 개인 리스트를 속성으로 포함하는 모델 객체의 형태로 이를 구현했었는데, 이번에도 이와 비슷하게 PyTorchModel 클래스를 구현한 구상 클래스인 HousePricesModel을 다음과 같이 작성한다.

```
class HousePricesModel(PyTorchModel):

    def __init__(self,
                 hidden_size: int = 13,
                 hidden_dropout: float = 1.0):
        super().__init__()
        self.dense1 = DenseLayer(13, hidden_size,
                                 activation=nn.Sigmoid(),
                                 dropout = hidden_dropout)
```

```
        self.dense2 = DenseLayer(hidden_size, 1)

    def forward(self, x: Tensor) -> Tensor:

        assert_dim(x, 2)

        assert x.shape[1] == 13

        x = self.dense1(x)
        return self.dense2(x)
```

그리고 이 모델의 인스턴스를 다음과 같이 생성한다.

```
pytorch_boston_model = HousePricesModel(hidden_size=13)
```

파이토치를 사용할 때 층 클래스를 별도로 구현하는 경우는 드물다. 그보다는 다음과 같이 각 연산을 중심으로 모델을 정의하는 경우가 일반적이다.

```
class HousePricesModel(PyTorchModel):

    def __init__(self,
                 hidden_size: int = 13):
        super().__init__()
        self.fc1 = nn.Linear(13, hidden_size)
        self.fc2 = nn.Linear(hidden_size, 1)

    def forward(self, x: Tensor) -> Tensor:

        assert_dim(x, 2)

        assert x.shape[1] == 13

        x = self.fc1(x)
        x = torch.sigmoid(x)
        return self.fc2(x)
```

앞으로 파이토치로 모델을 정의할 때는 별도의 층 클래스를 만드는 방법보다는 위와 같은 방법을 사용하기 바란다. 다른 사람이 구현한 모델도 대부분 이런 식으로 구현되었을 것이다.

## 7.2.4 Optimizer와 Loss 클래스

파이토치의 Optimizer와 Loss 클래스는 한 줄이면 구현할 수 있다. 4장에서 사용한 SGD Momentum 손실은 파이토치로 다음과 같이 구현한다.

```
import torch.optim as optim

optimizer = optim.SGD(pytorch_boston_model.parameters(), lr=0.001)
```

NOTE_ Optimizer는 파이토치 모델을 인자로 받는다. 이런 형태로 해당 Optimizer가 최적화하는 대상이 인자로 받은 모델의 파라미터임을 명확히 나타낸다(전에 구현한 Trainer 클래스가 이와 같은 역할을 했다).

2장에서 다룬 평균제곱오차 손실과 4장에서 소개한 소프트맥스 교차 엔트로피 손실도 다음과 같이 간단하게 구현한다.

```
mean_squared_error_loss = nn.MSELoss()
softmax_cross_entropy_loss = nn.CrossEntropyLoss()
```

그리고 이 클래스도 nn.Module을 상속받아 구현한 것이므로 Layer 클래스와 같은 방식으로 사용한다.

NOTE_ nn.CrossEntropyLoss 클래스 이름에 소프트맥스가 빠져 있지만, 실제 구현에서는 입력이 먼저 소프트맥스 함수를 거친다. 그래서 이전에 구현했던 것처럼 교차 엔트로피의 입력이 별도로 소프트맥스 함수를 거칠 필요가 없다.

또한 이들 손실함수 역시 nn.Module을 상속받아 구현한 것이므로 Layer 클래스와 사용법이 같다. loss.forward(x) 대신 loss(x)를 사용하면 된다.

## 7.2.5 Trainer 클래스

Trainer 클래스는 지금까지 본 구성 요소를 모두 엮는 역할을 한다. 이를 위해 Trainer 클래스가 갖춰야 할 조건은 뭘까? 여러 번 봐서 익숙할 법한 다음과 같은 일반적인 학습 패턴이 구현되어야 한다.

1. 학습 데이터 중 1개의 배치를 모델에 입력한다.
2. 모델의 출력값과 목푯값을 손실함수에 입력해 손실을 계산한다.
3. 파라미터에 대한 손실의 기울기를 계산한다.
4. Optimizer 객체를 이용해 주어진 규칙에 따라 파라미터를 수정한다.

파이토치를 사용한 학습도 똑같은 과정을 거친다. 다만 다음과 같은 두 가지 차이점이 있다.

- 기본적으로 Optimizer는 파라미터가 수정된 후에도 앞서 계산된 파라미터 기울깃값(앞에서 param_grads라고 불렀던 값이다)을 그대로 남겨둔다. 이 값을 삭제하려면 self.optim.zero_grad를 호출한다.
- 앞서 직접 구현한 간단한 자동 미분과 마찬가지로 역전파를 시작하려면 손실을 계산한 다음, loss.backward를 직접 호출한다.

이를 반영하면 파이토치를 이용한 학습은 다음 코드를 반복하는 형태가 된다. 그리고 PyTorch Trainer 클래스에도 같은 구조의 코드가 사용된다. 우리가 구현했던 Trainer 클래스와 마찬가지로 PyTorchTrainer 클래스 역시 Optimizer와 PyTorchModel, Loss(nn.MSELoss 혹은 nn.CrossEntropyLoss) 클래스를 인자로 받아 각각 속성 self.optim, self.model, self.loss의 값으로 설정하면 다음 5줄의 코드가 실제 학습을 수행하는 핵심 부분이 된다.

```
# 먼저 기울기를 0으로 초기화
self.optim.zero_grad()

# 모델에 X_batch 입력
output = self.model(X_batch)

# 손실값 계산
loss = self.loss(output, y_batch)

# 손실값 객체에서 backward 메서드를 호출해 역전파 계산 시작
loss.backward()
```

```
# self.optim.step()을 호출해 파라미터 수정
self.optim.step()
```

PyTorchTrainer의 전체 코드는 다음과 같다. 코드를 잘 뜯어보면 이전 장에서 본 **Trainer** 클래스 내용과 크게 다르지 않다.

```
class PyTorchTrainer(object):
    def __init__(self,
                    model: PyTorchModel,
                    optim: Optimizer,
                    criterion: _Loss):
        self.model = model
        self.optim = optim
        self.loss = criterion
        self._check_optim_net_aligned()

    def _check_optim_net_aligned(self):
        assert self.optim.param_groups[0]['params']\
        == list(self.model.parameters())

    def _generate_batches(self,
                            X: Tensor,
                            y: Tensor,
                            size: int = 32) -> Tuple[Tensor]:

        N = X.shape[0]

        for ii in range(0, N, size):
            X_batch, y_batch = X[ii:ii+size], y[ii:ii+size]

            yield X_batch, y_batch


    def fit(self, X_train: Tensor, y_train: Tensor,
            X_test: Tensor, y_test: Tensor,
            epochs: int=100,
            eval_every: int=10,
            batch_size: int=32):

        for e in range(epochs):
            X_train, y_train = permute_data(X_train, y_train)
```

```
        batch_generator = self._generate_batches(X_train, y_train,
                                                  batch_size)

        for ii, (X_batch, y_batch) in enumerate(batch_generator):

            self.optim.zero_grad()
            output = self.model(X_batch)
            loss = self.loss(output, y_batch)
            loss.backward()
            self.optim.step()

        output = self.model(X_test)
        loss = self.loss(output, y_test)
        print(e, loss)
```

NOTE_ Trainer는 Model, Optimizer, Loss 객체를 전달받는데, 이때 Optimizer의 최적화 대상이 Model의 파라미터가 맞는지 학습을 시작하기 전에 확인할 필요가 있다. _check_optim_net_aligned 메서드로 일치 여부를 확인한다.

모델 학습을 시작하는 코드는 다음과 같이 간단하다.

```
net = HousePricesModel()
optimizer = optim.SGD(net.parameters(), lr=0.001)
criterion = nn.MSELoss()

trainer = PyTorchTrainer(net, optimizer, criterion)

trainer.fit(X_train, y_train, X_test, y_test,
            epochs=10,
            eval_every=1)
```

학습을 시작하는 코드도 이전에 우리가 만든 프레임워크로 구현한 코드와 거의 동일하다. 밑에서 동작하는 라이브러리가 파이토치, 텐서플로TensorFlow, 티아노Theano 등 그 무엇이든 딥러닝 모델 학습에 필요한 요소는 동일하다.

다음으로 4장에서 배운 딥러닝 모델의 학습을 돕는 기법을 파이토치에서는 어떻게 구현하는지 알아보자.

## 7.2.6 학습 최적화 기법

4장에서 배운 딥러닝 모델의 학습을 돕는 기법은 다음과 같다.

- 모멘텀
- 드롭아웃
- 가중치 초기화
- 학습률 감쇠

파이토치를 사용하면 이 기법을 쉽게 적용할 수 있다. 예를 들어 최적화 모듈에 모멘텀을 적용하려면 다음처럼 SGD 최적화 모듈을 초기화할 때 키워드 인자 momentum의 값을 설정하면 된다.

```
optim.SGD(model.parameters(), lr=0.01, momentum=0.9)
```

드롭아웃을 적용하는 방법도 비슷하다. 앞서 밀집층을 구현하기 위해 파이토치가 기본으로 제공하는 모듈 중 밀집층의 연산을 구현한 nn.Linear(n_in, n_out)을 사용했다. 이와 비슷하게 nn.Dropout(dropout_prob)에 드롭아웃이 적용된 밀집층 연산이 구현되어 있다. 유의할 점은 지난 번 구현과 달리 여기 나오는 확률은 뉴런이 **무효화될 확률**probability of dropping이라는 점이다.

가중치 초기화는 따로 신경 쓰지 않아도 된다. nn.Linear를 포함해 파라미터를 가진 대부분의 파이토치 연산은 해당 층의 뉴런 수에 따라 자동으로 조정된 값으로 가중치가 초기화된다.

마지막으로 lr_scheduler 클래스는 가중치 감쇠를 적용하기 위한 클래스다. 이 클래스를 임포트하려면 torch.optim import lr_scheduler[3]를 사용하면 된다. 이제 딥러닝 모델의 학습을 개선하기 위한 기법을 파이토치에서도 자유롭게 사용할 수 있게 되었다.

---

**3** 이 책의 깃허브 저장소(*https://bit.ly/2AWCW1L*)에서 지수적 학습률 감쇠가 적용된 PyTorchTrainer의 예제를 볼 수 있다. 지수적 학습률 감쇠가 구현된 ExponentialLR 클래스에 대한 파이토치 공식 문서(*https://oreil.ly/2Mj9IhH*)를 참고해도 좋다.

# 7.3 합성곱 신경망 구현하기

5장에서 합성곱 신경망의 동작 원리를 다채널 합성곱 연산을 중심으로 체계적으로 설명했다. 이 연산은 각 뉴런이 입력 이미지 내 뉴런이 대응하는 위치에 어떤 시각적 패턴(시각적 패턴은 합성곱 필터에 의해 정의된다)의 존재 유무를 나타내도록 조직된 뉴런인 **특징 맵의 형태**로 입력 이미지를 변환한다. 다채널 합성곱 연산은 다음과 같은 모양의 두 가지 입력과 한 가지 출력을 갖는다.

- 모양이 [batch_size, in_channels, image_height]인 데이터 입력
- 모양이 [in_channels, out_channels, filter_size, filter-size]인 파라미터 입력
- 모양이 [batch_size, out_channels, image_height, image_width]인 출력

이에 따르면 파이토치에 구현된 다채널 합성곱 연산의 시그니처는 다음과 같이 나타낼 수 있다.

```
nn.Conv2d(in_channels, out_channels, filter_size)
```

연산을 정의하고 나면 이를 감싸는 ConvLayer 클래스를 쉽게 구현할 수 있다.

```python
class ConvLayer(PyTorchLayer):
    def __init__(self,
                 in_channels: int,
                 out_channels: int,
                 filter_size: int,
                 activation: nn.Module = None,
                 flatten: bool = False,
                 dropout: float = 1.0) -> None:
        super().__init__()

        # 실제 연산
        self.conv = nn.Conv2d(in_channels, out_channels, filter_size,
                              padding=filter_size // 2)

        # activation과 flatten은 이전의 것을 그대로 사용
        self.activation = activation
        self.flatten = flatten
        if dropout < 1.0:
            self.dropout = nn.Dropout(1 - dropout)
```

```
    def forward(self, x: Tensor) -> Tensor:

        # 합성곱 연산은 항상 수행
        x = self.conv(x)

        # 필요에 따라 수행하는 연산
        if self.activation:
            x = self.activation(x)
        if self.flatten:
            x = x.view(x.shape[0], x.shape[1] * x.shape[2] * x.shape[3])
        if hasattr(self, "dropout"):
            x = self.dropout(x)

        return x
```

> **NOTE_** 5장에서는 출력 크기가 입력과 같도록 필터 크기에 맞춰 출력에 패딩을 자동으로 덧붙였으나, 파이토치는 패딩을 자동으로 덧붙이지 않는다. 파이토치에서도 같은 동작을 원한다면, 연산을 정의할 때 padding = filter_size // 2 설정을 추가해야 한다.

이제 남은 것은 PyTorchModel 클래스를 정의하는 것뿐이다. 생성자 메서드 __init__에서 연산을 정의하고, forward 메서드에서 연산의 순서를 정의하면 된다. 다음 구조는 우리가 4장과 5장에서 다뤘던 MNIST 데이터셋 학습을 위한 구조다.

- 입력을 1채널에서 16채널로 변환하는 합성곱층

- 16채널을 다시 8채널(각 채널은 28×28뉴런으로 구성됨)로 변환하는 두 번째 합성곱층

- 두 개의 전결합층

합성곱층이 몇 개 연속으로 늘어선 다음, 그보다 적은 수의 전결합층이 배치되는 패턴은 쉽게 볼 수 있다. 여기서는 합성곱층과 전결합층을 각각 두 개씩 배치했다.

```
class MNIST_ConvNet(PyTorchModel):
    def __init__(self):
        super().__init__()
        self.conv1 = ConvLayer(1, 16, 5, activation=nn.Tanh(),
                               dropout=0.8)
        self.conv2 = ConvLayer(16, 8, 5, activation=nn.Tanh(), flatten=True,
```

```
                              dropout=0.8)
        self.dense1 = DenseLayer(28 * 28 * 8, 32, activation=nn.Tanh(),
                                 dropout=0.8)
        self.dense2 = DenseLayer(32, 10)

    def forward(self, x: Tensor) -> Tensor:
        assert_dim(x, 4)

        x = self.conv1(x)
        x = self.conv2(x)

        x = self.dense1(x)
        x = self.dense2(x)
        return x
```

모델을 학습하는 방법은 HousePricesModel 클래스를 학습했던 방법과 같다.

```
model = MNIST_ConvNet()
criterion = nn.CrossEntropyLoss()
optimizer = optim.SGD(model.parameters(), lr=0.01, momentum=0.9)

trainer = PyTorchTrainer(model, optimizer, criterion)

trainer.fit(X_train, y_train,
            X_test, y_test,
            epochs=5,
            eval_every=1)
```

nn.CrossEntropyLoss 클래스를 사용할 때 주의해야 할 점이 있다. 지난 장에서 우리가 만들었던 프레임워크를 떠올려보면, Loss 클래스가 목푯값과 같은 모양의 입력을 받도록 되어 있었다. 이 모양을 맞추기 위해 10개의 서로 다른 값으로 구성된 목푯값을 원-핫 인코딩으로 변환해 각 배치마다 모양이 [batch_size, 10]이 되도록 했다.

파이토치의 nn.CrossEntropyLoss 클래스는 우리가 만든 SoftmaxCrossEntropyLoss 클래스와 완전히 동일하게 동작하지만, 이렇게 따로 목푯값을 변환할 필요가 없다. nn.CrossEntropyLoss의 loss 메서드는 다음과 같은 두 개의 Tensor 객체를 받는다.

- 예측값을 담은 모양이 [batch_size, num_classes]인 Tensor.SoftmaxCrossEntropyLoss 클래스를 사용할 때와 같다.

- 목푯값을 담은 모양이 [batch_size]인 Tensor의 각 요솟값은 num_classes개의 서로 다른 값을 갖는다.

따라서 앞의 예제를 예로 들면 y_train은 모양이 [60000]인 배열이 되고(MNIST 데이터의 '학습 데이터' 건수다), y_test는 모양이 [10000]인 배열이 된다(MNIST 데이터의 '테스트 데이터' 건수다).

그러나 앞으로는 훨씬 더 큰 규모의 데이터셋을 다루게 될 것이므로, 이에 적합한 방법을 사용해야 한다. 지금처럼 X_train, y_train, X_test, y_test 변수를 사용해 전체 학습 데이터와 테스트 데이터를 모두 메모리에 올리고 학습을 진행하는 방법은 메모리 효율이 떨어진다. 파이토치는 DataLoader 클래스를 통해 이에 대한 대책도 제공한다.

## 7.3.1 DataLoader와 데이터 변환

4장에서 학습했던 MNIST 손글씨 인식 모델을 생각해보면 MNIST 데이터의 픽셀값에서 전체 픽셀값의 평균을 뺀 다음, 그 값을 전체 픽셀값의 표준편차로 나누는 방법으로 픽셀값을 '정규화'하는 전처리 과정을 거쳤다.

```
X_train, X_test = X_train - X_train.mean(), X_test - X_train.mean()
X_train, X_test = X_train / X_train.std(), X_test / X_train.std()
```

하지만 이 방법을 사용하려면 전체 학습 데이터와 테스트 데이터를 모두 메모리로 읽어 들여야 한다. 순차적으로 배치를 읽어 들이면서도 이와 같은 전처리가 가능하다면 효율 개선에 매우 도움이 된다. 파이토치는 이 기능을 기본으로 제공한다. 특히 이미지 데이터를 다룰 때 transforms 모듈을 사용한 변환과 torch.utils.data 모듈의 DataLoader가 많이 사용된다.

```
from torchvision.datasets import MNIST
import torchvision.transforms as transforms
from torch.utils.data import DataLoader
```

앞에서 전체 학습 데이터(X_train)를 읽어 들이는 코드는 다음과 같았다.

```
mnist_trainset = MNIST(root="../data/", train=True)
X_train = mnist_trainset.train_data
```

그다음으로 학습을 진행할 수 있도록 전처리를 수행했다.

파이토치는 데이터의 각 배치를 읽어 들이면서 원하는 형태의 변환을 그때그때 수행하는 편리한 함수를 제공한다. 이 기능을 사용하면 전체 데이터를 한꺼번에 메모리에 읽어 들일 필요가 없다.

먼저 각 배치마다 수행할 일련의 변환을 정의한다. 예를 들어 우리가 MNIST 이미지를 Tensor 객체(파이토치에서 제공하는 대부분의 데이터셋은 'PIL 이미지' 포맷이다. 그러므로 transforms.ToTensor()를 통해 Tensor 객체로 변환하는 과정이 먼저다)로 변환하고 각 요솟값을 정규화(전체 픽셀값의 평균을 빼고 표준편차로 나누는 과정)한다. 이때 픽셀값의 평균과 표준편차는 각각 0.1305와 0.3081을 적용한다.

```
img_transforms = transforms.Compose([
    transforms.ToTensor(),
    transforms.Normalize((0.1305,), (0.3081,))
])
```

> **NOTE_** Normalize는 '각 채널 단위'로 픽셀값의 평균을 빼고 표준편차로 나누는 처리를 수행한다. 그래서 3채널을 갖는 컬러 이미지를 다루는 경우 Normalize의 인자는 각각 3개의 값을 갖는 2개의 튜플이 된다. 예를 들면 transforms.Normalize((0.1, 0.3, 0.6), (0.4, 0.2, 0.5))와 같은 식이다. 인자로 전달되는 이 튜플의 의미는 다음과 같다.
> - 첫 번째 채널은 평균 0.1, 표준편차 0.4로 정규화하라.
> - 두 번째 채널은 평균 0.3, 표준편차 0.2로 정규화하라.
> - 세 번째 채널은 평균 0.6, 표준편차 0.5로 정규화하라.

모든 변환을 정의했다면 dataset을 배치 단위로 읽어 들일 때 이들 변환을 적용한다.

```
dataset = MNIST("../mnist_data/", transform=img_transforms)
```

마지막으로 배치 생성 규칙을 설정해 DataLoader를 정의한다.

```
dataloader = DataLoader(dataset, batch_size=60, shuffle=True)
```

전체 학습 데이터를 메모리에 읽어 들인 다음, batch_generator 함수로 직접 배치를 생성하는 대신 DataLoader를 사용하도록 Trainer 클래스를 수정한다. 이 책의 깃허브[4]에서 DataLoader로 학습을 진행하는 합성곱 신경망의 구현 예를 볼 수 있다. Trainer 클래스의 주요 변경 부분은 다음 행을

```
for X_batch, y_batch in enumerate(batch_generator):
```

다음과 같이 바꾼 것이다.

```
for X_batch, y_batch in enumerate(train_dataloader):
```

학습 시에도 전체 학습 데이터를 fit 메서드에 인자로 전달하는 대신, 다음과 같이 DataLoader 객체를 통한다.

```
trainer.fit(train_dataloader = train_loader,
            test_dataloader = test_loader,
            epochs=1,
            eval_every=1)
```

위와 같이 fit 메서드를 호출하면, MNIST 데이터를 1에폭 학습하고 97%의 정확도를 얻을 수 있다. 그러나 정확도보다 더 중요한 것은 제1원칙부터 고성능 프레임워크까지 다양한 개념을 이해하고 구현하는 방법까지 살펴보았다는 점이다. 개념과 프레임워크 구현을 모두 이해했으니 지금부터는 이 책의 깃허브 저장소의 코드를 수정해보며 다른 구조의 합성곱 신경망이나 새로운 데이터셋을 다뤄보기 바란다.

합성곱 신경망은 이 책에서 다룬 두 가지 발전된 신경망 구조 중 하나다. 이번에는 나머지 한 가지인 순환 신경망, 그중에서도 가장 발전된 변종인 LSTM을 파이토치로 구현해본다.

---

**4** *https://github.com/flourscent/DLFS_code/blob/master/07_PyTorch/Code.ipynb*의 '파이토치로 구현한 CNN(CNNs using PyTorch)' 항목을 참고하자.

## 7.3.2 LSTM 구현하기

앞장에서 LSTM을 직접 구현해보았다. 모양이 [batch_size, sequence_length, feature_size]인 ndarray를 입력받아 모양이 동일한 ndarray를 출력하는 LSTMLayer 클래스를 구현했다. 각 층은 내부 상태와 셀 상태를 갖는데, 모양이 초기에는 [1, hidden_size]였다가 배치가 입력되면 [batch_size, hidden_size]로 바뀌었다가 반복이 끝나면 다시 [1, hidden_size]로 돌아간다.

이 내용을 그대로 옮겨 다음과 같이 LSTMLayer의 생성자 메서드 __init__을 정의한다.

```python
class LSTMLayer(PyTorchLayer):
    def __init__(self,
                 sequence_length: int,
                 input_size: int,
                 hidden_size: int,
                 output_size: int) -> None:
        super().__init__()
        self.hidden_size = hidden_size
        self.h_init = torch.zeros((1, hidden_size))
        self.c_init = torch.zeros((1, hidden_size))
        self.lstm = nn.LSTM(input_size, hidden_size, batch_first=True)
        self.fc = DenseLayer(hidden_size, output_size)
```

합성곱층과 마찬가지로 파이토치는 LSTM을 구현한 nn.lstm 연산을 제공한다. 우리가 직접 구현한 LSTMLayer에서는 self.fc 속성에 밀집층 DenseLayer 객체를 저장한다. LSTM 셀의 마지막 연산 단계에 최종 내부 상태를 밀집층(가중치를 곱하고 편향을 더하는)에 입력해 각 연산마다 내부 상태를 output_size차원으로 변환했던 것을 기억할 것이다. 파이토치의 구현은 이와 약간 다르다. nn.lstm 연산은 매 시각마다 단순히 내부 상태를 출력한다. 그러므로 지금 구현하는 LSTMLayer가 그 외 다른 층들이 그랬던 것처럼 입력과 차원이 다른 값을 출력해야 한다면, 마지막에 DenseLayer를 추가해 내부 상태를 output_size 차원으로 변환하면 된다.

이 부분을 제대로 반영하면 어렵지 않게 forward 메서드를 구현할 수 있다. 6장에서 구현했던 LSTMLayer의 forward 메서드와도 크게 다르지 않다.

```python
def forward(self, x: Tensor) -> Tensor:

    batch_size = x.shape[0]
```

```
        h_layer = self._transform_hidden_batch(self.h_init,
                                                batch_size,
                                                before_layer=True)
        c_layer = self._transform_hidden_batch(self.c_init,
                                                batch_size,
                                                before_layer=True)

        x, (h_out, c_out) = self.lstm(x, (h_layer, c_layer))

        self.h_init, self.c_init = (
            self._transform_hidden_batch(h_out,
                                         batch_size,
                                         before_layer=False).detach(),
            self._transform_hidden_batch(c_out,
                                         batch_size,
                                         before_layer=False).detach()
                                         )

        x = self.fc(x)

        return x
```

이 코드의 핵심은 다음 줄이다. 6장에서 구현한 코드와 비슷해 보인다.

```
x, (h_out, c_out) = self.lstm(x, (h_layer, c_layer))
```

이외에도 `self.lstm` 연산 앞뒤로 헬퍼 함수 `self._transform_hidden_batch`를 사용해 내부 상태와 셀 상태의 모양을 변환하는 과정이 더 있다. 전체 코드는 이 책의 깃허브 저장소[5]에서 볼 수 있다.

마지막으로 이를 감싸는 형태로 모델 클래스를 작성한다.

```
class NextCharacterModel(PyTorchModel):
    def __init__(self,
                 vocab_size: int,
                 hidden_size: int = 256,
                 sequence_length: int = 25):
        super().__init__()
```

---

**5** *https://github.com/flourscent/DLFS_code/blob/master/07_PyTorch/Code.ipynb*

```python
        self.vocab_size = vocab_size
        self.sequence_length = sequence_length

        # 이 모델에는 층이 하나뿐이며
        # 이 층의 출력은 입력과 모양이 같다.
        self.lstm = LSTMLayer(self.sequence_length,
                              self.vocab_size,
                              hidden_size,
                              self.vocab_size)

    def forward(self,
                inputs: Tensor):
        assert_dim(inputs, 3) # batch_size, sequence_length, vocab_size

        out = self.lstm(inputs)

        return out.permute(0, 2, 1)
```

---

NOTE_ nn.CrossEntropyLoss 함수의 인자는 처음 두 차원이 batch_size와 유형별 분포에 대응해야 한다. 그러나 우리가 구현한 LSTM에는 유형별 분포가 출력의 마지막 차원(vocab_size)에 해당한다. 모델의 최종 출력을 손실함수에 입력하려면 문자별 분포 차원을 2번째 차원으로 바꿔야 한다. out.permute(0, 2, 1)이 이 역할을 한다.

이 책의 깃허브 저장소에서 PyTorchTrainer 클래스를 상속받아 구현한 LSTMTrainer 클래스의 전체 코드를 볼 수 있다. 그리고 텍스트의 다음 글자를 예측하는 NextChracterModel을 학습하는 코드도 구현되어 있다. 여기서 사용된 텍스트 전처리 방법은 6장에서 살펴본 것과 같다. 텍스트를 선택한 다음, 글자를 원-핫 인코딩으로 부호화하고, 부호화된 연속열을 배치로 묶는 과정을 거친다.

이것으로 지금까지 배운 모든 신경망 구조(전결합 신경망, 합성곱 신경망, 순환 신경망)를 파이토치로 다시 구현해보았다. 마지막으로 머신러닝의 또 다른 반쪽 세상인 비지도 학습에서 신경망을 활용하는 방법을 살펴보자.

## 7.4 오토인코더를 활용한 비지도 학습

지금까지 이 책에서 살펴본 모든 딥러닝 모델은 **지도 학습** 문제를 해결하기 위한 모델이었다. 그러나 지도 학습은 머신러닝 세계의 반쪽에 지나지 않는다. 나머지 반쪽은 비지도 학습의 세상이다. **비지도 학습**을 흔히 '레이블이 없는 데이터에서 구조를 찾는 문제'라고 설명하는데, 필자는 이런 설명보다는 '데이터에서 측정되지 않은 성질 간의 관계를 발견하는 문제'라는 설명을 더 좋아한다. 그러므로 지도 학습도 '데이터에서 이미 측정된 성질 간의 관계를 발견하는 문제'라고 할 수 있다.

레이블이 아무것도 붙지 않은 이미지로 구성된 데이터셋이 있다고 하자. 우리는 이 데이터셋에 담긴 이미지에 대해 아는 것이 별로 없다. 이 이미지에 나온 손글씨가 0부터 9까지의 숫자로 되어 있다거나, 또는 우리가 알지 못하는 문자 체계의 5가지나 20가지의 글자로 되어 있다거나 하는 정보 말이다. 이런 상황에서 다음과 같은 문제를 어떻게 해결해야 할까?

- 숫자가 몇 가지나 있는가?
- 시각적으로 서로 비슷한 숫자는 어떤 것이 있는가?
- 다른 이미지와 '매우 다른' 이미지가 있는가?

딥러닝으로 이런 문제를 해결하는 방법을 이해하려면 다시 원점으로 돌아가 딥러닝 모델의 역할과 효과가 개념적으로 무엇을 의미하는지부터 다시 생각해봐야 한다.


### 7.4.1 표현 학습

앞서 우리는 딥러닝 모델로 정확한 예측을 내릴 수 있다는 것을 알았다. 그리고 이 예측은 신경망이 받은 입력을 보다 추상적이고 문제가 원하는 답에 따라 적절한 표현으로 변환하는 과정을 통해 만들어진다. 그중에서도 회귀 문제라면 뉴런이 하나이고, 분류 문제라면 num_classes개의 뉴런을 가지는 신경망의 마지막 층에서 예측을 내리는 데 가장 유용한 입력의 표현이 만들어진다. 이 설명을 그림으로 나타내면 [그림 7-1]과 같다.

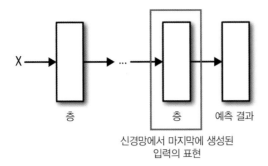

층        층        예측 결과

신경망에서 마지막에 생성된<br>입력의 표현

**그림 7-1** 신경망의 마지막 층에서는 예측을 내리는 데 가장 유용한 입력의 표현이 만들어진다.

학습을 마친 모델은 새로운 데이터에 대한 예측뿐만 아니라, **이들에 대한 표현도 만들 수 있다.** 그리고 이 표현은 다시 클러스터링, 유사도 분석, 이상점 탐지$^{outlier\ detection}$ 등에 활용할 수 있다.

## 7.4.2 레이블 정보가 없을 때의 접근 방법

하지만 이러한 접근 방법은 **모델을 학습하려면 레이블과 같은 정보가 처음부터 필요하다**는 한계가 있다. 진짜 필요한 것은 레이블 정보 없이도 '유용한' 표현을 학습하는 방법이다. 레이블 정보가 없다면 데이터 자체로만 표현을 만들어야 한다. 이러한 발상에서 고안된 신경망 구조가 바로 오토인코더$^{autoencoder}$다. 오토인코더는 학습 데이터 자신을 재현하도록 학습하는 신경망이다. 따라서 신경망 내부에 데이터를 재현하는 데 유용한 표현을 만들 수 있다.

### 다이어그램

[그림 7-2]는 오토인코더를 개념적으로 나타낸 것이다.

1. 데이터를 차원이 줄어든 압축된 표현으로 나타내는 부호화층이 있다.
2. 반면 압축된 표현을 다시 원래 데이터와 같은 차원으로 복원하는 복호화층도 있다.

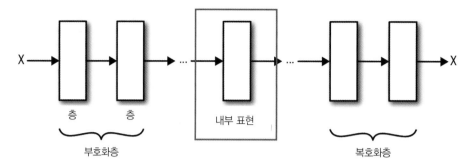

**그림 7-2** 오토인코더는 입력을 차원이 줄어든 압축된 표현으로 나타내는 층(부호화층)과 압축된 표현을 다시 원래의 차원을 가진 최초 입력 데이터로 복원하는 층(복호화층)으로 구성된다. 이 복호화층에서 입력을 재구성하는 데 유용한 저차원 표현이 학습된다.

오토인코더를 구현하며 미처 다루지 못한 파이토치 기능을 살펴보자.

### 7.4.3 오토인코더 구현하기

지금부터 간단한 오토인코더를 구현해보자. 이 오토인코더는 이미지를 입력받아 2개의 합성곱층과 1개의 밀집층으로 표현을 만든다. 그다음 이 표현을 다시 1개의 밀집층과 2개의 합성곱층에 순서대로 통과시켜 원래 입력과 같은 크기의 출력을 만든다. 오토인코더를 만들면서 파이토치로 고급 신경망 구조를 구현할 때 자주 볼 수 있는 두 가지 사례를 알아보자. 첫 번째는 `PyTorchModel`를 다른 `PyTorchModel` 객체의 속성으로 포함할 수 있다. 지금부터 보게 될 오토인코더 구현에는 부호화 모델<sup>encoder</sup>과 복호화 모델<sup>decoder</sup>, 이렇게 2개의 `PyTorchModel` 객체가 속성으로 포함된다. 모델 학습이 끝나면 부호화 모델을 사용해 새로운 표현을 생성한다.

`Encoder`는 다음과 같이 정의한다.

```
class Encoder(PyTorchModel):
    def __init__(self,
                 hidden_dim: int = 28):
        super(Encoder, self).__init__()
        self.conv1 = ConvLayer(1, 14, activation=nn.Tanh())
        self.conv2 = ConvLayer(14, 7, activation=nn.Tanh(), flatten=True)

        self.dense1 = DenseLayer(7 * 28 * 28, hidden_dim, activation=nn.Tanh())
```

```
    def forward(self, x: Tensor) -> Tensor:
        assert_dim(x, 4)


        x = self.conv1(x)
        x = self.conv2(x)
        x = self.dense1(x)


        return x
```

Decoder는 다음과 같이 정의한다.

```
class Decoder(PyTorchModel):
    def __init__(self,
                 hidden_dim: int = 28):
        super(Decoder, self).__init__()
        self.dense1 = DenseLayer(hidden_dim, 7 * 28 * 28, activation=nn.Tanh())

        self.conv1 = ConvLayer(7, 14, activation=nn.Tanh())
        self.conv2 = ConvLayer(14, 1, activation=nn.Tanh())

    def forward(self, x: Tensor) -> Tensor:
        assert_dim(x, 2)

        x = self.dense1(x)

        x = x.view(-1, 7, 28, 28)
        x = self.conv1(x)
        x = self.conv2(x)

        return x
```

NOTE_ 1보다 큰 스트라이드를 적용할 수 있다면 표현을 복원하기 위해 지금처럼 일반적인 합성곱을 사용하는 대신 전치 합성곱transposed convolution을 사용한다. 전치 합성곱은 입력 이미지보다 출력 이미지의 크기가 큰 합성곱 연산을 말한다. 자세한 내용은 파이토치 공식 문서 중 **nn.ConvTranspose2d** 연산 항목(*https://oreil.ly/306qiV7*)을 참고하자.

이들을 모두 감싸는 Autoencoder는 다음과 같이 정의한다.

```python
class Autoencoder(PyTorchModel):
    def __init__(self,
                 hidden_dim: int = 28):
        super(Autoencoder, self).__init__()

        self.encoder = Encoder(hidden_dim)

        self.decoder = Decoder(hidden_dim)

    def forward(self, x: Tensor) -> Tensor:
        assert_dim(x, 4)

        encoding = self.encoder(x)
        x = self.decoder(encoding)

        return x, encoding
```

Autoencoder 클래스의 forward 메서드에서 방금 언급한 파이토치 구현 사례 중 두 번째 예를 볼 수 있다. 우리가 필요한 것은 모델에서 생성하는 내부 표현이므로 forward 메서드에서 부호화 결과인 encoding과 신경망 학습을 위해 사용할 출력 output까지 값 두 가지를 출력하도록 한다.

이에 맞춰 Trainer 클래스도 수정해야 한다. 특히 PyTorchModel은 현재 forward 메서드에서 Tensor 객체 하나만 출력하는 경우를 상정하고 작성되어 있다. 이때 Tensor가 담긴 튜플을 반환하도록 하면 튜플에 담긴 Tensor 객체가 1개일 때는 물론, 지금 구현하는 Autoencoder 클래스처럼 2개 이상의 Tensor를 전달해야 하는 경우에도 유연하게 대응할 수 있다. 우리는 세 군데를 수정해야 한다.

첫 번째는 PyTorchModel 클래스에 포함된 forward 메서드의 시그니처를 다음과 같이 수정한다.

```python
def forward(self, x: Tensor) -> Tuple[Tensor]:
```

이렇게 수정하고 나면 PyTorchModel 클래스를 상속한 모든 모델의 forward 메서드도 return x 대신 return x,를 반환한다.

두 번째는 **Trainer** 클래스에서 모델이 반환한 튜플 중 첫 번째 요소를 꺼내 출력으로 입력받도록 수정한다.

```
output = self.model(X_batch)[0]
...
output = self.model(X_test)[0]
```

**Autoencoder** 모델에서 주목해야 할 점은 마지막 층의 활성화 함수로 **Tanh** 함수를 사용한다는 점이다. 그 결과로 모델의 출력값의 범위는 −1에서 1 사이가 되는데, 어떤 모델이든 모델의 출력은 입력의 목푯값과 같은 축척이어야 정상적인 비교가 가능하다. 이를 위해 입력의 범위가 최소 −1, 최대 1이 되도록 다음과 같이 수정한다.

```
X_train_auto = (X_train - X_train.min())
                / (X_train.max() - X_train.min()) * 2 - 1
X_test_auto = (X_test - X_train.min())
                / (X_train.max() - X_train.min()) * 2 - 1
```

이제 학습을 진행할 수 있다(부호화 출력의 차원은 28로 마음대로 정했다). 이 코드는 여러 번 보았으니 눈에 익을 것이다.

```
model = Autoencoder(hidden_dim=28)
criterion = nn.MSELoss()
optimizer = optim.SGD(model.parameters(), lr=0.01, momentum=0.9)

trainer = PyTorchTrainer(model, optimizer, criterion)

trainer.fit(X_train_auto, X_train_auto,
            X_test_auto, X_test_auto,
            epochs=1,
            batch_size=60)
```

위 코드를 실행시켜 학습을 마치고 나서, 모델에 **X_test_auto**를 입력해보면 재구성된 이미지와 그 내부 표현(**forward** 메서드가 두 가지 값을 모두 반환하기 때문)을 확인할 수 있다.

```
reconstructed_images, image_representations = model(X_test_auto)
```

reconstructed_images의 각 요소는 모양이 [1, 28, 28]인 Tensor 객체이며, 이 객체는 오토인코더가 부호화층에서 저차원으로 압축한 내부 표현을 최대한 원래대로 복원한 결과다. [그림 7-3]에서 복원한 이미지와 원래 이미지를 함께 비교해보자.

원래 이미지       오토인코더로 복원한 이미지

**그림 7-3** 오토인코더로 압축 후 복원한 이미지와 원래 이미지

시각적으로 보아도, 두 이미지가 서로 비슷하다. 이것으로 미루어보아 신경망이 784픽셀인 원래 이미지의 정보를 최대한 유지하도록 저차원 공간에(여기서는 28차원) 매핑했다는 것을 알수 있다. 레이블이 없어도 신경망이 전체 데이터셋의 이미지 구조를 학습했다는 것을 어떻게확인할 수 있을까? 여기서 말하는 '이미지의 구조'란 이미지가 서로 다른 손글씨 숫자 10가지라는 뜻이다. 그러므로 저차원 공간 내 서로 비슷한 위치에 매핑된 이미지는 같은 글자를 나타내는 이미지거나 최소한 시각적으로 유사한 이미지라고 할 수 있다. 시각적 유사성은 이미지를 구별하기 위해 사람도 이용하는 특성이다. 로렌스 판데르마턴Laurens van der Maaten이 제프리 힌턴('신경망의 아버지'라 할 수 있는 연구자 중 한 명이다)의 연구실 대학원생으로 있던 시절에 제안한 차원 축소 기법, **t-분포 확률적 임베딩**t-Distributed Stochastic Neighbor Embedding(t-SNE)을 적용해 이를 실제로 확인해볼 수 있다. t-SNE가 차원을 축소하는 원리는 신경망 학습과 비슷하다. 초기 저차원 표현으로 시작해 저차원 공간 내에서 비슷한 위치에 매핑되는 데이터가 고차원 공간에서도 비슷한 위치에 매핑되도록, 그리고 그 반대도 성립하도록 이 저차원 표현을 반복적으로 수정해나가는 기법이다.[6]

t-SNE를 사용해 다음과 같은 과정을 수행한다.

--------------------------------

**6** 최초로 제안한 논문은 2008년에 로런스 판데르마턴과 제프리 힌턴이 발표한 「Visualizing Data using t-SNE」(*https://oreil.ly/2KIAaOt*)다.

- 오토인코더로 10,000장의 이미지의 압축된 표현(28차원)을 만들고 그 결과에 다시 t-SNE를 적용해 2차원으로 축소한다.
- 이미지가 매핑된 2차원 공간을 시각화한다. 이때 레이블의 값(이 값은 오토인코더에 입력되지 않는다)에 따라 점의 색을 달리한다.

그 결과는 [그림 7-4]와 같다.

MNIST 데이터셋 중 테스트 집합 10000개를 관찰 대상으로 한다. 색은 해당 관찰이 어떤 숫자를 쓴 것인지 가리키며 위치는 합성곱 오토인코더로 압축된 28차원값을 재차 t-SNE로 차원 축소한 결과다.

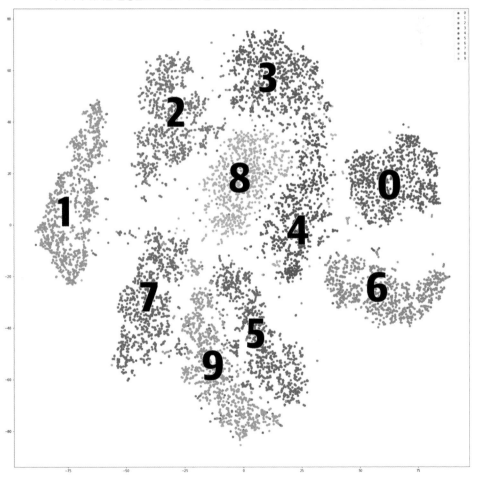

**그림 7-4** 오토인코더가 학습한 28차원 표현을 t-SNE로 처리한 결과

대체로 레이블값이 같은 이미지끼리 그룹으로 뭉쳐있는 것을 알 수 있다. 이 결과는 원래 데이터를 복원하려는 저차원 표현이 레이블에 대한 정보 없이도 이미지 내 구조를 파악할 수 있다는 것을 보여준다.[7] 그리고 단순히 글자를 구분하는 것뿐만 아니라, 시각적으로 비슷한 글자들끼리 클러스터 간의 위치도 가깝게 표현된다. 3, 5, 8의 클러스터는 다른 클러스터와 적당히 떨어져 있으며, 4와 9의 클러스터는 다른 클러스터와 밀접하게 붙어 있다. 0, 1, 6의 클러스터는 다른 클러스터와 가장 거리가 멀다.

## 7.4.4 비지도 학습을 위한 강력한 실험과 해답

오토인코더 모델이 입력 이미지에 포함된 구조를 실제로 학습했는지 여부를 판단하기에 이 실험은 조금 부족하다. 이제 합성곱 신경망에서 시각적으로 비슷한 글씨의 이미지가 학습된 내부 표현 역시 비슷했던 것도 이해가 간다. 오토인코더 모델의 능력을 좀 더 확인해보기 위해 매끈한smooth 기본 공간underlying space을 발견할 수 있는지 확인해보자. 기본 공간은 가능한 모든 28차원 벡터로 구성되는 공간으로, 진짜 손글씨와 유사한 이미지로부터 나온 벡터만 매핑되는 공간은 아니다. 결과부터 말하자면 오토인코더로는 이러한 공간을 발견할 수 없다. [그림 7-5]를 보면 28차원의 무작위 벡터를 복호화층 모델로 복원한 것이다. Autoencoder 클래스에서 별도의 속성으로 Decoder 클래스에 접근할 수 있으므로 다음과 같은 코드로 이 결과를 얻을 수 있다.

```
test_encodings = np.random.uniform(low=-1.0, high=1.0, size=(5, 28))
test_imgs = model.decoder(Tensor(test_encodings))
```

그림 7-5 무작위 벡터 5개를 이미지로 복원한 결과

---

7  더욱이 이 결과는 시행착오를 많이 거친 것도 아니며 신경망 학습을 돕는 학습률 감쇠 등의 기법도 전혀 적용하지 않은 상태에서 1에폭만에 얻은 결과다. 결국 오토인코더와 유사한 구조의 신경망으로 레이블 정보 없이 데이터의 구조를 학습할 수 있다는 것이 결코 우연한 결과가 아니다.

이렇게 복원된 이미지는 읽을 수 있는 숫자처럼 보이지는 않는다. 따라서 오토인코더는 이미지 데이터를 저차원 공간에 정보를 유지하며 매핑할 수는 있지만, 이 공간이 읽을 수 있는 이미지로만 구성된 것은 아니다.

매끈한 기본 공간에 이미지를 매핑할 수 있는 신경망을 학습하는 문제는 **생성적 적대 신경망** generative adversarial network (GAN)에 의해 해결된다. GAN은 2014년에 최초로 제안되었는데, 두 개의 신경망을 동시에 학습하는 방법으로 실제 이미지와 비슷한 이미지를 생성하는 신경망이다. GAN은 2015년에 많은 연구가 진행되었고 무작위로 생성한 100차원 벡터에서 실제와 같은 대량의 이미지를 만들어내는 데까지 성공했다.[8] 이로써 신경망은 레이블 정보가 없는 이미지의 '공간'에 대한 기본 표현을 학습할 수 있게 되었다. GAN은 별도의 책으로 소개할 정도의 큰 주제이므로 여기서는 다루지 않는다.

## 7.5 마치며

이번 장을 통해 오늘날 가장 널리 사용되는 고급 딥러닝 구조의 동작 원리와 함께 고성능 프레임워크로 구현하는 방법을 깊이 이해해보았다. 이제 남은 것은 연습뿐이다. 우리는 다행히 다른 사람의 구현 코드를 통해 세부 사항을 살펴보고, 모델의 구조를 동작하도록 도와주는 다양한 기법을 쉽게 익힐 수 있는 시대에 살고 있다. 이 책의 깃허브 저장소[9]도 그 출발점으로 삼을 만하다. 그럼 계속 정진하기 바란다.

---

**8** DCGAN을 제안한 알렉 래드퍼드(Alec Radford)의 논문 「Unsupervised Representation Learning with Deep Convolution Generative Adversarial Networks」(https://arxiv.org/abs/1511.06434)와 파이토치의 공식 문서(https://oreil.ly/2TEspgG)를 참고하자.

**9** https://github.com/flourscent/DLFS_code/blob/master/07_PyTorch/Code.ipynb

# 더 알아보기

이번 장에서는 본문에서 미처 다루지 못했으나 완벽한 내용 이해에 필요한 세부적인 내용을 살펴본다.

## A.1 행렬 미분의 연쇄법칙

1장의 연쇄법칙 설명 중에서 $W^T$를 $\frac{\partial v}{\partial u}(X)$로 바꿔쓸 수 있는 이유를 알아보자. 먼저 $L$은 다음과 같이 정의된다.

$$\sigma(XW_{11}) + \sigma(XW_{12}) + \sigma(XW_{21}) + \sigma(XW_{22}) + \sigma(XW_{31}) + \sigma(XW_{32})$$

그리고 위 식은 다음과 같은 간략한 표현법을 사용한다.

$$\sigma(XW_{11}) = \sigma(x_{11} \times w_{11} + x_{12} \times w_{21} + x_{13} \times w_{31})$$
$$\sigma(XW_{12}) = \sigma(x_{11} \times w_{12} + x_{12} \times w_{22} + x_{13} \times w_{32})$$

$L$의 항 중 하나에 초점을 맞춰 자세히 살펴보자. 예를 들어 $X$의 각 요소에 대한 $\sigma(XW_{11})$의 편미분은 어떤 형태가 될까(결국 모든 항에 이 계산을 해야 한다)?

다음 식이 성립하므로,

$$\sigma\left(XW_{11}\right) = \sigma\left(x_{11} \times w_{11} + x_{12} \times w_{21} + x_{13} \times w_{31}\right)$$

$x_1$에 대한 편미분은 연쇄법칙으로 어렵지 않게 구할 수 있다.

$$\frac{\partial \sigma}{\partial u}\left(XW_{11}\right) \times w_{11}$$

$XW_{11}$에서 $x_{11}$이 곱해진 것은 $w_{11}$이므로 그 외 항에 대한 편미분은 0이다.

그러므로 $X$의 모든 요소에 대한 $\sigma\left(XW_{11}\right)$의 편미분인 $\dfrac{\partial \sigma\left(XW_{11}\right)}{\partial X}$ 은 다음과 같다.

$$\frac{\partial \sigma\left(XW_{11}\right)}{\partial X} = \begin{bmatrix} \frac{\partial \sigma}{\partial u}\left(XW_{11}\right) \times w_{11} & \frac{\partial \sigma}{\partial u}\left(XW_{11}\right) \times w_{21} & \frac{\partial \sigma}{\partial u}\left(XW_{11}\right) \times w_{31} \\ 0 & 0 & 0 \\ 0 & 0 & 0 \end{bmatrix}$$

다른 예를 들면 $X$의 모든 요소에 대한 $\sigma\left(XW_{32}\right)$도 같은 방법으로 구한다.

$$\begin{bmatrix} 0 & 0 & 0 \\ 0 & 0 & 0 \\ \frac{\partial \sigma}{\partial u}\left(XW_{32}\right) \times w_{12} & \frac{\partial \sigma}{\partial u}\left(XW_{32}\right) \times w_{22} & \frac{\partial \sigma}{\partial u}\left(XW_{32}\right) \times w_{32} \end{bmatrix}$$

이제 $\dfrac{\partial \Lambda}{\partial X}\left(S\right)$를 직접 계산하기 위해 필요한 값을 모두 구했다. 나머지 여섯 행렬을 같은 방법으로 계산한 다음, 그 결과를 모두 합하면 된다.

수식이 복잡해 보이지만 크게 어려운 내용은 아니다. 여기서부터의 내용은 간단하기 때문에 건너뛰고 바로 결론으로 넘어가도 무방하다. 하지만 직접 손으로 계산해보면 결론을 훨씬 잘 이해할 수 있다.

남은 단계는 두 단계다. 첫 번째는 $\dfrac{\partial \Lambda}{\partial X}\left(S\right)$가 여섯 개 행렬의 합임을 그대로 풀어쓰는 것이다.

$$\frac{\partial \Lambda}{\partial X}(S) = \frac{\partial \sigma(XW_{11})}{\partial X} + \frac{\partial \sigma(XW_{12})}{\partial X} + \frac{\partial \sigma(XW_{21})}{\partial X} + \frac{\partial \sigma(XW_{22})}{\partial X} + \frac{\partial \sigma(XW_{31})}{\partial X} + \frac{\partial \sigma(XW_{32})}{\partial X}$$

$$= \begin{bmatrix} \frac{\partial \sigma}{\partial u}(XW_{11}) \times w_{11} & \frac{\partial \sigma}{\partial u}(XW_{11}) \times w_{21} & \frac{\partial \sigma}{\partial u}(XW_{11}) \times w_{31} \\ 0 & 0 & 0 \\ 0 & 0 & 0 \end{bmatrix}$$

$$+ \begin{bmatrix} \frac{\partial \sigma}{\partial u}(XW_{12}) \times w_{12} & \frac{\partial \sigma}{\partial u}(XW_{12}) \times w_{22} & \frac{\partial \sigma}{\partial u}(XW_{12}) \times w_{32} \\ 0 & 0 & 0 \\ 0 & 0 & 0 \end{bmatrix}$$

$$+ \begin{bmatrix} 0 & 0 & 0 \\ \frac{\partial \sigma}{\partial u}(XW_{21}) \times w_{11} & \frac{\partial \sigma}{\partial u}(XW_{21}) \times w_{21} & \frac{\partial \sigma}{\partial u}(XW_{21}) \times w_{31} \\ 0 & 0 & 0 \end{bmatrix}$$

$$+ \begin{bmatrix} 0 & 0 & 0 \\ \frac{\partial \sigma}{\partial u}(XW_{22}) \times w_{12} & \frac{\partial \sigma}{\partial u}(XW_{22}) \times w_{22} & \frac{\partial \sigma}{\partial u}(XW_{22}) \times w_{32} \\ 0 & 0 & 0 \end{bmatrix}$$

$$+ \begin{bmatrix} 0 & 0 & 0 \\ 0 & 0 & 0 \\ \frac{\partial \sigma}{\partial u}(XW_{31}) \times w_{11} & \frac{\partial \sigma}{\partial u}(XW_{31}) \times w_{21} & \frac{\partial \sigma}{\partial u}(XW_{31}) \times w_{31} \end{bmatrix}$$

$$+ \begin{bmatrix} 0 & 0 & 0 \\ 0 & 0 & 0 \\ \frac{\partial \sigma}{\partial u}(XW_{32}) \times w_{12} & \frac{\partial \sigma}{\partial u}(XW_{32}) \times w_{22} & \frac{\partial \sigma}{\partial u}(XW_{32}) \times w_{32} \end{bmatrix}$$

이제 이 합을 하나의 행렬로 결합한다. 한눈에 이해되진 않겠지만, 이 행렬이 앞서 본 덧셈의 결과다.

$$\frac{\partial \Lambda}{\partial X}(S)$$

$$= \begin{bmatrix} \frac{\partial \sigma}{\partial u}(XW_{11}) \times w_{11} + \frac{\partial \sigma}{\partial u}(XW_{12}) \times w_{12} & \frac{\partial \sigma}{\partial u}(XW_{11}) \times w_{21} + \frac{\partial \sigma}{\partial u}(XW_{12}) \times w_{22} & \frac{\partial \sigma}{\partial u}(XW_{11}) \times w_{31} + \frac{\partial \sigma}{\partial u}(XW_{12}) \times w_{32} \\ \frac{\partial \sigma}{\partial u}(XW_{21}) \times w_{11} + \frac{\partial \sigma}{\partial u}(XW_{22}) \times w_{12} & \frac{\partial \sigma}{\partial u}(XW_{21}) \times w_{21} + \frac{\partial \sigma}{\partial u}(XW_{22}) \times w_{22} & \frac{\partial \sigma}{\partial u}(XW_{21}) \times w_{31} + \frac{\partial \sigma}{\partial u}(XW_{22}) \times w_{32} \\ \frac{\partial \sigma}{\partial u}(XW_{31}) \times w_{11} + \frac{\partial \sigma}{\partial u}(XW_{32}) \times w_{12} & \frac{\partial \sigma}{\partial u}(XW_{31}) \times w_{21} + \frac{\partial \sigma}{\partial u}(XW_{32}) \times w_{22} & \frac{\partial \sigma}{\partial u}(XW_{31}) \times w_{31} + \frac{\partial \sigma}{\partial u}(XW_{32}) \times w_{32} \end{bmatrix}$$

진짜 멋진 부분은 여기서부터다. 다음 식을 다시 한번 떠올려보자.

$$W = \begin{bmatrix} w_{11} & w_{12} \\ w_{21} & w_{22} \\ w_{31} & w_{32} \end{bmatrix}$$

앞서 본 행렬에 $W$가 전치된 상태로 숨어 있었다. 다음 식을 보자.

$$\frac{\partial \Lambda}{\partial u}(S) = \begin{bmatrix} \frac{\partial \sigma}{\partial u}(XW_{11}) & \frac{\partial \sigma}{\partial u}(XW_{12}) \\ \frac{\partial \sigma}{\partial u}(XW_{21}) & \frac{\partial \sigma}{\partial u}(XW_{22}) \\ \frac{\partial \sigma}{\partial u}(XW_{31}) & \frac{\partial \sigma}{\partial u}(XW_{32}) \end{bmatrix}$$

앞의 행렬을 다음과 같이 쓸 수 있다.

$$\frac{\partial \Lambda}{\partial X}(X) = \begin{bmatrix} \frac{\partial \sigma}{\partial u}(XW_{11}) & \frac{\partial \sigma}{\partial u}(XW_{12}) \\ \frac{\partial \sigma}{\partial u}(XW_{21}) & \frac{\partial \sigma}{\partial u}(XW_{22}) \\ \frac{\partial \sigma}{\partial u}(XW_{31}) & \frac{\partial \sigma}{\partial u}(XW_{32}) \end{bmatrix} \times \begin{bmatrix} w_{11} & w_{21} & w_{31} \\ w_{12} & w_{22} & w_{32} \end{bmatrix} = \frac{\partial \Lambda}{\partial u}(S) \times W^T$$

우리는 다음 물음표의 값이 궁금하다.

$$\frac{\partial \Lambda}{\partial X}(X) = \frac{\partial \Lambda}{\partial u}(S) \times ?$$

해당 값은 $W$가 된다. 마치 물과 기름이 갈라지듯 깔끔하게 분리된다.

이러한 결과는 앞서 1차원 예제에서도 확인했다. 이전 예제처럼 결과를 봤을 때, 딥러닝의 원리와 구현이 깔끔했던 이유를 알 수 있다. 이 결과의 의미가 언제나 $\frac{\partial v}{\partial X}(X, W) = W^T$처럼 바로 대체 가능한 것은 아니다. 그러나 두 입력($X$와 $W$)을 곱한 $N$을 어떤 비선형 함수 $\sigma$에 통과시켜 출력 $S$를 구했다면, 다음 식이 성립한다.

$$\frac{\partial \sigma}{\partial X}(X, W) = \frac{\partial \sigma}{\partial u}(N) \times W^T$$

이 덕분에 기울기 수정을 위한 계산 과정을 행렬곱 형태로 나타낼 수 있으며 더 나아가 다음 식까지 유도할 수 있다.

$$\frac{\partial \sigma}{\partial W}(X, W) = X^T \times \frac{\partial \sigma}{\partial u}(N)$$

## A.2 편향 항에 대한 손실의 기울기

이번에는 전결합 신경망에서 편향 항에 대한 손실의 기울기를 계산할 때 축 axis=0 방향으로 합을 구하는 이유를 자세히 알아보자.

신경망에서 편향 항을 더한다는 것은 다음을 의미한다. 행이 $n$(배치 크기)개이고 열이 $f$(특징 수)개인 행렬로 표현되는 데이터 배치가 있고, $f$개의 특징마다 어떤 값을 더하는 것이다. 2장의 신경망을 예로 들면, 특징은 13개이고 편향 항 B도 13개의 값을 갖는다. 그중 첫 번째 값은 M1 = np.dot(X, weights[$W1$])의 모든 행의 첫 번째 열 요솟값에 더하고, 두 번째 값은 두 번째 열 요솟값에 더하는 식이다. 신경망의 다음 층에 있는 $B2$도 M2의 각 열에 더한다. 결국 행렬의 모든 '행'에 같은 값이 더해지므로 역방향 계산에서 행에 해당하는 축 방향에 따라 기울기를 더한다. dLdB1과 dLdB2를 axis=0을 따라 더하는 이유가 여기에 있다(dLdB1 = (dLdN1 * dN1dN1).sum(axis=0)). [그림 A−1]에 설명을 보강해 이 내용을 실었다.

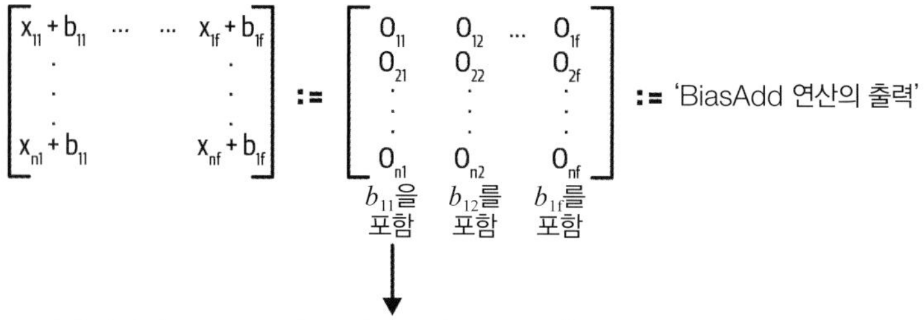

$$
\begin{bmatrix} x_{11}+b_{11} & \cdots & \cdots & x_{1f}+b_{1f} \\ \cdot & & & \cdot \\ \cdot & & & \cdot \\ \cdot & & & \cdot \\ x_{n1}+b_{11} & & & x_{nf}+b_{1f} \end{bmatrix} := \begin{bmatrix} O_{11} & O_{12} & \cdots & O_{1f} \\ O_{21} & O_{22} & & O_{2f} \\ \cdot & \cdot & & \cdot \\ \cdot & \cdot & & \cdot \\ O_{n1} & O_{n2} & & O_{nf} \end{bmatrix} := \text{'BiasAdd 연산의 출력'}
$$

$b_{11}$을 포함    $b_{12}$를 포함    $b_{1f}$를 포함

↓

$b_{11}$이 출력에 미치는 영향은 $(O_{11}{}^{grad}+O_{21}{}^{grad}+\cdots+O_{n1}{}^{grad})$에 비례함

$b_{1f}$가 출력에 미치는 영향은 $(O_{1f}{}^{grad}+O_{2f}{}^{grad}+\cdots+O_{nf}{}^{grad})$에 비례함

$[b_{11} b_{12\ldots} b_{1f}]$의 전체 기울기는 축 axis=0을 따라 출력 기울기를 합한 것이다.

**그림 A-1** 전결합층 출력의 편향에 대한 편미분을 계산할 때 축 **axis=0**을 따라 합을 계산하는 이유


# A.3 행렬곱으로 합성곱 구현하기

이번에는 넘파이를 사용해 배치 행렬의 행렬곱 형태로 배치와 다채널 합성곱 연산을 효율적으로 구현하는 방법을 알아보자.

합성곱 연산을 이해하기 위해 전결합 신경망의 순방향 계산 과정을 다시 한번 곱씹어보자.

- 크기가 [batch_size, in_features]인 입력을 받는다.

- 입력을 크기가 [in_features, out_features]인 파라미터와 곱한다.

- 그 결과, 출력의 크기는 [batch_size, out_features]가 된다.

반면, 합성곱층의 계산 과정은 다음과 같다.

- 크기가 [batch_size, in_channels, img_height, img_width]인 입력을 받는다.

- 입력과 파라미터(크기: [in_channels, out_channels, param_height, param_width])로 합성곱 연산을 수행한다.

- 그 결과, 출력의 크기는 [batch_size, in_channels, img_height, img_width]가 된다.

합성곱 연산을 일반적인 순방향 연산과 비슷하게 보려면, **먼저 img_height×img_width의 '이미지 조각'을 입력 이미지의 각 채널에서 추출해야** 한다. 이들 조각을 추출하고 난 다음, 합성곱을

배치 행렬곱(np.matmul)으로 나타내도록 입력의 모양을 바꿀 수 있다. 먼저 이미지 조각을 추출하는 코드는 다음과 같다.

```python
def _get_image_patches(imgs_batch: ndarray,
                       fil_size: int):
    '''
    imgs_batch: [batch_size, channels, img_width, img_height]
    fil_size: int
    '''
    # 이미지에 패딩을 덧붙임
    imgs_batch_pad = np.stack([_pad_2d_channel(obs, fil_size // 2)
                              for obs in imgs_batch])
    patches = []
    img_height = imgs_batch_pad.shape[2]

    # 이미지의 각 위치마다 반복
    for h in range(img_height-fil_size+1):
        for w in range(img_height-fil_size+1):

            # 크기가 [fil_size, fil_size]인 이미지 조각을 만듦
            patch = imgs_batch_pad[:, :, h:h+fil_size, w:w+fil_size]
            patches.append(patch)

    # 이미지 조각을 쌓아
    # 크기가 [img_height * img_width, batch_size, n_channels, fil_size, fil_size]인
    # 출력을 만듦
    return np.stack(patches)
```

이제 합성곱과 동등한 연산 결과를 다음과 같이 계산한다.

1. 모양이 [batch_size, in_channels, img_height×img_width, filter_size, filter_size]인 이미지 패치를 만든다.

2. 위에서 만든 패치의 모양을 [batch_size, img_height×img_width, in_channels×filter_size×filter_size]로 바꾼다.

3. 파라미터의 모양을 [in_channels×filter_size×filter_size, out_channels]로 바꾼다.

4. 배치 행렬곱 연산을 수행한 결괏값의 모양은 [batch_size, img_height×img_width, out_channels]가 된다.

5. 다시 계산 결과의 모양을 [batch_size, out_channels, img_height, img_width]로 바꾼다.

```
def _output_matmul(input_: ndarray,
                   param: ndarray) -> ndarray:
    '''
    conv_in: [batch_size, in_channels, img_width, img_height]
    param: [in_channels, out_channels, fil_width, fil_height]
    '''

    param_size = param.shape[2]
    batch_size = input_.shape[0]
    img_height = input_.shape[2]
    patch_size = param.shape[0] * param.shape[2] * param.shape[3]

    patches = _get_image_patches(input_, param_size)

    patches_reshaped = (
      patches
      .transpose(1, 0, 2, 3, 4)
      .reshape(batch_size, img_height * img_height, -1)
      )

    param_reshaped = param.transpose(0, 2, 3, 1).reshape(patch_size, -1)

    output = np.matmul(patches_reshaped, param_reshaped)

    output_reshaped = (
      output
      .reshape(batch_size, img_height, img_height, -1)
      .transpose(0, 3, 1, 2)
      )

    return output_reshaped
```

이것으로 순방향 계산 구현이 끝난다. 역방향 계산에는 파라미터 기울기와 입력 기울기가 모두 필요하다. 이번에도 전결합 신경망에서 쓰인 계산 방법을 참고한다. 파라미터 기울기부터 살펴보자. 전결합 신경망에서 파라미터 기울기를 계산하는 방법은 다음과 같다.

```
np.matmul(self.inputs.transpose(1, 0), output_grad)
```

합성곱 연산의 역방향 계산도 이를 본떠 구현한다. 여기서 입력의 모양이 [batch_size, in_channels, img_height, img_width]이고, 전달받을 출력 기울기의 모양은 [batch_size, out_channels, img_height, img_width]가 된다. 파라미터의 모양이 [in_channels, out_channels, param_height, param_width]인 것을 감안하면 다음 과정을 거쳐 이 변환과 같은 효과를 얻을 수 있다.

1. 먼저 입력 이미지에서 패치를 추출한다. 앞 과정처럼 모양은 [batch_size, in_channels, img_height×img_width, filter_size, filter_size]가 된다.

2. 전결합 신경망의 계산 과정을 본떠 행렬곱 연산을 이용해 패치의 모양이 [in_channels×param_height×param_width, batch_size×img_height×img_width]가 되도록 한다.

3. 행렬곱 결과의 모양을 [batch_size×img_height×img_width, out_channels]로 만든다(원래 모양은 [batch_size, out_channels, img_height, img_width]였다).

4. 이들 값을 곱해 모양이 [in_channels×param_height×param_width, out_channels]인 출력을 계산한다.

5. 위에서 계산한 값을 [in_channels, out_channels, param_height, param_width]로 모양을 바꾸어 최종 파라미터 기울기를 계산한다.

이 과정을 코드로 옮기면 다음과 같다.

```python
def _param_grad_matmul(input_: ndarray,
                       param: ndarray,
                       output_grad: ndarray):
    '''
    input_: [batch_size, in_channels, img_width, img_height]
    param: [in_channels, out_channels, fil_width, fil_height]
    output_grad: [batch_size, out_channels, img_width, img_height]
    '''

    param_size = param.shape[2]
    batch_size = input_.shape[0]
    img_size = input_.shape[2] ** 2
    in_channels = input_.shape[1]
    out_channels = output_grad.shape[1]
    patch_size = param.shape[0] * param.shape[2] * param.shape[3]

    patches = _get_image_patches(input_, param_sizes)

    patches_reshaped = (
        patches
        .reshape(batch_size * img_size, -1)
        )
```

```
output_grad_reshaped = (
    output_grad
    .transpose(0, 2, 3, 1)
    .reshape(batch_size * img_size, -1)
)

param_reshaped = param.transpose(0, 2, 3, 1).reshape(patch_size, -1)

param_grad = np.matmul(patches_reshaped.transpose(1, 0),
                       output_grad_reshaped)

param_grad_reshaped = (
    param_grad
    .reshape(in_channels, param_size, param_size, out_channels)
    .transpose(0, 3, 1, 2)
)

return param_grad_reshaped
```

입력 기울기는 다음 코드와 같이 밀집층의 연산에서 힌트를 얻은 과정을 통해 계산한다.

```
np.matmul(output_grad, self.param.transpose(1, 0))
```

비슷한 방법으로 입력 기울기를 구하는 과정을 코드로 옮기면 다음과 같다.

```
def _input_grad_matmul(input_: ndarray,
                       param: ndarray,
                       output_grad: ndarray):

    param_size = param.shape[2]
    batch_size = input_.shape[0]
    img_height = input_.shape[2]
    in_channels = input_.shape[1]

    output_grad_patches = _get_image_patches(output_grad, param_size)

    output_grad_patches_reshaped = (
        output_grad_patches
        .transpose(1, 0, 2, 3, 4)
        .reshape(batch_size * img_height * img_height, -1)
    )
```

```
param_reshaped = (
    param
    .reshape(in_channels, -1)
)

input_grad = np.matmul(output_grad_patches_reshaped,
                       param_reshaped.transpose(1, 0))

input_grad_reshaped = (
    input_grad
    .reshape(batch_size, img_height, img_height, 3)
    .transpose(0, 3, 1, 2)
)

return input_grad_reshaped
```

이 세 함수가 Conv2DOperation 클래스, 그중에서도 _output, _param_grad, _input_grad, 이 세 메서드의 핵심이 된다. 이 클래스의 구현은 깃허브 저장소의 lincoln 라이브러리 코드[1] 에서 확인할 수 있다.

---

[1] *https://github.com/flourscent/DLFS_code/blob/master/lincoln/lincoln/conv.py*

# INDEX

# INDEX

# INDEX

# INDEX

# INDEX

# INDEX